刑法理論の基礎 Ⅲ

未遂犯と中止犯

YOSHIDA Toshio

吉田敏雄

成文堂

はしがき

　本書は，『刑法理論の基礎』［第3版］(2013年) の続巻として，未遂犯，不能犯及び中止犯の領域を扱っています。論述に際しては，日本刑法学の学説・判例のみならず，ドイツ語圏刑法学の学説・判例も比較的詳しく追跡してみましたが，その過程で，比較法的考察の重要性を改めて再認識させられました。比較法的考察を加えることによってはじめてわが国の学説・判例の位置づけ・評価も的確にできるようになるのではないでしょうか。「ドイツ刑法学は終わった」という声が聞かれたこともありましたが，どうもそれは当を得ていないというのが実感です。

　本書は，教科書としてはやや詳論に過ぎたかもしれませんが，願わくば，これから刑法学を学びたい方の勉学の一助や，刑法を比較法的に考察したいと思っている方の踏み台になりえますことを！

　今回も，出版の機会を与えてくださった成文堂社長・阿部耕一氏のご厚意に感謝申し上げます。又，刊行に当り，成文堂編集部・篠崎雄彦さんに編集・校正の面でご助力をいただきました。記して，厚くお礼申し上げます。

　2014年（平成26年）2月28日
　　春の近いことを告げる陽光の降り注ぐ朝　勤務校4号館の仕事部屋にて

　　　　　　　　　　　　　　　　　　　　　　　　　吉　田　敏　雄

目　　次

はしがき

第一章　未遂犯 …………………………………………………………… 1

一　未遂犯の意義 ………………………………………………………… 1
二　未遂犯の処罰根拠 …………………………………………………… 1
　1　ドイツ刑法学における未遂犯処罰根拠の議論状況 ……………… 2
　　A　法規定　(2)
　　B　学説の状況　(3)
　2　オーストリア刑法学における未遂犯処罰根拠の議論状況 …… 21
　　A　法規定　(21)
　　B　学説の状況　(22)
　3　スイス刑法学における未遂犯処罰根拠の議論状況 …………… 23
　　A　法規定　(23)
　　B　学説の状況　(24)
　4　日本刑法学における未遂犯の処罰根拠の議論状況 …………… 27
　　A　学説の状況　(27)
　　B　未遂犯の処罰根拠の検討　(29)
三　構成要件 ……………………………………………………………… 33
　1　主観的構成要件 …………………………………………………… 33
　2　客観的構成要件 …………………………………………………… 37
　　A　ドイツ語圏刑法学・判例の状況　(37)
　　B　我が国の学説　(46)
　　C　未遂行為（予備と未遂の区別）　(52)

D　間接正犯　(73)
　　　E　結果的加重犯における未遂　(83)
　　3　客観的帰属 ……………………………………………………… 86
　　　A　行為の帰属　(87)
　　　B　結果の帰属　(88)
　四　違法性 ………………………………………………………………… 93
　五　責任 …………………………………………………………………… 94

第二章　不能未遂 ……………………………………………………… 95

　一　不能未遂の可罰性の規準 ………………………………………… 95
　　1　ドイツ語圏刑法学説 ……………………………………………… 95
　　　①主観説　(96)
　　　②客観説　(97)
　　　③構成要件欠如の理論　(98)
　　　④折衷的主観的客観説（印象説）　(99)
　　2　ドイツ語圏の法規定 ……………………………………………… 100
　　3　我が国の刑法学説 ………………………………………………… 102
　　　①純主観説　(102)
　　　②主観的危険説（抽象的危険説）　(102)
　　　③具体的危険説（新しい客観説）　(103)
　　　④客観的危険説（古い客観説、絶対的不能・相対的不能説）　(105)
　　　⑤定型的危険説　(109)
　二　不能性の概念 ……………………………………………………… 110
　　1　不能性の意義 …………………………………………………… 110
　　2　絶対的不能と相対的不能の区別 ……………………………… 112

三　不能未遂の原因………………………………………………………115
　　1　手段の不能と客体の不能………………………………………115
　　　①手段（行為）の不能　(115)
　　　②客体の不能　(116)
　　2　主体の不能………………………………………………………116
　四　判例………………………………………………………………………119
　　(1)　手段の不能……………………………………………………121
　　(2)　客体の不能……………………………………………………125
　五　幻覚犯……………………………………………………………………126

第三章　中止犯……………………………………………………………129

　一　中止犯の根拠……………………………………………………………129
　　(1)　ドイツ語圏刑法の法規定……………………………………129
　　(2)　ドイツ語圏刑法学における議論状況………………………132
　　(3)　日本刑法学における議論状況………………………………145
　　(4)　中止未遂の減軽・免除の法的根拠と法的性質……………154
　二　中止未遂の不適格な未遂犯……………………………………………156
　　(1)　失効未遂と失策未遂…………………………………………156
　　(2)　構成要件外的目的を達成した未遂…………………………168
　三　未終了未遂（着手未遂）と終了未遂（実行未遂）の区別…………173
　　(1)　概説……………………………………………………………173
　　(2)　行為者の表象時点……………………………………………177
　四　中止未遂の成立要件……………………………………………………186
　　(1)　任意性…………………………………………………………186
　　(2)　中止行為………………………………………………………202

五　誤想中止 ·· 216
　　(1)　ドイツ語圏刑法 ·· 216
　　(2)　終了不能未遂 ·· 219
　　(3)　終了失策未遂 ·· 220
　　(4)　因果関係の断絶 ·· 221
　　(5)　結果の客観的帰属の不存在 ·· 221
　　(6)　任意性と真摯性 ·· 222
　六　予備の中止 ·· 225
　　1　中止犯規定準用の可否 ·· 225
　　2　刑の減免の規準 ·· 226
　七　結果的加重犯の中止 ·· 227
　八　中止犯の効果 ·· 228

第一章　未　遂　犯

一　未遂犯の意義

　故意犯は理念的には行為者の思考（着想）から始まり，計画，決意，予備行為，実行行為，実行行為の終了，そして結果の発生という経過をたどる。しかし，何らかの事情から，故意犯が既遂に至らないことがある。刑法は既遂の処罰を原則としている。未遂は「犯罪の実行に着手してこれを遂げなかった」（刑法第43条第1項）場合に成立する。但し，未遂犯の処罰はその旨の特別の規定を要する（刑法第44条）。「犯罪の実行に着手してこれを遂げなかった」（刑法第43条但し書き）は中止犯（中止未遂）である。刑法は，重大犯罪に限って刑事政策上の理由から予備行為も各則の規定をもって処罰の対象としている。

二　未遂犯の処罰根拠

　刑法の基本的構成要件は通常，既遂犯を予定して定められているので，罪刑法定主義の要請から，未遂犯処罰は明文の規定を要する。未遂犯処罰根拠と限界の問題は，それがまさに不法論と関係するので，刑法学の厳しい一大論争主題となっている。今日，大まかに見ると，客観説，主観説及び折衷説の対立がある。この対立は，立法論，解釈論，特に，未遂の成立時期，必要的あるいは任意的未遂減軽の妥当性，不能未遂の（不）可罰性等に影響を及ぼす。

I　ドイツ刑法学における未遂犯処罰根拠の議論状況

A　法　規　定

1975年のドイツ刑法はその第22条ないし第24条に未遂犯規定を定めている。

> 第22条（概念規定）
>   所為についての自己の表象により，構成要件の実現を直接に開始した者は，犯罪行為をしようとして未遂に終わったものである。
> 第23条（未遂の可罰性）
> ①　重罪の未遂は常に，軽罪の未遂は法律が明文をもって規定している場合に限り，これを罰する。
> ②　未遂犯は，その既遂よりも軽く罰することができる（第49条第1項）。
> ③　犯人が，著しい無知により，それに対して行為が遂行された対象又はそれを用いて行為を遂行した手段の性質上，およそ既遂に達しえないことにつき誤った判断を下したときは，裁判所は，刑を免除し，又はその裁量により，刑を減軽することができる（第49条第2項）。
> 第24条（中止犯）
> ①　任意に行為の以後の遂行を放棄し，又はその既遂を妨げた者は，未遂犯としては罰しない。行為が中止者の関与がなくても既遂に達しなかった場合，中止者が任意に且つ真摯に所為の既遂を妨げるように努めたときは不処罰である。
> ②　数人の者が所為に関与しているときは，任意に既遂を妨げた者は，未遂犯としては罰しない。ただし，行為が，その者の関与がなくとも既遂に達しなかったとき，又はその者の以前の行為への加功とは関係なく遂行されたときは，所為の既遂を妨げるための任意かつ真摯な努力があればその不処罰にとって充分である。

ドイツ刑法第22条は，一方で，未遂の概念規定において，所為の直接の開始がみられたか否かについて，行為者の表象が規準となることを定める。他

方で，第23条第3項は，「著しい無知」に基づいて結果の生じなかった未遂を処罰しているので，不能未遂の可罰性も当然肯定される。未遂犯の刑は減軽されうる（任意減軽）。したがって，立法者は明らかに主観主義的未遂観から出立しているといえる[1]。

B 学　説

未遂の処罰根拠は，犯罪が既遂の場合にだけ処罰しうるとするのは法政策的に耐え難いというところにあるが，刑法史上，その刑事政策的出立点において客観説と主観説という二つの異なった見解がある。

a）客観的未遂理論

客観説といっても，様々な学説が展開された。客観的未遂理論は20世紀初頭のドイツ刑法学の通説だったのだが，それは，1871年の刑法典が不能未遂の可罰性を未決のままにしていたことに一因があった。ドイツ現行刑法は不能未遂をすべて可罰的としているので，どの客観説によっても現行法の遺漏なき説明はできない。

aa）旧客観説　　本説[2]は，ドイツ刑法学において1870年前の通説であり，その後も広く支持された学説である。本説は（不処罰の）絶対的不能未遂と（可罰の）相対的不能未遂に分ける。初めから既遂には達し得ない未遂が絶対的不能であり，それ自体としては有能な手段がただ具体的使用において不能と分かった場合（少なすぎた毒物，射程距離の十分でない銃器），それは相対的不能である。本説には，この区別が難しいこと，少なくとも納得のいくものでないと批判される。例えば，睡眠剤1錠使用して殺害しようとするのは，20錠なら致死量であるという理由から相対的不能にすぎず，それ故危険だということになるのだろうかと[3]。

---

[1] *Th. Weigend*, Die Entwicklung der deutschen Versuchslehre, in: *H.J. Hirsch, Th. Weigend* (Hrsg.), Strafrecht und Kriminalpolitik in Japan und Deutschland, 1989, 113 ff., 115 f.; *Th. Hillenkamp*, Leipziger Kommentar StGB, 12. Aufl., 2007, Vor § 32 Rn 62.
[2] 旧客観説という名称はヒッペルによって名付けられたものである。*R. v. Hippel*, Deutsches Strafrecht II, 1930, 417.
[3] *C. Roxin*, Strafrecht AT., Bd. II, 2003, § 29 Rn 29.

bb）新客観説　　F・フォン・リストを魁とし，フォン・ヒッペルによって展開された新客観説（危険性説）[4]は，20世紀初頭の客観的不法観を反映して，危険な未遂だけを可罰的とみる見解である。未遂が危険と見られるのは，行為時点において，行為者の目的とその特別の知識を知っている分別のある平均的観察者が結果の発生を事前の見地から真剣にありうると考えざるを得ない場合である。可視的に言うと，この第三者は，行為者に向かって危険な未遂にあっては「止めろ」と言うだろうし，危険でない未遂にあっては「お前，馬鹿」と言うであろう[5]。本説は，近時の客観的帰属論の構成要件論とも合致するところに長所が見られるものの，しかし，行為者の行為の有能性に着目する他のすべての客観的未遂説と同じく，本説の弱点は，その危険概念によっては未遂と不処罰の予備の区別の規準が提供されないところにあるとして批判される。予備も結果に至るまで継続的に高まる危険を含んでいるからである。なるほど，具体的危険に着目することで限定はできる。しかし，すべての有能未遂が今日理解されている意味での具体的危険であるわけではない。それ故，構成要件に近接した危険，したがって，特殊の危険という表現をするべきだと[6]。

cc）構成要件欠如の理論　　ビンデイング，ベーリング，フランクそしてドーナによって展開され[7]，1930年頃に風靡したのが構成要件欠如の理論である。本説によれば，未遂というのは，「構成要件の最後の断片」である外的結果が生じなかった場合，例えば，殺害の意図で撃った弾丸が標的に当たらなかった場合に限られる。それに対して，その他の構成要件欠如は不処罰に繋がる。これらは，結果とは異なり，可罰性に属さないからである。その他の所為事情がそろわないとき，例えば，窃盗の目的で奪った物が「他人」の物でなかったとか，刑法第224条第1項1号の定める行為のための手段が

---

[4]　*F. v. Liszt*, Lehrbuch des deutschen Strafrechts, 21/22. Aufl., 1919, 200; *v. Hippel*, (Fn. 2), 403 ff.; *R. Schmidt*, Grundriß des deutschen Strafrechts, 2. Aufl., 1931, 147 ff.
[5]　*v. Hippel*, (Fn. 2), 428.
[6]　*Roxin*, (Fn. 3), § 29 Rn 28; *Weigend*, (Fn. 1), 113.
[7]　*K. Binding*, Handbuch des Strafrechts, 1885, 691 ff., *ders.*, Die Normen und ihre Übertretung, Bd. III, 1918, 401 ff.; *R. Frank*, Das Strafgesetzbuch für das Deutsche Reich, 18. Aufl., 1931, § 49, Anm I; *A. G. zu Dohna*, Der Mangel am Tatbestand, in: Güterbock-FS, 1910, 33 ff.

「毒物」で無かったとか，殺害目的で撃った標的が「人」でなかったという場合，こういった「構成要件欠如」は初めから不処罰である。しかし，本説は，構成要件要素はすべて可罰性に対する意義において，「法的に等しく必要であり，内容的に等しく重要」であるとして批判されるのである。さらに，構成要件要素を結果の構成要件要素として理解するのか，結果とは独立した規準と理解するのかが恣意的に判断されるという点も批判される。例えば，「物」の窃取を窃盗行為の結果としてみることも，「他人の物」の窃取を窃盗行為の結果としてみることもできる。さらに，本説の結論も納得のいくものではない。なぜ，不能の客体（胎児という要素が欠如している）への堕胎が不処罰となるが，これに対して，結果だけが発生しない不能の手段による堕胎が可罰となるのか，納得のいく説明がない。別の例を挙げると，無害の物質を毒物だと思い違いをした行為者は，「毒物」が構成要件要素である危険な傷害罪（刑法第224条1号）では未遂が否定され，「毒物」が構成要件要素ではない謀殺罪（刑法第211条）では未遂が肯定されるのか，納得のいく説明がない[8]。

dd）新・新客観説　　最近でも客観説を支持する学説が散見される。自らを「荒野の孤独な叫び人」と呼ぶシュペンデル[9]は，危険な未遂を認定するための「事前の考察」を，未来を指し示す，法益侵害への一定の客観的傾向を有する行為にだけ関連付けることが許され，行為者とは関係なく存在する現在のその他の事情に，特に，所為客体に関連付けることは許されないと論ずる。本説によると，無害の切り傷を加えたことですでに被害者を殺すことができると思っている行為者には，その行為が被害者の認識できない血液の性質のために事後的にやはり危険だと判明すると，有能殺人未遂が成立する。これに対しては，もしそういうことになれば，雷雨事件の場合，雨の中を送り出される者が実際に雷に打たれて死ぬ場合ですら，既遂の殺人罪が成立せざるを得なくなるとして批判される。シュペンデルの例は，不能未遂の例にすぎず，刑法第23条第3項の「著しい無知」の適用が議論されてもおかしくない例である。他方で，シュペンデルは，女性が堕胎に適した薬物を服

---

[8]　*Roxin*, (Fn. 3), § 29 Rn 30.
[9]　G. *Spendel*, Zur Neubegründung der objektiven Versuchstheorie, in: Stock-FS, 1966, 89 ff.

用するが，実は，経験豊かな専門医の診断に反して，後に妊娠していなかったことが分かったとき，不能未遂とする。しかし，こういった行為は，他の理由から未遂に終わった場合と同じく危険である（現行法では自己堕胎未遂はどのみち不処罰にせよ）であると批判される[10]。

b) 主観的未遂理論
aa) 純粋主観説
本説は未遂の処罰根拠を，行為の危険性とは関係なく，行為者の**法敵対的意思の表動**に求める説である。当初からからライヒ裁判所[11]が採る説であり，連邦裁判所[12]の採る説でもある。主観説は一般に1975年の現行刑法の未遂関連規定の基本思想でもあると見られており，有力学説[13]でもある。

1880年に，ライヒ裁判所連合刑事部は，不能の堕胎剤を用いた事案につき堕胎未遂の成立を肯定した判決において，主観説の二つの論拠を説示している。その一は，「未遂においては犯罪意思というものが刑法の向けられる現象であるが，これに対して，既遂では**犯罪意思**に由来する違法な結果が表れているという違いに疑問はない。それ自体として，未遂に対立するものとしての既遂へ関係付けることは一切為されるべきでなく，犯罪意思が外部行為に表れたということ以上のことを要求してはならない」[14]というものである。その二は，危険な未遂と危険でない未遂を区別することはできない，なぜなら，どの未遂にも結果への因果関係が欠如しているからというものである。未遂はどれも危険でない。「というのは，行為は具体的事例において法益を侵害していない。このことから不可避的に分かることは，行為が法益を具体的事例において侵害し得なかったこと，そのことが不可能だったということで

10　*Roxin*, (Fn. 3), § 29 Rn 31.
11　RG v. 24. 5. 1880, RGSt 1, 439 ff.
12　BGHSt 2, 74 (76) =NJW 1952, 150.
13　*H. Otto* Grundkurs Strafrecht AT, 7. Aufl., 2004, § 18 Rn 3「未遂の処罰根拠は犯罪意思が一定の外的行為に現れたこと，つまり，顕現したことにある」。*K. Lackner, K. Kühl*, Strafgesetzbuch. Kommentar, 26. Aufl., 2007, § 22 Rn 11「未遂の処罰根拠は法敵対的意思が外に現れたこと，つまり，外部世界に表れる行為によって，顕現した犯罪故意にある」。*Hillenkamp*, (Fn. 1), Vor § 22 Rn 55-75.
14　RGSt 1, 439, 441 f.; v. Buri GS 32 [1880] 322.

ある。かくして行為によって法益は客観的には危険な状態には無かった」[15]と。

　主観説に対しては，その根拠に説得力がなく，しかも，現行法が基本的に不能未遂はすべて可罰的としていても，これを支える思想としても援用できないとの批判がなされる。先ず，未遂処罰根拠としての犯罪意思の表動に関して，次の三点の批判がなされる。第一に，未遂が一部の事例でしか処罰されず，その場合でも普通は既遂よりも軽く処罰されること，「著しい無知」の場合には更に軽く，場合によっては免除すらされうること（ドイツ刑法第23条第3項），迷信犯は処罰されないことの理由が説明できない。法敵対的意思の表動は上記のすべて事例で等しく存在するのであって，可罰性の差異は危険性の差でしか説明できない。第二に，主観説は，同じく法敵対的意思が表れている予備行為が原則的に不処罰であることの説明ができない。ライヒ裁判所は実際に未遂の成立時期を早めすぎたのである。1975年の刑法改正はこれを「直接」（第22条）条項によって修正しようとしたのである。予備は通常は不処罰であるのだが，それは危険性がいっそう低いという点から説明されるべきである。第三に，未遂は既遂と完全に対立しており，処罰根拠は未遂では意思に，既遂では結果にあるというのも適切でない。未遂というのは，既遂への通過段階，前段階であり，したがって，危殆化という形ではあるものの，現実の法益毀損である。未遂と既遂を対立して捉えるのは未遂を構成要件から解き放ち，刑法体系を二つの結びつきのない部分に引き裂くものである。このことはドイツ刑法の理論的基礎に対応するものではない[16]。

　結果の不発生は常に行為者行為の非危険性を証明している，したがって，この理由から危険な行為者行為と危険でない行為者行為の区別はできないというライヒ裁判所の第二の論拠にも批判がなされる。このような考えはフォン・ブーリの等価説，因果関係以外の違いは存在しないという自然主義の誤推論に基づいている。相当因果関係説も客観的帰属論も以前からそうしているように，事前の観点から危険な行為と危険でない行為の区別はできるのである。立法者も，内容は同じとはいえないが，様々な関連で危険という概念

15　RGSt 1, 441; *L.v. Bar*, Gesetz und Schuld im Strafrecht, Bd. II, 1907, 492, 525.
16　*Roxin*, (Fn. 3), § 29 Rn 35-37; *H.-H. Jescheck, Th. Weigend*, Lehrbuch des Strafrechts AT, 5. Aufl., 1996, § 49 II 2.

を使用している。このことは区別のできることを前提としている。主観説は，フォン・ヒッペルの辛らつな批判に晒される。「フォン・ブーリやライヒ裁判所によれば，帰還兵士は皆何等の危険にも遭わなかったことになる。兵士は皆なるほど危険だと思っていたが，それは誤りだったということである。危険な目に遭ったのは倒れた者だけである！というのは，因果経路が客観的に必要であり，生き残った者は事実，危険な状態には無かったからである！」[17]。

bb）行為者理論　　結局，従来の主観説はそのままでは維持できないし，現行法と矛盾すると評価されるので，主観説の亜型として，行為者理論と規範違反表現説が提唱されることとなった。**行為者理論**は考え抜かれた形で展開された理論ではないが，**行為者の危険性**に依拠する特別予防指向の学説である。E. v. リスト[18]は，未遂の処罰根拠を「一旦証明された，十中八九まで今後も続く悪意」，「これがなお何千もの新しい危険な行為を生み出しかねない」，それ故，悪意が作用し続けることに対して，「法益保護」としての刑法の任務の「予防的側面」を呼び出す必要があると主張する。ランゲ[19]も，行為によって法益の「危険な侵害者としての行為者が顕になる」ときに，可罰的未遂を肯定する。ボッケルマン[20]は，「犯罪故意が危機的状況の厳しい試練に合格した」場合に初めて未遂を認める。

この理論の積極的側面は，未遂処罰の**特別予防**的要素を認識している点にある。本説は，「意思」に着目する純粋の主観説よりも，単なる予備の不処罰と「著しい無知」の未遂の減軽をうまく説明できる。というのは，犯罪を犯す能力があるか否か，「危険な侵害者」であるか否かは，その者が，自分の表象に基づき，未遂への敷居を越えたときに初めて分かる。「著しい無知」の行為者の危険性が低いことも説得力がある。しかし，未遂の処罰を専ら行為者の危険性で根拠付けることに対しては，行為刑法という観点からすると，

17　*v. Hippel*, (Fn. 2), 1930, 422; *Roxin*, (Fn. 3), § 29 Rn 38.
18　*E. v. Liszt*, Die Lehre vom Versuch, ZStW 25 (1905), 24, 27, 36. これに対して，F. v. リストは特別予防の構想を推進したが，刑罰目的論からする処罰拡張傾向に対しては法治国の観点から処罰条件の客観的解釈で対抗し，客観的未遂論を唱えた。*F. v. Liszt*, (Fn. 4), 1919, § 47. Vgl. *Weigend*, (Fn. 1), 118.
19　*E. Kohlrausch, R. Lange*, Strafgesetzbuch, 43. Aufl., 1961, Vor § 43, Anm. III 3.
20　*P. Bockelmann*, Strafrechtliche Untersuchungen, 1957, 146.

そういった大きな危険性があるからといってそれだけで処罰の根拠とするには足りないという批判がなされる。さらに，特別予防からの処罰の必要性は既遂犯ですら常に存在するわけではないことも知られている。不能未遂では，なおいっそう特別予防からの処罰の必要性の無いことがある。そうすると，未遂処罰を正当化するためには依然として客観的危殆化か，少なくとも行為者が惹き起こした平和攪乱に依拠しなければならない[21]。

　　cc) **規範違反顕示説**　　主観説のいまひとつの亜形であるヤコブス[22]の主張する**規範違反顕示説**によれば，「未遂の処罰根拠は規範違反が強く表われる」ところにある。こういった規範違反が欠如するのは迷信犯の未遂である。「現に存する規範が破られないというのは，行為者が故意を生み出すにあたって，特に，手段を選択する場合に，コミュニケーション的には重要でない世界形成から出立する場合である」。

　本説は，規範違反の顕示度に関連付けることで未遂の客観的側面も考慮することによって，不能の危険でない未遂の可罰性をうまく説明しているし，結果指向の既遂と意思に担われた未遂の厳格な分離という判例の採用する主観説も避けている。というのは，本説は，犯罪を第一次的には「財を侵害すること」ではなく，「規範通用性の侵害」と理解するので，未遂にも既遂にも等しく「規範通用性への完全な侵害」[23]を見ているからである。

　しかし，本説は，従来の主観的未遂理論に共振していた，犯罪意思の表動によって攪乱された法的平和の恢復という思想を**積極的一般予防**という現代言語を用いて翻案し，主観的理論の特別予防的側面を補充しているが，未遂の不法を十分に説明できていないと批判される。既遂の所為とあらゆる種類の未遂の間に不法に関して何等の差異も認めないとき，未遂が不法の原型になってしまうとして批判される。本説が，犯罪の中に「先ずもって法益への侵害作用」を見るのではなく，「規範通用性の侵害」を見るとき[24]，行為刑法の客観的基礎から離れて，心情刑法に近い主観化へと進んでいる。こういっ

---

[21] *Roxin*, (Fn. 3), § 29 Rn 42.
[22] *G. Jakobs*, Strafrecht AT, 2. Aufl., 1991, 25. Abschn Rn 21.
[23] *Jakobs*, (Fn. 22), 25. Abschn Rn 17.
[24] *Jakobs*, (Fn. 22), 25. Abschn Rn 15.

た行為態様のすべてが同じ「規範通用性への完全な攻撃」を含んでいるとき，既遂，未遂それに「著しい無知」の未遂の間の可罰性の段階付けがもはや説明できなくなる。もとより，ヤコプスは，予備行為も「表現的規範違反」として一般的に処罰しかねないところ，「構成要件近接の」規範違反を要求することによってこれを避けている[25]。しかし，このそれ自体として正当な限定もその理論構想そのものから導出することはできない。構成要件で保護される法益侵害が不法にはまったく重要でないとき，規範違反が「構成要件近接」でなければならない理由が判然としない[26]。

c) 印象理論

L. v. バールに遡り[27]，今日，様々な色彩を帯びて主張されてはいるものの，ほぼ通説の感のある印象理論の共通点は，行為者の行為が惹き起こす法を動揺させる印象に未遂の処罰根拠を求めるところにある。結果が発生しなくとも，行為者の行為は処罰を要求する社会的平和の撹乱を惹起する。意思表動が当罰的になるのは，「所為へ向けられる意思表示が一般の人々の法秩序の通用性への信頼を動揺させ，法的安定性感，したがって，法的平和が毀損されうる場合に限られる」[28]。すなわち，印象理論は，犯罪意思の表動のみならず，これが一般の人々の法秩序の通用性に関して動揺を与えること，法的安定性感，したがって又，法的平和を毀損することも処罰への契機と捉えることによって，しかし，すべての未遂に存在するわけではない危殆化を要求しないものの，主観と客観，意思不法と危殆化不法の間の中庸を保っている。

---

[25] *Jakobs*, (Fn. 22), 25. Abschn Rn 21.
[26] *Roxin*, (Fn. 3), § 29 Rn 44-45; *Hillenkamp*, (Fn. 1), Vor § 22 Rn 67, 82.
[27] *v. Bar*. (Fn. 15), 490 f., 527 ff.
[28] *Th. Vogler*, Leipziger Kommentar Strafgesetzbuch, 10. Aufl., 1985, Vor § 22 Rn 52; *Jescheck/Weigend*, (Fn. 16), § 49 II 3; *A. Eser*, Schönke/Schröder, Strafgesetzbuch Kommentar, 27. Aufl., 2006, Rn 17, 22; *H.J. Rudolphi*, Systematischer Kommentar zum Strafgesetzbuch, Bd. 1, 6. Aufl., 1993, Vor § 22 Rn 13 u. 14; *H. Tröndle, Th. Fischer*, Strafgesetzbuch, 50. Aufl., 2000, § 22 Rn 49; *R. Maurach, K. H. Gösssel u. H. Zipf*, Strafrecht AT, Bd. 2, 7. Aufl., 1989, § 40 Rn 40 f.; *J. Wessels, W. Beulke*, Strafrecht AT, 39. Aufl., 2009, Rn 594; *W. Gropp*, Strafrecht AT, 3. Aufl., 2005, § 9 Rn 48 f.; *G, Freund*, Strafrecht AT, 2. Aufl., 2009, § 8 Rn 9 ff.; *G. Grünwald*, Zum Rücktritt des Tatbeteiligten im künftigen Recht, in: Welzel-FS, 1974, 701 ff., 712.

本説によって，既遂，通常の未遂，「著しい無知」の未遂及び迷信未遂の間の可罰性の差異をうまく説明できる。法を動揺させる印象，したがって又，処罰の必要性はこの順番で減少する。同様に，予備行為は法を動揺させる印象を呼び起こさないか，その印象が一過的で，可罰性を必要としないことから，予備行為の不処罰もうまく説明できる。

しかし，本説も近時様々な批判に晒されている。本説によれば，行為者の行為によって，あらゆる外的，内的事実を知っている平均的観察者に法を動揺させる印象を与えるか否かが決定的に重要である。つまり，これは価値判断である。しかし，この価値判断は漠然としており，法の当罰性判断の言い換え以上のものではない。更に，この構想は既遂を含む犯罪行為のすべての現象形態に適合すること，つまり，未遂に特有のことの説明が無いこと，しかも，あらゆる可罰的行為を，他でもなく一定形態の不能未遂に合わせている一つの観点に還元しているとして批判される。「著しい無知」の未遂の刑の減軽（ドイツ刑法第23条第3項）を法を動揺させる印象の僅少性に帰するなら，この僅少性は「著しい無知」の未遂の非危険性の帰結であることが看過されてしまう。次に，「法を動揺させる印象」を持ち出すことによって，未遂を予備から正確に区別することはできないと批判される。というのは，決意して予備行為にでることは法的安定性の一般的感情を不安定にするのに適しているからである。なるほど，法を動揺させる印象は既遂に近づくとともにますます持続的になるが，しかし，不処罰と可罰性の境界をどこに引くかは，印象規準からではなく，現行刑法の法治国基盤指向の構成要件的近接という視点からしか解決できない。最後に，一見して単一的な印象規準をもってしても，未遂処罰可能性を基礎付ける法を動揺させる印象というものが，一部は客観的な危殆化から，しかし，一部は規範違反によって惹起される平和撹乱からしか導出できないのだという事情に変わりはないと批判される。実質的には避けがたい未遂根拠付けの二軌道は印象理論によっても克服できないと[29]。

29　*Roxin*, (Fn. 3), §29 Rn 47-50.

d) 統合説（構成要件に近接した危殆化としての未遂，又は構成要件に近接した，法を動揺させる規範違反としての未遂）[30]

　ロクスィーンの主張にかかる統合説によれば，未遂の処罰根拠は一般予防又は特別予防上の要罰性にあり，この要罰性は故意の構成要件に近接した危殆化から導出されるのが通例であるが，例外的に，構成要件に近接した行為に顕現される法を動揺させる規範違反からも導出される。本説の特徴は，未遂の処罰根拠を二つの異なった根源から導出しているところにある。本説は，第一次的には，有能（＝可能）未遂と，それから危険な不能未遂も，したがって，大多数の未遂の特徴である構成要件に近接した危殆化に着目する。というのは，未遂の危険性は事前にしか判断できないのであるから――事後判断からするとどの未遂も危険ではないことが分かる――行為者の目的を知っていて，且つ，行為者の特別の認識を有する分別ある第三者の判断では，結果の招来を予期せざるを得ないかぎり，不能未遂も危険である。例えば，何者かが事前に弾丸を抜いていたことを知らずに殺人の意図で拳銃を引鉄する行為は，不能の手段で遂行されているものの，危険な未遂である。

　これに対して，分別のある第三者の事前判断からすると，不能未遂が結果の発生にはいたり得ない場合に初めて，当該不能未遂は危険でない。例えば，「毒殺」に際して，一般の人の認識からすると無害な薬品を使用するとか，「殺人」に際して，強度の近視の行為者が，普通の視力の持ち主には容易に認識できる紙人形を狙う場合である。刑法第22条は，行為者の主観的表象にのみ触れており，それどころか，刑法第23条第3項は「著しい無知」から出た未遂も基本的には可罰的としているところから判明するように，現行法上，危険でない不能未遂も可罰的である。そうすると，この可罰性はもはや危殆化思想からは説明できず，立法者は，行為者が犯罪の決意を，危険でなかろうと，実行に移すとき，多かれ少なかれ当罰的だと考えているということからしか説明できない。立法者はここに法を動揺させる規範違反を見ることで，場合によっては可罰的未遂と判断している。

　統合説によれば，この**二元論的構想**にもかかわらず，次の様々な理由から

---

[30] *Roxin*, (Fn. 3), § 29 Rn 10-24.

危殆化原理に優先性が認められる。しかし，そうだからと云って，危険でない未遂を，法を動揺させる規範違反という観点から，基本的に可罰的と宣言する立法者の権利に異論を唱える必要性はまだない。

　第一に，未遂が既遂に比して減軽されうる（第23条第2項）ということは，未遂の基礎に危殆化思想があることを意味する。危殆化が侵害に比して軽いというのは現行刑法の全体を貫く思想である。例えば，それは，故意の危険犯はそれに対応する侵害犯に比して軽く処罰されるし，過失の危険犯は不処罰であるところから分かる。仮に「規範違反」を処罰利益の正面に出すと，その帰結は未遂も既遂も基本的には同等に処罰するということになろう。というのは，犯罪意思という点で，既遂も未遂も変わらないからである。

　第二に，構成要件実現を目指すが，まったく危険でない行為は，「著しい無知」の未遂（第23条第3項）や迷信未遂に見られるように，思い切って軽く処罰されるか，およそ処罰されないことも危殆化思想の優先的意義を証明している。行為者の表象によれば，犯罪の実行行為はこの場合にも認められる。仮に，（規範違反における）主観的要素に未遂の本質的処罰根拠があるとすれば，それは現行刑法の可罰性に関する控えめな姿勢と矛盾することになろう。

　第三に，予備罪の処罰は，結果の発生から遠く離れているにも関わらず，特に危険であるということからしか説明できない。例えば，重罪の協定（第30条第2項）が，単独正犯者の予備行為そのものに顕現される犯罪決意とは反対に，可罰的であることは，義務を負うこと，つまり，意思拘束から生ずる特別の危険にその根拠がある。犯罪意思と実行行為の近接性の点で，両者に違いがないのであり，そうすると，この事から法的処理の違いを説明することはできない。予備行為の処罰の基礎には危殆化思想が正面にあることは明らかであるとすれば，未遂の処罰根拠にこれとは異なったことを援用するなら，それは矛盾といえよう。

　第四に，危険な未遂の可罰性だけが現行刑法の法治国的，法理論的基礎と合致するのであり，危険でない未遂は法理論的特殊性として追加的正当化を要する。ドイツ犯罪法は構成要件刑法である。有能未遂も危険な不能未遂もその範囲内にある。というのは，有能未遂はほぼ・構成要件充足であり，具体的危険犯に類似の特殊の危険犯であり，したがって承認されている犯罪類

型の一つだからである。これに相応して，有能未遂というのは危殆化と同様に既遂にいたる必要的通過段階である。危険な不能未遂が依然として抽象的危険犯に類似しているのは，事前の判断からすると，構成要件の実現が真剣に可能だと思わざるを得なかったからである。構成要件関連性がなく，危険でなく，何も生じさせ得ない危険でない未遂では，こういったすべての要件が欠如している。許されない危険を創出する危険な未遂だけが客観的帰属の理論に適合するのであって，危険のない未遂には許されない危険がまさに欠如している。

　他方，統合説によれば，危険でない未遂は危険な未遂と多くの共通点を有しており，欠損した性質を有する危険でない未遂を可罰的とする現行法の態度にもそれなりの正当な理由がある。分別のある第三者の判断からすれば当初から危険でない未遂を行なう者の意思責任は，この者がその犯罪計画の既遂可能性から出立しているのであるから，他のどの未遂行為者の意思責任とも合致している。特別予防の観点でも，その者の態度が，危険な未遂行為者の態度に比して，制裁の必要性が劣るというものでもない。というのは，行為者は（自分の表象の中だけであっても）実行段階に移行していることで，自分の計画した犯罪の実行能力と実行意思を証明しているからである。この限りでは，危険でない未遂の処罰が心情刑法に帰着するというものでもない。というのは，行為者は悪意を証明したばかりか，これを実行行為に移したからである。

　危険な未遂と危険でない未遂の重要な差異は一般予防の必要性の側面にしかない。構成要件に近接した危険創出の危険性が法益保護の観点の下で制裁を直ちに正当化しうるが，危険でない未遂にあってはこのような理由付けはできない。しかし，主観的にしか完全でない犯罪実行行為を構成要件的に具体化された平和撹乱（「法を動揺させる規範違反」）として基本的に可罰的と宣言することは，危険性の欠如を法律効果の面で配慮する限り（第46条第2項，第23条第3項），立法者の裁量の範囲内にある。

　危険でない未遂をすべて刑法第23条第3項の意味での「著しい無知」から出たものと見ることはできない。強度の近視の者が殺害の意図で人と間違えて紙人形を撃つとき，第三者の目から一見してそれが人の模造品と分かる限

り，それは危険でない未遂である。しかし，行為者の錯誤を「著しい無知」に帰することはできない。被害者を毒殺しようとする者が，あわてて取り違えて，第三者にはまったく無害だと認識できる薬物を被害者のスープに混入する場合も，「著しい無知」から出たとはいえない。こういった場合に，未遂に危険性がないというのは量刑で考慮される（刑法第46条第2項は量刑要素として「行為の影響」を挙げている）。

　もとより，これに対して，危険でない未遂が自然法則連関の誤認に基づくとき，例えば，カミルレ茶で堕胎をしようとか，砂糖水で殺害しようとするという極端な事例では，危険でない未遂が著しい無知から出たといえるだろうし，刑法第23条第3項により刑の免除か刑の減軽の適用がある。したがって，こういった未遂の危険性が無いということに関してかなりの程度まで考慮され，それ故，危殆化思想がここでも相対化されるものの，意味がなくなるわけではない。

　しかし，統合説を主唱するロクスィーン自身が認めるように，この二元論的説明は，未遂の唯一の処罰根拠を危殆化に見た1930年頃のドイツ学説，及び現在の諸外国の法制を見れば分かるように，それほど自明の理と云えるものではない。ドイツの学説が長い間不能未遂の当罰性，あるいは少なくとも危険でない未遂や無知からでた未遂の当罰性を極めて稀にしか問題として取り上げなかったのは，20世紀における不法の主観化の傾向と関係している。この傾向は客観的帰属論によってようやく修正されようとしている。不能未遂においては，そのすべての現象形態において行為者の犯罪意思が有能未遂の場合のそれと同じであるから，不能未遂の当罰性が疑問視されなかったのである。その際見過ごされたのは，未遂でもそれに固有の特殊の結果無価値があり，これは非常に異なった重さを有しうるのであり，当罰性にかなりの影響を及ぼしうるということである。

　そこで，危険でない，あるいは，少なくとも「著しい無知」から出た未遂を不処罰とするべきだということにも十分な理由がある。有能の，極めて危険な犯罪計画を立てたが，未遂の段階に移る寸前で失敗した者が不処罰にとどまるのに，事前の判断から，どの第三者にも認識できる危険でない未遂が本当に処罰を要するとすることには疑問がある。それに加えて，危険でない

未遂というのはほとんどの場合，犯罪定型的とはいえない形態で犯され（毒殺を決意した者が誤って砂糖をコーヒーに入れる），ほとんど探知されえないのであって，この理由からも処罰されないのが普通であることからすると，処罰の必要性に疑問が生じうる。不能未遂のすべての形態が現行法上基本的に可罰的であるということは，ドイツ刑法でも圧倒的に基準となる，構成要件近接の危殆化という処罰根拠から生じてくるのではなく，補充的な立法者の判断を要するのだが，しかし，この判断は可能とはいえ，決してそうあらねばならないというものではないと。

　二元論の説明をする統合説に対する批判[31]として，先ず，これが立法者の考え及び評価にそぐわないことが指摘される。（危険でない）不能未遂を補充的にしか処罰しない，しかも正当性において疑問のある処罰というようなことは，立法者の意思からすると問題外である。むしろ，主観的処罰根拠論を徹底させると，有能未遂と不能未遂に等しく適する，主観的行為者危険を証明している行為無価値，及び，同様に，その都度対象となる法益の「理念的」妥当性価値と尊重要求への侵害という点で全く異ならずに基礎付けられる法的平和の攪乱ということに対比して，大なり小なり偶然である危殆化結果を無視するということになる。このことから，基本的に，有能で「危険な」未遂も「危険でない」不能未遂も基本的に等しく処罰すること，両者に許される既遂の刑も正当化される。それ故，未遂の基礎には先ず危殆化思想がある，したがって，不能未遂はこの犯罪範疇のたんなる「欠損種」だというようなことは立法者の関知しない評価である。そうすると，それほど重くないと云われる危険でない不能未遂に対して，危殆化の欠如を相殺するものとして「法を動揺させる印象」というものを持ち出すことは必要でもないし，役にも立たない。というのは，一方で，有能未遂にも等しく伴うこういった印象は，危殆化の欠如を相殺するものとはなりえないからである。他方で，この印象に頼る説明は，印象説に対して向けられるすべての批判が統合説にも当てはまる。最後に，統合説は，その名称とは異なり，個々の問題をばらばらに処理し，法の統一性を壊しかねないと批判される。例えば，不能未遂の任意減

31　*Hillenkamp*, (Fn. 1), Vor § 22 Rn 84-85.

軽を通例としかねないし,さらに,法を動揺させる印象というのは危殆化の前に既に生じているから,不能未遂においては未遂の時期を早まらせることも可能となると批判されるのである。

e） 近時の未遂可罰性限定の理論

aa） 二元的（未遂志向的未遂と危険な未遂の）理論　　シュミットホイザーとその門下のアルヴァート[32]によって展開された二元的未遂理論は,上記の統合説と同じく未遂の一元的根拠付けを放棄して,不法内実において異なる二つの未遂形態に分け,可罰的未遂は構成要件現実化の意図によって担われるか,客観的危殆化に至るものでなければならないと論ずる。意図的未遂の根拠は構成要件該当の無価値事態の意図的追求,つまり,特別の目的無価値にある。これに対して,危険な未遂の根拠は,事後的考察からして,構成要件該当の無価値事態の生ずる危険にある。この実践的帰結は,不能未遂が目的的（意図的）行為の場合にだけ可罰であり,直接的故意や未必の故意の場合には不可罰である。さもなければ,法治国上許されない純粋な心情刑法になると。

　本説は,拳銃の所有者から勇気ある犯行をしたらお金をくれると約束されたために,ことによると弾丸が装填されていると考え,眠っている人の頭に発砲する者は,実際には弾丸が装填されていなかったばあいには不処罰であり,確実に被害者を殺害できると思っていた場合ですら不処罰だとする。しかし,これは現行法とは相容れないとして批判される。こういった場合に,行為者が危険な行為をしていないと主張することは自然的観察に反する。行為者にかかる行為を刑罰をもって禁止することは法律意思,立法者意思であるばかりか,客観的には空拳銃であっても,人間の生命を保護する上で非常に意味がある。シュミットホイザーの「純粋心情刑法」批判は当たらない。かえって,シュミットホイザーが可罰的不能未遂を目的的故意に限定することの方が「心情刑法」批判を呼び起こすのである。不能未遂であっても,可罰性には,目的的故意ばかりでなく,確定的故意,未必の故意であっても十

---

[32]　*Eb. Schmidhäuser*, Strafrecht AT, 2. Aufl., 1984, 11/16 f.; *H. Alwart*, Strafwürdiges Versuchen, 1982, 122 ff.

分である。不能未遂の可罰性が目的的故意に限定されるべきとの法規定は存在しない[33]。

bb) 承認関係侵害理論　　ツァチュクは，カント，フイヒテといったドイツ観念論哲学に依拠して，承認関係侵害理論を展開する。法の基礎には個人の間の承認関係がある。この関係は実際的・正しい外部的行為によって基礎付けられる。**既遂の不法**というのは，個々人や社会の法益が被害を蒙っている限り，実際に，法共同体によって承認された具体的自由が抑圧されたことを意味する。自由が侵害されることによって，承認された平等関係が破壊されている。**未遂の不法**というのも，既遂の不法と同じく，自由且つ平等に結びついている法共同体の構成員の承認関係を破壊することを意味する。承認関係の存在しないところに侵害も存在しない。この一般的命題を具体的に未遂に適用すると次のようになる。不能の客体の場合，承認関係の規準を客観化し，未遂の処罰を著しく限定する。生きていると思った死体を撃つことは殺人未遂ではない（不処罰）。この場合，信頼の侵害ということが生じ得ないし，それ故，それを企てることもできない。「人」であると思って樹幹を撃つ場合，それを誰か知らない人だと思っていたときと，特定の狙っていた人だと思っていたときに分け，前者は不処罰，後者は可罰的未遂である。他人の外套と誤認して自分の外套を掴む場合も，複数の外套の中から選んで掴んだときは窃盗の可罰的未遂，外套一着しかなかったときは不処罰である。ここには具体的承認関係の侵害が見られるか否かが規準となっている[34]。

しかし，本説も不能未遂を基本的に可罰的としている現行法と相容れないばかりか，立法論としても不適切と批判される。ひょっとして死んでいるかもしれない，じっと動くことなく横たわっている「人」に向け「ともかくも」発砲した者に，裁判官が事実解明ができなかったことを理由に無罪を言い渡してはならない。ここに，個人の生命を保護する刑罰規定は（ひょっとして）既に死亡している者への殺人未遂にあっても適用されねばならことが明らか

---

[33]　*R. D. Herzberg*, Münchner Kommentar zum Strafgesetzbuch, Bd. 1, 2003, § 22 Rn 56.; *Roxin*, (Fn. 3), § 29 Rn 51; *Rudolphi*, (Fn. 28), Vor § 22 Rn 15 a; *Hillenkamp*, (Fn. 1), Vor § 22 Rn 86 f.
[34]　*R. Zaczyk*, Das Unrecht der versuchten Tat, 1989, 255 f., 327 f.

になると[35]。

cc) 真正の主観・客観未遂理論 ヒルシュは，危険な不能未遂と危険でない不能未遂を区別し，前者だけを処罰に値すると論ずる。危険な未遂というのは，「新客観説」と同じく，行為者の犯行計画を知っている，理解力のある第三者の事前の観点から，構成要件実現の具体的危険がある場合である。これに対して，危険でない不能未遂を処罰すべきでないのは，当該行為が「不法中立的」であり，その処罰が心情刑法に帰着し，現行行為刑法と相容れないからである。例えば，寝台に発砲するが，事後にそこに人はいなかったことが判明した場合（危険な未遂）と，明らかに射程距離の外側にいる人めがけて散弾銃を発砲する（危険でない未遂）場合が挙げられる[36]。

しかし，本説も，傾聴に値するが，説得力に乏しいし，現行刑法にも反するとして批判される。所為観察者は上記のいずれの事例でも不安を感じうる。後者の事例でも，「具体的危険」が否定されるのは，所為観察者が実情を知っている，つまり，武器の性状，散弾銃の飛距離を知っている場合に限られるのであり，その際，一般的「理解」を規準とすることはできない。寝台に人がいると考えた者も，射程距離の足りない散弾銃で標的を狙えると思った者よりも（たいていの人は散弾銃であることすら認識しないものである）理解が足りないということはありうる。さらに，刑法第22条は分別のある第三者の視点を基準としているのではなく，専ら行為者の表象を基準としている。刑法第23条第3項は，第三者の事前の視点からはまったく危険でなく，しかも「著しい無知」から出た未遂あっても基本的に可罰的としている[37]。

---

[35] *Herzberg*, (Fn. 33), § 22 Rn 11 f.; *Roxin*, (Fn. 3), § 29 Rn 52; *Hillenkamp*, (Fn. 1), Vor § 22 Rn 88.

ラート（*J. Rath*, Grundfälle zum Unrecht des Versuchs, JuS 1998, 1106 ff.）もツァーチュクと似た見解を主張する。「被害者が不能を即座に認識するか又は法益の担い手が最早存在しないとき」，行為者と被害者の間に「権利関係の破壊」が見られず，未遂の不法がないと（1112）。これも現行法と相容れないし，立法論としても問題があると批判される。引き金に手を掛け，人を射殺する次の瞬間を待つ者は，その実情がどのようなものであれ処罰に値する。寝台にいる死体を寝ていると誤認して発砲する者も処罰に値するし，あるいは，不安を抱いていた被害者が事前に密かに弾を抜いていた拳銃を使って，被害者めがけて発砲する者も，被害者が当該行為の不能であることを知っていても処罰に値する。*Herzberg*, (Fn. 33), § 22 Rn 51; *Roxin*, (Fn. 3), § 29 Rn 55.

[36] *H. J. Hirsch*, Untauglicher Versuch und Tatstrafrecht, in: Roxin-FS, 2001, 711 ff.

[37] *Herzberg*, (Fn. 33), § 22 Rn 53; *Roxin*, (Fn. 3), § 29 Rn 57; *Hillenkamp*, (Fn. 1), Vor §

dd) 不能未遂処罰憲法違反論　　ボトケは、刑法第22条が不能未遂を可罰的としているが、これは憲法違反だと主張する。不能未遂は「刑罰無能力」である。というのは、刑法第22条内で有能未遂から不能未遂に移行するとき、「財の交換」が行なわれるからである。例えば、殺人の有能未遂の場合、「憲法財・犯行財」である人間の生命が侵害されるけれども、殺人の不能未遂の場合、それよりもはるかに価値の低い「刑法財」、つまり、「法的平和と一般の法への信頼」が脅かされるにすぎない。未遂の両形態を等しい重さで処罰することは、等しくないものを等しく評価することを意味し、これは憲法の比例原則、法定原則に違反すると[38]。

　本説も、不能未遂が有能未遂ほど当罰的でないことは確かだが、両形態の類似性からすると、不能未遂を処罰することが憲法違反とまではいえないと批判される。殺人の不能未遂を処罰することが「法的平和」への配慮から来ているとしても、それが処罰の必要性を弱めるものではない。そもそもボトケの前提が間違いである。既遂であれ、有能未遂であれ、不能未遂であれ、刑事罰は生命、所有権等の「犯行財」を保護するという目的に仕える。不能未遂の無価値内実が低いということは量刑において、とりわけ、刑法第23条第3項において考慮されている[39]。

ee) 哲学的未遂不法否定論　　ケーラーは、ヘーゲル、フィヒテに依拠して、不能未遂の処罰に反対する。「客観的現実化条件が……経験的確実性をもって排除されているか全く非蓋然的であるとき」、「未遂不法」が存在しない。「むしろ、事前の客観的判断から……侵害の可能性が明らかでなければならない」。さもなければ、「刑不法」は存在しない。しかし、論者も認めるように、これは哲学的基礎付けられた絶対的法理論の言明である。「不能未遂が可罰的たりえないという実態に即した基本命題」は哲学的に基礎付けから導出されるが、現行法と相容れない。ケーラーは、最後には、法、不法及び可罰性を決めるのは法律であって、哲学ではないという理由から、哲学

---

22 Rn 92.
38　*W. Bottke*, Untauglicher Versuch und freiwilliger Rücktritt, 50 Jahre Bundesgerichtshof, Festgabe aus der Wissenschaft, Bd. IV, 2000, 135 ff.
39　*Herzberg*, (Fn. 33), § 22 Rn 58; *Roxin*, (Fn. 3), § 29 Rn 56.

的には断固として否定するものの，法律的意味で「刑不法」を肯定する[40]。

2　オーストリア刑法学における未遂犯処罰根拠の議論状況

A　法規定

オーストリア刑法はその第15条及び第16条に未遂規定を定めている。
第15条（未遂犯の可罰性）
① 故意の行為に対する法定刑は，既遂の所為に対してのみならず，その未遂に対しても，又未遂への各関与行為に対しても効力を有する。
② 行為者が，所為を実行する又は他人を所為の実行へと勧める（第12条）決意を，その実行行為に直接的に先行する行為を通して行為に表したときは，直ちに，その所為は未遂となる。
③ 未遂及び未遂への関与行為は，行為者について法規が前提している一身的な資格若しくは状況が欠如しているため，又は行為の性質上若しくは所為がなされた対象の性質上，如何なる事情の下においてもその所為の既遂が不可能であった場合には，これを罰しない。

第16条（中止犯）
① 行為者が任意に実行を放棄した場合，又は数人がこれに関与したときは任意に実行を阻止した場合，又は行為者が任意に結果を回避した場合には，行為者は，未遂犯又は未遂への関与行為の故をもっては罰しない。
② 行為者の関与なしに実行行為又は結果が生じなかったにもかかわらず，行為者がこのことを知らずに任意にかつ真摯に実行行為を阻止し又は回避するよう努力した場合にも，行為者は罰しない。

オーストリア刑法第15条第1項は，未遂犯は過失犯を除くすべての故意犯で可能であることを定める。この点で，ドイツ刑法第23条第1項が重罪の未遂は一般的に可罰的とし，軽罪の未遂については個別の規定を要求するのとは異なる。未遂罪の法定刑は既遂罪と同じであり，未遂は刑の減軽事由にす

---

[40]　*M. Köhler*, Strafrecht AT, 1997, 451 ff. Vgl. *Herzberg*, (Fn. 33), § 22 Rn 59; *Roxin*, (Fn. 3), § 29 Rn 53.

ぎない（第34条第13号）。ドイツ刑法第22条第1項は，未遂を「その行為についての表象に従って，構成要件の実現を直接に開始した」と定義するのに対して，オーストリア刑法第15条第2項は，未遂を，「所為を実行する……決意を，その実行行為に直接的に先行する行為を通して行為に表したとき」と定義するので，オーストリア刑法の規定自体から主観説，客観説が直ちに導かれるわけではない。ドイツ刑法第23条第3項は絶対的不能未遂を基本的に可罰的と見ているが，オーストリア刑法は絶対的不能未遂はおよそ不可罰としている[41]。

B 学説の状況

旧刑法の時代には，純粋客観説と主観説が対立していた。**客観説**は専ら外に向けて現れた「所為の危険性」に未遂の処罰根拠を求める。リットラー[42]は，構成要件によって保護された行為客体に対する具体的危険（主要な結果無価値）と最後の断片だけが欠如している，犯罪構成要件の部分実現に未遂の処罰根拠を見た。これに対して，**主観説**は，専ら「行為者の危険性」から出立し，未遂の処罰根拠を専ら法敵対的心情（犯罪意思の表動）に見た。ノヴァコフスキーによれば，行為者が犯罪故意を行為に表すときには常に価値結合の欠如が見られ，ここに責任が認められる。犯罪が既遂に達したか，未遂にとどまったかは，行為者の責任に影響を及ぼすものではない。同じ責任は同じ刑罰に値する。主観説だけがこれを可能にする。未遂というのは本来的犯罪である。「既遂を未遂から区別するものは，本説からすると，客観的処罰条件に過ぎない」[43]。

客観説も主観説も現行刑法にはそぐわない。客観説は現行刑法第15条第1項が未遂と既遂を基本的に等しく扱っていることにそぐわない。主観説も現行刑法にそぐわない。現行刑法第15条第3項は絶対的不能未遂を不可罰とし

---

[41]　Vgl. *M. Burgstaller*, Der Versuch nach § 15, JB 1976, 113 ff.
[42]　*Th. Rittler*, Lehrbuch des österreichischen Strafrechts AT, 2. Aufl., 1954, 255.
[43]　*F. Nowakowski*, Die Erscheinungsformen des Verbrechens im Spiegel der Verbrechensauffassungen, ÖJZ 1953, 596, 599; *ders.*, Zur Systematik der Lehre von den Erscheinugsformen des Verbrechens nach der subjektiven Auffassung, Zeitschr. f. österr. R. 1946, 22, 27; *ders.*, Das österreichische Strafrecht in seinen Grundzügen, 1955, 87 ff.

ているし，同第15条第２項は実行行為ないし実行行為に接着した行為という客観的不法成分を要求しているからである[44]。

　現行刑法に適合するのが，主観的出立点を客観的側面と結びつけ，刑罰目的によって方向付けられる折衷説だと一般に考えられている。この説は印象理論（Eindruckstheorie）とも呼ばれる。本説によれば，未遂の処罰根拠は，既遂の意思（主観的発端）が所為事象に表れ（客観的成分），これを黙視することが一般の人々に否定的印象を残し，一般的法意識の堕落に，したがって，法的平和の危殆化に繋がるというところにある[45]。

3　スイス刑法学における未遂犯の処罰根拠の議論状況

A　法 規 定

　第22条　未遂の可罰性
　① 行為者が，重罪又は軽罪の実行に着手した後，可罰的行為を終えなかったときは，所為の既遂に属する結果が生じないか，結果が生じえ得ないとき，裁判所は刑を減軽できる。
　② 行為者が，所為が実行の対象又は実行の手段の性質上，およそ既遂に到り得ないことを著しい無知から認識しないとき，不処罰とする。
　第23条　中止犯と行為による悔悟
　① 行為者が自発的に可罰的行為を終えないか，所為の既遂を阻止するための寄与をするとき，裁判所は刑を減軽又は刑を免除できる。
　② 複数の正犯者又は共犯者が一つの所為に関与するとき，裁判所は，所為が既遂に至るのを阻止するために自発的に寄与する者に対する刑を減軽又は刑を免除できる。

---

[44] *D. Kienapfel, F. Höpfel*, Strafrecht AT, 12. Aufl., 2007, Z 21 Rn 15.
[45] *Kienapfel/Höpfel*, (Fn. 44), Z 21 Rn 16; *Burgstaller*, (Fn. 41), 114. これに対して，フックス（*H. Fuchs*, Österreichisches Strafrecht AT, 7. Aufl., 2008, 28. Kap Rn 42）は，客観説といえども未遂犯の成立に故意の必要であることを否定するものではないこと，故意に加えて客観面を重視すべきとして，客観説に組して，現行法上，未遂が基本的に既遂と同じ法定刑であることについては，行為無価値と結果無価値が不法の同価値の要素であることから出立して，未遂が既遂に客観的内実においても大いに似ていなければならず，その結果，法定刑を異にする必要がないのだと論ずる。

③ 正犯者又は共犯者の中止が所為の既遂を阻止するところだったが，別の理由から既遂に至らなかったときも，裁判所は刑を減軽又は刑を免除できる。
④ 複数の正犯者又は共犯者の一人が，自発的に，所為が既遂に至るのを阻止する真摯な努力をするとき，所為がこの者の所為寄与と関係なく行なわれるとき，裁判所は刑を減軽又は刑を免除することができる。

第22条第1項は刑の任意的減軽を定めているのは，未遂にとどまった犯罪であっても既遂の刑が適切と思われる場合，つまり，結果が発生していなくても一般的刑の加重事由がある場合があるからである[46]。1997年1月1日改正刑法施行前の旧法第23条は「通常の」不能未遂と「無知からでた」不能未遂を明文で区別していたが，新法は，この区別を廃止したので，この両者を区別する実践的意義は無くなった。第22条第2項は，不能未遂について，著しい無知からでた全く危険のない未遂を不処罰としている。本項の未遂とは，普通の考える人によって直ちに認識されうるし，行為者によって全く特別の愚かさから誤認された不能未遂のことを云うと解される[47]。かかる未遂は法秩序を危うくせず，一笑に付される。不処罰の理由としてはこれで十分であるとされる。第22条第2項は，客体の不能と手段の不能について定めているが，主体の不能については定めていない。非公務員が自分を公務員だと思って公務員犯罪を犯すとき，この未遂は危険でなく，したがって，不処罰とされるべきだというのが通説である[48]。

B 学説の状況

スイス刑法学説の出立点にフォイエルバッハの学説がある[49]。フォイエルバッハは，未遂を，「客観的に危険」でなければならない「犯罪の惹起に向けられた意図的な外的行為」と定義した。この背景にあるのは，啓蒙思想の

---

[46] G. Stratenwerth, W. Wohlers, Schweizerisches Strafrecht. Handkommentar, 2007, § 22 Rn 5.
[47] BGE 70 IV 50.
[48] Stratenwerth/Wohlers, (Fn. 46), § 22 Rn 7.
[49] 以下の記述はシュトラテンヴェルトに拠る。G. Stratenwerth, Schweizerisches Strafrecht AT I, 4. Aufl., 2011, § 12 Rn 12 ff.

特徴である法と道徳の分離,「法を侵害するか危険にする」行為だけが違法たりうること,「違法の意図」だけでは「行為に違法性の要素をあたえない」といった思想である[50]。犯行に向けられた意思が外に現れた行為によって表されたというだけでは足りない。むしろ,行為は法秩序に矛盾する,法秩序を侵害する又は危険にする一定の性質を有するべきだとされた。フォイエルバッハは,「犯罪者が既に主要行為(Haupthandlung),つまり,それを終えることによって,法律に違反する結果を直接的に惹起させようとし且つ惹起できた行為に着手したとき」に未遂の成立を認める。主要行為の着手によって(不処罰の)予備行為との区別がなされる。フォイエルバッハは,未遂行為が意思によって「生じさせようとした」ばかりでなく,実際に生じさせることが「できた」ことを規準とすることによって,主観的要素と客観的要素を結合したのである。

この立場がその後の諸客観説の基本となった。19世紀前半の自由主義思想に相応して,犯罪の重点を法的に保護された財又は利益の外的侵害に見るとなると,決して法益を侵害しない未遂の可罰性は初めから例外とされる。未遂処罰の根拠は,侵害意思に担われた行為が,状況に応じて,ともかくも本当に危険をもたらしうること,そして,この事だけでも法秩序に反するというところに求められる。ここから,危険(有能)な未遂(可罰的)と危険でない(不能の)未遂(不処罰)を区別する事情を精密化することが必要となる。スイス刑法学説もこの見解に組した[51]。

これに対して,20世紀に変わる頃,近代学派の影響の下に,主観的未遂論が支配的となった。既にシュトースは主観説を支持して,「違法な故意で」不能の手段を応用するか,不能の客体を攻撃する者は「違法な意思を表動した」と論じていた[52]。これに多くの学説[53],諸予備草案が従った。ゲルマンは,「犯罪の意思決意——そこに規範違反,刑罰警告の無視,刑罰前提要件,犯罪

---

[50] *P. J. A. R. v. Feuerbach*, Lehrbuch des peinlichen Rechts, 9. Aufl., 1826, 42 ff.
[51] *J. D. H. Temme*, Lehrbuch des schweizerischen Strafrechts, 1855, 176 f.; *H. Pfßnninger*, Das Strafrecht der Schweiz, 1890, 773 ff.
[52] *C. Stoos*, Die Grundzüge des schweizerischen Strafrechts, Bd. I, 1892, 218.
[53] *E. Delaquis*, Der untaugliche Versuch: Ein Beitrag zur Reform der Strafgesetzgebung, 1904, 173 ff.; *E. Zürcher*, Erläuterungen zum Vorentwurf 1908, 1914, 59 f.

構成要件の充足がある」と論じて，主観説を明確に擁護した[54]。この立場からは，刑法上重要な不法というのは，意思の中だけでとまでは云わないまでも，ともかくも，保護された規範に対する違反行為それ自体の中に，行為者自らが自分の視点から見て法の禁止・命令を無視する行為の中に見出されなければならない。これに対して，具体的法益侵害の発生又はその発生の危険すらも重要でない。

このような犯罪を純粋に客観的又は主観的に理解する学説は批判に晒され，今日，実践的意義を失ったが，このことは未遂の処罰根拠にも当てはまり，諸見解の違いは微細な点に見られるに過ぎなくなった。さらに，改正前の刑法第23条は，なるほど，主観的未遂論に立っているというのが通説であるが，しかし，不能未遂に関する特別の規定からすると，客観的未遂論とも折り合いをつけているとも指摘される。

シュトラーテンヴェルトによると，未遂というのは法によって保護される秩序への重大な侵害を与えるように見えるということ，そこにのみ未遂の処罰根拠がある。相応の社会的規範をはっきりと侵害する行為態様だけが未遂とされるべきである。この観点から，未遂は予備から区別される。しかし，不法結果を目指す行為によって法的禁止又は命令違反があったというだけでは十分でない。純粋な主観説は可罰性を広げすぎる。なるほど，未遂は，個別事例において実際に法益が危殆化されたことを前提としない。暗闇の中で錯視から動く影を人だと誤信して発砲する者は，完全に真剣に受け止められるべき殺人未遂を犯している。この点で，客観説の要求する法益危殆化は厳格に過ぎる。しかし，いわゆる迷信犯のような初めから誰をも危殆化しえない犯罪未遂は不処罰とすべきである。こういった未遂は明らかに不適切な手段が用いられており，それ故，法的に保護された規範の通用力を侵害しないからである[55]。

ノルとトレクセルも次のように論ずる。主観的には，未遂行為者は刑法上重要な故意を抱き，それを実行に移す。未遂行為者は犯罪意思を形成したばかりか，それを明白に外に示した。未遂行為者は非難に値し，処罰に値する。

54　*O. A. Germann*, Über den Grund der Strafbarkeit des Versuchs, 1914, 145 FN 76.
55　*Stratenwerth*, (Fn. 49), § 12 Rn 17.

客観的には，その行為は脅威でもある。未遂行為者が明白に外に示したことは危険な働きを有し，恐れを惹起し，したがって，法的平和を害する。ここに，刑罰目的から見て，未遂行為者の「再社会化」を試みる理由がある。法的平和の攪乱は，一方で，法の通用力とその貫徹への信頼を強め，他方で，当該行為者に再犯しないように，その他の者に「未遂」しないように威嚇する反作用を呼び起こす。未遂の刑が減軽されうる理由は次の通りである。なるほど，客観的には，未遂は脅威であり，法的平和を害する。しかし，発砲したが当たらなかったか，発砲して殺害したかは極めて大きな違いである。終了有能未遂の場合には，刑の減軽の主観面における説明が難しいのであるが，それでも，深層心理学的説明が可能である。「しくじり行為」としての未遂にとどまったのは，行為者の中にある無意識の法に誠実な努力が同人の意識的犯罪意図を妨げることに起因すると説明できる場合もある[56]。

現行刑法の未遂処罰根拠について，リクリンは，主観面において，未遂犯者は犯罪意思を形成したばかりか，それを外に向けて表したこと，極めて執拗な犯罪意思を示す未遂犯罪構成要件が考えられること，行為者の責任が直ちに軽減するとはいえないこと，客観面において法益が脅かされ，危殆化されること，未遂にとどまるか既遂に至るかは偶然に左右されることが多いこと，偶然に結果が生じなかったにすぎないとき，行為者は処罰に値することを挙げる。リクリンは，刑の減軽根拠については，客観的には結果が発生しておらず，それ故，応報要求が低下すること，主観的には，未遂にとどまった事情が内的抵抗力，確固とした意思の欠如，あるいは下手だったことの結果でありうることを挙げる[57]。

4　日本刑法学における未遂犯の処罰根拠の議論状況

A　学説の状況

ドイツ刑法（絶対的不能未遂は基本的に可罰的）には，オーストリア刑法（絶対的不能未遂は不処罰）に比して，主観説を許容する余地が非常に大きい。日本

---

[56]　S. Trechsel, P. Noll, Schweizerisches Strafrecht AT I, 4. Aufl., 1994, 154 f.
[57]　F. Riklin, Schweizerisches Strafrecht AT I, 2. Aufl., 2002, § 17 Rn 37 ff.

の刑法はその第43条で,「犯罪の実行に着手してこれを遂げなかった者は,その刑を減軽することができる。ただし,自己の意思により犯罪を中止したときは,その刑を減軽し,又は免除する。」と規定し,わずか一か条だけ未遂犯規定を設けており,しかも,簡潔な規定振りから,ドイツ刑法やオーストリア刑法にもまして様々な見解を許容する可能性を有している。したがって,論者の立脚する「あるべき刑法」という刑事政策・刑法原理論的視点からの未遂犯処罰根拠論が展開される余地が広く残されている。

我が国の学説はドイツ語圏刑法学の影響を受けながら展開されている。それを大まかに捉えると,次のように説明できよう。

a （純粋）主観的未遂論

（純粋）主観的未遂論は未遂犯処罰の根拠を行為者の危険な性格を示す犯罪的意思が外部の行為となって表れるところに求める。なぜなら,それは社会にとって危険であり,社会防衛のために,特別予防的観点からの刑法的反作用（刑罰）を要するからである。「行為者の主観的な或るものが既遂と未遂とに通じ同一なものとして考えられ,それが重要視されている……犯罪は,侵害的事実を発生せしめたものとして処罰せられるのでなく,侵害的事実を発生せしめるであろうものとして処罰せられる……ここに,犯罪における主観的な或るものが重要な意義を有つ」[58]とか,「主観主義の刑法学に在っては,刑法が特別に客観的危険の発生を要件としてゐる場合（例,刑,109II,110）を除いては,専らこれ（危険——筆者注）を主観的,抽象的に解する。即ち行為を客観から切り離し,主観を中心としてその危険を抽象的に考える。従って主観主義の刑法学に在っては,未遂罪の危険は性格に基づく実行反覆の危険を意味する」[59]と論じられる。しかし,本説には,特別予防的観点だけから刑罰を正当化することには疑問があること,処罰時期が早くなりすぎ,個人の行動の自由に対する過度の介入に繋がると批判された[60]。

---

[58] 牧野英一『刑法総論下巻』［全訂版］1959年・623頁。
[59] 宮本英脩『刑法大綱』［第4版］1935年・180頁。
[60] 内藤謙『刑法講義総論（下）II』［オンデマンド版］2006年・1217頁,井田良『講義刑法学・総論』2008年・393頁以下。

b 客観的未遂論

行為の客観面を重視する客観的未遂論は，大別すると，行為無価値論的客観的未遂論と結果無価値論的客観的未遂論に分かれる。

aa　行為無価値論的客観的未遂論　　本説は，刑法の任務を行為規範の効力の確保を通しての一般予防に求め，未遂犯においても，法益保護の見地から否定的に評価され，禁止されるべき規範違反行為が行なわれたことに未遂の処罰根拠を求める。本説によれば，純然たる行為不法のみを処罰の理由とする犯罪として未遂犯を捉えることも，又，これに加えて，一定の結果無価値要素（結果発生の現実的・客観的危険）が付加されて違法性が強まり可罰的となると考えることもできる[61]。

bb　結果無価値論的客観的未遂論　　本説は，未遂犯の処罰根拠を既遂結果発生の危険性に求めるが，既遂結果発生の危険を，未遂犯の「結果」として，具体的危険（切迫した危険）と理解する。この立場からは，刑法第43条の「実行の着手」の「実行」を構成要件に該当する行為と理解するとき，そのなかに「結果」が不可欠の要素として含まれており，したがって，「実行の着手」の判断対象も結果を含む広義の行為概念として理解し，「結果としての危険」（具体的危険）の惹起も「実行の着手」のなかで判断できるし，また判断すべきであると論ずる[62]。

B　未遂犯の処罰根拠の検討

未遂罪の性質を考える上で重要なこととして，第一に，一定の行為が未遂として理解されうるか否かは，外に現れた事象からだけでは捉えられえないのであって，行為者の意欲と関連付けることによって初めて可能となるということである。換言すると，どんな行為であれ未遂と判断するためには，行為意思を基礎とするしかない。故意を考慮することなしには，そもそも犯罪を実現する意思があったのか否か，いかなる犯罪の未遂なのかの判断ができない。例えば，甲の投げつけた刃物が乙の体の側を飛んでいくとき，傷害未遂（暴行罪）なのか殺人未遂なのか，単に器用さを誇示するためだけだった

61　井田（注60）395頁。
62　内藤（注60）1218頁以下。同旨，浅田和茂『刑法総論』2005年・364頁。

のかは，専ら行為意思に依存する。未遂というのは概念的に行為者の具体的行為意思を考慮することなしには理解できないのである[63]。

第二に，現行刑法が未遂罪の任意的減軽を定めていることは，主観的出立点を支持しているように見える。なるほど，次のような理解は我が国の刑法にも妥当するように思われる。すなわち，立法者が未遂の処罰根拠を侵害される法益の危殆化に見ていたのなら，未遂の法定刑は既遂に比して必要的に減軽されなければならなかったろう。法定刑の違いによって，法益の侵害と危殆化の間の無価値差異を示さなければならなかったろう。しかし，現行刑法はそうなっていない。未遂犯も既遂犯も既遂故意の点で一致している。ここに見られる主観的行為無価値に未遂犯の主たる処罰根拠を見るなら，未遂犯の任意的減軽が無理なく説明できる[64]。しかし，このような理解では，行為無価値だけが不法要素であって，結果無価値は不法判断には関係が無くなる。未遂が犯罪の基本型となってしまうのである。行為無価値と結果無価値は同価値の不法要素である。未遂の場合も，事前の判断からの結果発生の危殆化が客観的不法要素である。未遂処罰が任意減軽にとどまるのは，未遂であっても危殆化の程度によっては既遂と同様の不法があることを意味する[65]。

第三に，未遂犯の処罰根拠を保護される行為客体への具体的危険に求める客観的未遂理論は支持できない。この理論では，未遂犯は具体的危険犯の構造を有することになり，未遂の「結果」というのは攻撃客体に具体的危険を惹起したと捉えられることとなる。しかし，侵害犯以外に危険犯についても未遂犯の処罰規定（刑法第112条［現住建造物等放火未遂罪］，刑法第128条［汽車・電車・艦船の往来危険未遂罪］等）があり，そうすると，侵害犯の未遂を結果の具体的危険の発生と捉えることはできるものの，危険犯については意味を成さないという批判が可能である。具体的危険犯では具体的危険の発生が既遂の要件であり，抽象的危険犯では何らかの法益危険の発生を考慮することなく既遂が認められるからである[66]。もっとも，これに対しては，法益「侵害」

63　*Burgstaller*, (Fn. 41), 114.
64　*Burgstaller*, (Fn. 41), 114.
65　参照，井田（注60）394頁。

という「既遂結果」発生，法益侵害の「危険」という「既遂結果」発生の「切迫した危険」に未遂犯の処罰根拠を求め，「切迫した危険」を具体的危険と呼ぶかどうかは言葉の問題に過ぎないという反論がある[67]。たしかに，「切迫した危険」という用語で統一的説明が可能なように見える。しかし，本来，具体的危険（＝切迫した危険）には支配可能性の欠如，つまり，偶然の要素が内在しているのである。終了未遂にはこれが認められるが，未終了未遂の場合，行為者の表象によれば，行為者はなお事象を掌中から手放していないのである[68]。それのみならず，侵害犯を具体的危険犯と捉えるなら，不能未遂はすべて不可罰ということになろう。これは刑事政策上耐え難い帰結である。

　第四に，現行刑法が未遂犯の処罰根拠に関して主観説を出立点としているということは，行為者の危険性を取り上げているわけではないということである。行為者の危険性を未遂の処罰根拠とするなら，過去の未遂行為ではなく，将来の行為の危険性が処罰根拠となってしまう。これは個別行為刑法の原理に矛盾する[69]。

　結局，未遂の処罰根拠は，既遂の意思（主観）が危険な行為となって現れ（客観），しかも，遵法心のある人々の法秩序の通用性への信頼感を動揺させる，つまり，法的平和を攪乱するところにある（**客観化された主観説又は印象説**）。したがって，未遂を基礎付ける行為は法益の具体的危殆化を惹起するのに適した行為，つまり，法益の抽象的危険を発生させる行為である必要があるが，法益の具体的危険を発生させる行為である必要はない。未遂の場合，遵法心のある人々の法秩序に対する意識が既遂の場合ほどには損なわれることがないため，法的平和を回復するために，既遂犯に値するのと同様の反作用を要しないことが多い。それ故，未遂罪に任意減軽の規定が設けられているのである。予備行為は，未遂行為（構成要件該当行為又はこれに接着する行為）と比較すると，法的平和を攪乱しないか，それほど攪乱しない。そこに予備行為の

66　滝川幸辰『犯罪論序説』［改訂版］1947年・186頁。*U. Berz*, Grundlagen des Versuchsbeginns, JA 1984, 511 ff., 513.
67　内藤（注60）1225頁。
68　*P. Cramer*, Schönke/Schröder, Strafgesetzbuch Kommentar, 24. Aufl., 1991, vor § 306 Rn 5; *Berz*, (Fn. 66), 513.
69　*Burgstaller*, (Fn. 41), 114.

処罰規定が少なく，しかも刑が軽い理由がある[70]。

---

[70] Vgl. *Burgstaller*, (Fn. 41), 114; *O. Triffterer*, Österreichisches Strafrecht AT, 2. Aufl., 1994, 15. Kap Rn 6; *Kienapfel/Höpfel*, (Fn. 44), Z 21 Rn 16; *H.-H. Jescheck*, Lehrbuch des Strafrechts AT, 2. Aufl., 1972, 388., *C. Roxin*, Tatentschluß und Anfang der Ausführung beim Versuch, JuS 1979, 1 ff.; *Vogler*, (Fn. 28). Vor § 22 Rn 51 ff.; *Eser*, (Fn. 28), Vorbem § 22 Rn 22「なるほど法益**客体**ではないが，保護される法**益**が未遂に顕現した通用性侵害によって危殆化される点で，不能未遂においてすら法益関連性が問題となる」。*Gropp*, (Fn. 28), § 9 Rn. 48. なお，フロイントは，未遂と既遂の処罰根拠は同一であり，「いずれにおいても，**規範通用性を害する**危険を除去するための**行為規範違反への適切な反作用**が問題となる」と論ずる。*Freund*, (Fn. 28), § 8 Rn 11.

なお，未遂犯は，実行の着手以後の段階である点で，まだその段階に至らない予備，陰謀と区別される。**予備**とは，後の実行行為を可能にしたり，行ないやすくしたり，あるいは，犯罪隠蔽策を講じたりする準備行為を云う。予備は，原則として処罰されず，止むを得ない刑事政策上の要請から，例外的に一定の重大犯罪についてのみ処罰される。現行刑法の定める予備罪には，内乱予備罪（第78条），外患予備罪（第88条），私戦予備罪（第93条），放火予備罪（第113条），通貨偽造準備罪（第153条），支払い用カード電磁的記録不正作出準備罪（第163条の4），殺人予備罪（第201条），身代金目的の拐取予備罪（第228条の3），強盗予備罪（第237条）がある。予備の準備行為も，物的準備行為に限られないのは，犯罪の実行方法を具体的に取り決めるための話し合いも含む。特別刑法には，「爆発物取締罰則」第3条（爆発物使用準備の処罰），「破壊活動防止法」第39条（政治目的の放火・爆発物破裂・汽車転覆等・殺人・強盗の各予備・陰謀の処罰），同法第40条（政治目的の騒乱の予備・陰謀の処罰），「組織的犯罪処罰法」第6条（組織的な殺人予備の刑の加重，組織的な営利目的拐取予備の処罰），「航空機強取等処罰法」第3条（航空機強取等予備の処罰），「サリン等防止法」第5条第3項（サリン等発散予備の処罰）の諸規定がある。「特殊開錠用具の所持の禁止等に関する法律」第3条，第4条，第16条は，特殊開錠用具の所持・携帯を処罰しているが，これは住居侵入窃盗の予備を処罰するものである。予備罪は，私戦予備罪を除くと，その前提に目的とする犯罪の既遂類型があるので，その犯罪の実現を目的とする「目的犯」として規定されている（修正された構成要件）。したがって，予備行為者は自分自身がその目的とする犯罪を実現する目的で準備をしたことが必要である。予備罪は，他人の犯罪を実現するための準備行為（他人予備行為）を含まず，**自己予備行為**に限定されるべきである。大判大5・12・21刑録22・1925（通貨偽造準備罪は他人予備も含む）。

殺人予備罪のように具体的準備行為の列挙されていない「包括的予備罪」においては，予備行為は物的準備行為に限られない。例えば，殺人予備では，殺人目的で，凶器，毒物を調達するといった物的準備が典型的予備行為であるが，犯行現場に行く，犯行現場にとどまる，犯行現場を下見する，犯行の機会を作るといった行為も普通は予備行為である。予備の処罰は未遂の例外的処罰のさらにその例外的処罰なのであるから，予備行為は「実行の着手」に移れる準備の整ったときに限定されるべきである。浅田（注62）368頁。東京地判昭和39・5・30下刑集6・5＝6・694「各犯罪類型に応じ，その実現に『重要な意義をもつ』あるいは『直接に役立つ』と客観的にも認められる物的その他の準備が整えられたとき，すなわち，その犯罪の実行に着手しようと思えばいつでもそれを利用して実行に着手しうる程度の準備が整えられたときに，予備罪が成立する」。

陰謀とは，予備の程度に至らない，犯罪を実行しようとする二人以上の者の謀議・合意形成を云う。現行刑法の定める陰謀罪には，内乱陰謀罪（第78条），外患陰謀罪（第88条），私戦陰謀罪（第93条）がある。陰謀についても，予備と同様，限定的解釈が要求される。

三 構成要件

　未遂犯の特徴は，主観的構成要件は充足されているが，既遂犯の客観的構成要件が充足されておらず，行為が既遂には至っていないというところにある。未遂犯においては，故意は，既遂犯とは異なり，客観的構成要件の鏡像ではなく，これを超えているのである。行為者が可罰的行為をした可能性があるのか否か，如何なる構成要件を充足する可能性があったのかは行為者の故意を知らずして認定できない。したがって，既遂犯とは逆に，主観的構成要件が客観的構成要件に先立って検証されるべきである。なお，既遂犯とは異なり，構成要件該当行為に接着する行為が可罰性検証の結節点になるところにも未遂犯の特徴がある。

I　主観的構成要件

　未遂犯の主観的構成要件はそれに対応する既遂犯の主観的構成要件と異ならない。一般的主観的構成要件要素としての故意のほかに，特殊的主観的構成要件要素が要求されることもある。例えば，行為者が，他人の物を窃取しようとしても，それを損壊するとか，捨てるつもりのときは，窃盗罪におけ

　東京地判昭和39・5・30下刑集6・5＝6・694「破防法第39条，第40条の殺人および騒擾の陰謀とは，二人以上のものが，これらの罪を実行する目的で，その実現の場所，時期，手段，方法等について具体的な内容をもった合意に達し，かつこれにつき明白かつ，現在の危険が認められる場合をいうと解するが，明白かつ現在の危険を伴う陰謀とは，その目的とする犯罪が，すでに単なる研究討議の対象としての域を脱し，きわめて近い将来に実行に移され，または移されうるような緊迫した情況にあるときと解される」。予備罪については，斉藤誠二『予備罪の研究』1971年参照。

　特別法には，「共謀」，「そそのかし」，「あおり」やこれらの行為の「企て」を独立に処罰する規定がある。例えば，国家公務員法第110条第1項第17号，地方公務員法第61条第4号。目的とされる行為が処罰されないにもかかわらず，そのはるか前の段階の行為を処罰することは刑事立法の本来の在り方からすると異例である。非現業地方公務員に関する最大判昭和44・4・2刑集23・5・305〔都教組事件〕，非現業国家公務員に関する最大判昭和四44・4・2刑集23・5・638〔全司法仙台事件〕は「あおり」の成立要件としてあおり行為自体とその目的としての争議行為に強度の違法性を要求する「二重の絞り論」を採用し，あおり罪の処罰範囲を限定したが，4年後の最大判昭和48・4・25刑集27・4・547〔全農林警職法事件〕はこれらの判例を変更した。最大判昭和51・5・21刑集30・5・1178〔岩手県教組事件〕。

る不法領得の意思が欠如し,窃盗未遂罪は成立しないし,絵画の技量を磨くために紙幣を偽造している者にも,行使の目的が無ければ通貨偽造未遂罪は成立しない[71]。過失の未遂というのは存在しない。過失犯の未遂というものが考えられるとしても,現行法上は不可罰である。

a 犯行計画

故意犯では,**犯行計画**が先行するのが普通である。犯行計画は行為者の犯罪実行に関する表象を含んでいる。犯行計画は,具体的遂行方法,特に,何らかの目的を達成し,起こりうる障害を除去する手段・方法を含む。犯行計画は刑法上重要な事柄に関係するが,刑法上重要ではない事柄も含んでいる。例えば,都合の極めてよい機会を探すとか,情報収集するとか,犯行の遂行方法や犯跡湮滅方法に複数ある場合の衡量,それに完璧に犯罪を遂行するための詳細な計画がそれである[72]。

b 決 意

犯行計画を立てた者がそれだけで直ちにそれを実行に移す決意をしたことにはならない。計画を立てた後,「結果発生の見込み」を繰り返し考えた後ようやくその計画を実行に移すのが普通である。未遂罪の成立には,行為者が犯行計画を今,現実に実現するという決意をしたことが必要である。行為者が単に犯罪計画を遂行するのに傾いているというのでは足りない[73]。行為者が構成要件実現を可能だと思ったが,その最終的決断を下していない場合,**たんなる所為の傾き**があるに過ぎない。例えば,行為者が所為の機会の可能性とか,盗品対象物の存在の可能性を探索するが,「まあ様子を見よう」ということで窃盗の実行をするかどうかの決断をまだ留保している場合(主観的「停止的」行為意思),たんなる所為の傾きがあるに過ぎない。これに対して,決意が見られるのは,**不確実な事実基礎を認識した上での所為決意**と云われ

---

[71] *Triffterer*, (Fn. 70), 15. Kap Rn 10.
[72] *Triffterer*, (Fn. 70), 15. Kap Rn 8.
[73] W. *Schmid*, „Bedingter Handlungswille" beim Versuch und im Bereich der strafbaren Vorbereitungshandlungen, ZStW 74 (1962), 48 ff.; *Triffterer*, (Fn. 70), 15. Kap Rn 9.

る場合である。例えば，甲（夫）が別居生活中の乙（妻）を訪れ，仲直りの話を断られたなら殺すつもりのとき，決意が見られる。甲は最終的決意をしており，その実現は外的条件に依存しているに過ぎない。どんな決意でも程度の差はあっても仮定的基礎に基づきなされるのであり，したがって，その実現に当たっては何らかの外的条件に依存しているものである。したがって，決意というのは，「取り消しがきかない」，「揺るぎない」という意味で理解されるべきではない[74]。「犯罪の実現へと駆り立てる動機が起こりうる抑制に対して明白に優越した段階に達した」とき，すでに決意があると云える[75]。例えば，工場の侵入者が侵入時点で既に何らかの物品を窃取するつもりであったとき，所為決意が見られるが，侵入時点では，物品が工場内にあるのかどうか見て，その後で窃取するか否かを決意するつもりのとき，侵入時点で，誘惑に逆らいがたく，窃取することになる可能性があっても，所為決意は見られない。さらに，行為者に，特定の事実が生ずると決意の実行を止めるという**中止の留保付き決意**と云われる場合にも，決意が見られる。例えば，家事手伝い人が，家人の茶箪笥の上に置き忘れた紙幣を盗るつもりでその背後に落としておき，戻ってきた家人が紙幣を置き忘れたことに気づいたときには，その発見を装うつもりとか，行為者は殺人の決意をするが，万一被害者が泣いたら，構成要件実現を断念することを折込済みの場合である。ここには，決意は見られるのであり，行為者が実際に犯行の途中で構成要件実現を止めるとき，中止犯の成否が問題となる[76]。

c 故　意

故意は犯行計画からも所為決意からも区別される。**故意**というのは，具体的やり方のすべての要素を含んでいるわけでなく，専ら，自然主義的行為経路に関係しているわけでもない。故意は，事象経路の一部分，つまり，構成

---

[74] *Rudolphi*, (Fn. 28), § 22 Rn 5; *Eser*, (Fn. 28), § 22 Rn 18-19; *K. Kühl*, Strafrecht AT, 6. Aufl., 2008, § 15 Rn 36.
[75] *Roxin*, (Fn. 3), § 29 Rn 88; *Eser*, (Fn. 28), § 22 Rn 18; *Rudolphi*, (Fn. 28), § 22 Rn 5; *Kühl*, (Fn. 74), § 15 Rn 36-37.
[76] *Kühl*, (Fn. 74), § 15 Rn 32; *Schmid*, (Fn. 73), 54 ff.; *Jescheck/Weigend*, (Fn. 16), § 49 III 1.

要件要素にのみ関係している。場合によっては杜撰なこともある犯行計画を立て，所為決意をすることが当然ながら先行するのであるが，故意の存在の基準時点は行為自体の時点である。法が特別の形態の故意を要求していない限り，**未必の故意**で足りる。すなわち，行為の遂行に当たって，構成要件実現を意欲する者，すなわち，結果の発生を少なくとも真剣に可能だと考え，それを甘受する者に故意が認められる[77]。

既遂犯におけるのと同様に，故意は既遂に向けられねばならない（いわゆる**既遂意思**）。未遂と既遂は主観的には区別できず，構成要件該当結果の発生の有無で区別されうるにすぎないからである。行為者が初めから未遂に止めておくつもりの場合，故意が欠如するので，未遂犯も成立しない。例えば，不倫に走る夫に，寝たきりにしてそれを阻止しようとして毒薬を飲ませるが，運悪く夫がそれが原因で死亡した場合，その妻には殺人の故意がなく，殺人未遂罪は成立せず，過失致死罪が成立する。もっとも，行為者が「あたるかどうかまあやってみよう」という意思で標的めがけて撃つ場合には，未必の故意の形態の既遂意思が認められる[78]。

未遂の故意と既遂の故意というものが別個にあるのではなく，故意は既遂の故意しか認められない。したがって，故意は，行為者が事象を手放して初めて，つまり，終了未遂の段階で初めて存在するという見解は適切でない。例えば，甲は10回に小分けした毒を服用させて乙を殺害するつもりであったが，乙は5回目の服用で死亡したという場合，既遂の故意が存在しないので，殺人未遂と過失致死の観念的競合が成立するというのである[79]。しかし，行為の客観的帰属が可能であり，行為の危険性が結果となって実現しているのであるから，結果の帰属も可能であり，構成要件実現の認識と意欲もあるのであり，又，故意は因果関係の経路に関する認識を要しないのであるから，殺人既遂の成立を否定する理由はない[80]。

実行行為に接着する行為の場合の故意は，行為者がそれに直接的に後続し

---

[77] *Triffterer*, (Fn. 70), 15. Kap Rn 10.
[78] *Burgstaller*, (Fn. 41), 118; *Kienapfel/Höpfel*, (Fn. 44), Z 22 Rn 8.
[79] *Gropp*, (Fn. 28), § 9 Rn 62 ff.
[80] *Roxin*, (Fn. 3), §§ 29 Rn 67.

て実行行為を行なう決意をしている場合にのみ認められる。

2　客観的構成要件

　実行行為があれば未遂犯の成立することは当然であるが，実行行為に接着する行為がある場合にも未遂犯の成立を認めるのがドイツ語圏刑法である。日本刑法は「犯罪の実行に着手してこれを遂げなかった」（第43条）と定めるだけなので，解釈の余地が広く残されている。ドイツ語圏刑法学・判例では，実行行為に接着する行為の判断基準については，主観的側面（行為者の表像）と客観的側面（構成要件の実現）にどの程度の重きを置くかによって諸説が分かれる。以下では，先ず，ドイツ語圏の学説・判例を，次いで，日本の学説・判例を検討しよう。

A　ドイツ語圏刑法学・判例の状況

a　形式的客観説（構成要件説）

　本説は，行為者の厳格な意味での客観的構成要件該当行為の開始をもってようやく実行の着手を認める[81]。本説によれば，行為被拘束犯罪，例えば，窃盗罪の場合，他人の物をその占有から離脱させる行為があって初めて未遂が認められる。非行為被拘束犯罪，つまり，殺人罪のように行為態様の限定されていない犯罪においても，例えば，拳銃を抜いたり，構えたりするだけではまだ未遂ではなく，拳銃を発射したときに初めて未遂が成立することになる。そうすると，未遂と既遂が実際には一致することになる。未遂が成立するのは，拳銃の弾が被害者に当たったが，死ななかったという場合に限定されることになろう。いずれにせよ，可罰性の領域が極めて限定されることになって，法益の予防的保護の観点から望ましくない。ドイツでは，今日，純粋な形式的客観説が主張されることはない。ドイツ刑法第22条は，構成要

---

[81] RGSt 70, 151, 157「未遂は実行行為から始まる，つまり，概念上既に構成要件に該当するものとして犯罪の構成要件に包摂される行為者の行為から始まる……これに対して，構成要件行為に先行し，その実現を可能にし又は容易にするが，しかしそれ自体としてそれでもまだ可罰構成要件に包摂されない行為は予備行為と見られるべきである」。*E. Beling*, Grundzüge des Strafrechts, 11. Aufl., 1930, 57 f.; *v. Hippel*, (Fn. 2), 398 ff.; *F.v. Liszt, E. Schmidt*, Lehrbuch des deutschen Strafrehts, 26. Aufl., 1932, 182, 305; *A. Graf zu Dohna*, Der Aufbau der Verbrechenslehre, 3. Aufl., 1947, 17 f.

件の部分的実現を要求しておらず，構成要件実現の開始を要求するにすぎないからである[82]。

最近の学説で本説に近いのがフォーグラー説[83]である。ドイツ刑法第22条の意味での開始は，「行為不法それ自体を既に実現しているわけではないが，―それでも各構成要件の行為不法に特徴的である行為をする」ときに認められる。予備と未遂の区別の問題は「構成要件的特徴の問題である」。すなわち，この区別は，「一般化して判断するにそぐわない構成要件解釈の問題」である。未遂というのは，「許容される解釈によって言語的に且つ実質に即して各構成要件に含められうる」行為である。但し，「可能な語義」への拘束は緩められうる。「判断されるべき行為が構成要件に内在する禁止の意味によって実質的に含められる」ということで十分である。問題となっているのは，「形式的構成要件実現にはまだ達していないが，事柄に即してみると既に具体的所為の不法の構成部分」である事象であると。しかし，本説に対しては，未遂というのは，構成要件及びその「可能な語義」に限定されず，可罰性は構成要件の限界を超えて拡張されるから，構成要件解釈だけでは不十分であり，しかも，非行為被拘束犯罪のように行為態様が記述されていない構成要件では，構成要件解釈によって予備と未遂を区別することはできないと批判される[84]。

b 実質的客観説

本説は，「自然的理解からすると構成要件該当行為との必要的一体性のためにその構成要素と見られる」行為はすべて未遂であると説く（**フランクの公式**）[85]。本説は「自然的理解」を必要的一体性の判断規準とするため，殺意をもって，拳銃を抜き，安全装置をはずし，狙いをつけ，引き金に手をかけ，撃つという一連の行為の中で，如何なる範囲で必要的一体性が認められるかが必ずしも判然としない。ドイツでは，1975年の刑法改正により第22条に「行

---

[82] *Gropp*, (Fn. 28), § 9 Rn 31; *Roxin*, (Fn. 3), § 29 Rn 105.
[83] *Vogler*, (Fn. 28), § 22 Rn 23 ff.; *ders.*, Der Beginn des Versuchs, Stree/Wessels-FS, 1993, 285 ff.
[84] *Roxin*, (Fn. 3), § 29 Rn 108 f.
[85] *Frank*, (Fn. 7), § 43 II b; RGSt 77, 162.

為者の表象によれば」という文言が入ったことから，これにあわせて，行為に直接的開始が認められるのは，「行為が所為行為と空間的及び時間的に接していて，所為行為が実行される場合にはこれと一体をなすが故に，行為者の計画からすると，行為が所為行為と必要的一体性があるため所為行為の構成要素と見られる」場合であるとする判例が現れた[86]。本説によって，部分的にも構成要件該当行為とすらいえないが，それでも行為客体に危険な行為も未遂と扱うことができるようになった。拳銃の場合で言えば，発射しなくとも，引き金に手をかければ未遂となる。

c 主観説

形式的客観説や実質的客観説と対照的なのが主観説である。本説によると，行為者の表象像が未遂成否の規準である。行為者が「さあ今やるぞ」と考えるとき，例えば，強盗目的で「被害者が来るのを今か今かと待っている」とき，未遂が成立する[87]。本説の欠点は，着手時期を行為者の表象を規準とすることで，着手と構成要件要素の実現の間の関連を消してしまっているところにある。行為者の表象に応じて，可罰的未遂の範囲が狭くもなり広くもなる。それ故，個別行為者の表象を基に，規範的判断が加えられなければならない[88]。

d 主観的客観説（個人に応じた客観説）

本説は主観説と客観説を混合した説であり，今日の通説と目せられる。行為者の全体計画からする「所為についての表象」によれば（主観面），行為者の行為が構成要件該当行為と密接に結びついていて（フランク），物事が妨害

---

[86] BGH NJW 1980, 1759 f.; BGHSt 2, 380 (381); 4, 273.
[87] Vgl. BGH 4 StR 274/54; BGHSt 6, 302.
[88] *Gropp*, (Fn. 28), § 9 Rn 35. スイスの主観説論者であるゲルマンは次のように説く（*Germann* (Fn. 54), 186 f.）「可罰的なのは……意欲であって，成し遂げることでない，すなわち，何よりも先ず可罰的なのは未遂であって，既遂でない」。「既遂・行為意思の段階から出立して，そこでは，一般に意思の将来の危険性（犯罪意思を変更してないこと）がその最大値に達しているが，未遂の様々な段階に対する刑量はそこに現れた犯罪意思の危険性（強度）に対応して相対的に定まる」。しかし，予備と未遂を区別する規準は意思の強度でなく，「決然とした態度，変更できないこと，一般的完成力」である。O. A. *Germann*, Das Verbrechen im neuen Strafrecht, 1942, 66 ff. 予備と未遂を区別する規準は「犯罪決意を取り消せないこと」である。

されずに進行すれば直接的に構成要件全体の実現に至るとき(客観的要素の時間的側面)，未遂が成立する。構成要件該当行為が行なわれたことを要しない。密接性，直接性の徴表となるのが行為者の視点から見た侵害客体の具体的危殆化である(客観的要素の危殆化側面)。危殆化の判断にあたっては，計画の時点における行為者の表象ではなく，所為実行の時点における表象が規準となる。行為者が所為実行の時点で，侵害客体を直接的に危殆化しようと考えるときに初めて「直接的開始」が認められる。本説によれば，未遂行為は，構成要件該当行為である必要は無いものの，構成要件の実現に引き寄せられた時点に認められる[89]。

e 最近の判例の動向

戦後の判例には，**直接的危殆化**の観点から未遂を論ずる判例が見られた。「行為者の全体計画によると，当該構成要件の保護客体の危殆化に直接繋がる行為の中に犯罪意思が明確に現れたとき」，直接的危殆化が認められる[90]。しかし，**直接的危殆化とフランクの公式を結びつける**判例も多く見られる。決定的に重要なことは，「同じ目的に役立つ様々な行為が，**自然的理解**からすると — つまり，第三者の観察からすると — 行為が所為行為との必要的一体性の故に既に構成要件の構成部分をなしているか否か，すなわち，このように一括された個別行為がその全体性において，法益をこれにより既に危殆化させ，直接的に連接する最終結果の招来を差し迫らせるような種類の，保護法益への**直接的侵害**を含んでいるか否かである(RGSt 51, 342; 54, 254; 69, 329)。すぐさま利用しようとしてウインチを持ち出すことによって，直接的に保護法益が危殆化されている」[91]。1975年の刑法改正後は，判例は，「局外

---

[89] *Gropp*, (Fn. 79), § 9 Rn 36; *H. Welzel*, Das deutsche Strafrecht, 11. Aufl., 1969, 191 「重要なことは常に，実行の開始の判断は個別の行為者計画を基礎にするということであって(**個人に応じた客観説**)，犯罪計画を知らない仮定的目撃者の立場から行なわれる(**一般的客観説**)のではないということである。というのは，犯罪実現への方法は限定がないほど多様であるから，実行の開始は常に個別の行為者計画にも左右される」。
[90] OLG Celle NJW 1972, 1823. その他，戦前の判例に，RGSt 54, 254 f. 戦後の判例に，BGHSt 2, 380; 3, 297, 299; 4, 333, 334等。
[91] BGHSt 22, 380〔甲らは繊維会社に侵入し，出格子をウインチで曲げるつもりだった。甲らはこういったウインチを調達し，犯行現場に持って行き，これを建物と建物の前に置かれていた鉄製の桁の間に隠した。三日後，甲らは，出格子を開けるために，ウインチを

的観察者の自然的見解」という表現は使わず，行為者の犯行計画に言及することになった[92]。これにより，フランクの公式は修正された形で利用されるようになったのである[93]。

最近の判例では，上記とは異なる基準を用いる判例が支配的になっている。①妨害されることなく進行すれば直接的に構成要件実現に繋がる行為[94]，②構成要件行為に直接的に通じる行為[95]，あるいは，③構成要件行為と密接な（又は直接的な）空間時間的関係にある行為[96]があれば，未遂が認定される。さらに，④行為者が閾を超えて「さあ今やるぞ」ということで，最後の「決心」をする時点に未遂の開始を認める見解[97]，⑤本来の構成要件行為の前の最後の部分行為，すなわち，未遂の段階に入ると，その後に「介在行為」が続くことはなく，次の行為が結果を惹起する行為の場合に未遂の開始を認める見解(**部分行為説又は介在行為説**)[98]がある。判例にはこれらの規準を組み合わせて使用するものが多い[99]。

隠し場所から取り出した。甲らは警備員に妨害され，逃走したという事案〕。
[92] BGHSt 26, 203.
[93] ロクスィーンは，未遂と予備の区別につき，判例が主観的判断基底に基づきながらも客観的基準に従うべきことを認識していないこと，判例は，危殆化思想に触れないことの理由として，刑法第22条が保護法益の直接的危殆化に触れていないという形式的理由で満足しているが，実質的理由付けが必要だと批判する。Roxin, (Fn. 3), § 29 Rn 125.
[94] BGHSt 26, 203; 31, 178; BGH NStZ 1981, 99; 1983, 364; 1987, 20.
[95] BGH NStZ 1983, 462; 1987, 20; 1989, 473; 1993, 77; BGH StV 1994, 240.
[96] BGH NStZ 1989, 473; 1993, 77; 133; BGH StV 1994, 240.
[97] BGHSt 28, 163; BGH NStZ 1989, 473; 1993, 77; BGH StV 1994, 240.
[98] BGHSt 26, 203; 28, 163; 35, 8 f.; 36, 250; 37, 297 f.; BGH NStZ 1996, 38; 1997, 31; 1997, 83.
[99] BGHSt 26, 201〔被告人らはガソリンスタンドの給油係員から強奪しようとし，その玄関扉の前でストッキング覆面をした。それから，共犯者甲は呼び鈴を鳴らした。甲は拳銃を手に持っていた。被告人らは呼び鈴に応えてガソリンスタンドの給油係員か別の人が現れると思っていた。甲は家人が現れたらすぐに脅迫し，縛り上げるつもりだったが，誰も現れなかった。強盗未遂罪が成立〕「（行為者らは）マスクをして，拳銃を手に持ち今にも強奪できる態勢にある。行為者らは主観的には閾を越えて『さあ今やるぞ』という段階に達し，客観的には構成要件該当の攻撃行為を開始した，なぜなら，行為者らは，その作為によって介在行為なくして（現れた者を拳銃で脅迫するという）構成要件実現をしようとしたからである」。BGHSt 28, 162〔行為者は自動車3台用の合鍵を作製していた。行為者はいつでも自動車の戸を開け，盗むことができる状態にあった。窃盗未遂罪は成立しない〕「未遂の段階は，……妨害されずに続行されると直接に構成要件充足に繋がるはずの行為，又は，これと直接の空間的又は時間的連関のある行為に拡張される。……この事が云えるのは，行為者が主観的には閾を越えて『さあ今やるぞ』という段階にいたり，客

しかし，これらの規準も十分な言明力がないと批判される。先ず，判例では，法文の中心概念である「直接性」が単に繰り返されるだけで，解釈がなされていない。「危殆化」という規準も — 不能未遂では観念上の危殆化があるに過ぎないが — 直接性の解釈には役立たない。予備行為も，法文上の「開始」にあたらないものの，危殆化を既に含んでいるからである。又，抽象的危険犯や具体的危険犯の標識も使えないのは，ある種の危殆化は既に既遂犯を成立させるからである。さらに，行為が妨害されることなく続行されると構成要件実現に繋がるとか，これにいたるという規準も使えないのは，予備行為についても云えるからである。例えば，行為者が犯行現場に出発するとき，切れ目なく実行行為そして既遂に移行しうるからである。構成要件充足との空間的及び時間的連関ということも，最終結果を目指す予備にも当てはまる[100]。

法文から最も離れた「今やるぞ」という主観的規準も批判される。行為者の計画を基底にするにせよ，客観的規準によって定められるべき予備と未遂の区別を行為者の「熟慮」（さあ今やるぞ）に依存させるべきでない。通常は欠如しているこの種の熟慮ではなく実行行為に取り掛かる決意という形態での「決心」を要求するとしても，この種の主観的現象は予備の段階にも見られることが多い。例えば，被害者の食べる汁物に毒を注ぐ者は，致死量の毒物の製造を始めるとき，「さあ今やるぞ」（つまり，今仕事に取り掛かり，計画を実現に移す）と自分に言うが，それでも予備にとどまる[101]。

予備と未遂の区別をする規準としてフランクの公式とこれを発展させた部分行為説が相対的にすぐれているものの，これらの基準の弱点も指摘される。フランクの公式は，実態に即すると構成要件行為に属さないが，「自然的理解」によればその一部と見られる行為を未遂と捉えるが，そうなると，構成要件の前にある如何なる行為が未遂を構成するのかという問題が感情判断に委ねられてしまう。最近の判例に見られるように，「自然的理解」を「行為者計画」

観的には構成要件該当の攻撃行為を開始し，その結果，その作為が介在行為なしに構成要件充足に移行する場合である」。この二つの要件が充足されておらないのは，行為者が実行行為に向けた行為すらまだしていなかったからである。
100　*Rudophi*, (Fn. 28), § 22 Rn 10; *Roxin*, (Fn. 3), § 29 Rn 129.
101　*Roxin*, (Fn. 3), § 29 Rn 132.

で置き換えると，客観的限界付けが完全に放棄されてしまう[102]。

　フランクの公式の曖昧さを，本来の構成要件行為の前の最後の部分行為に照準を合わせることにより克服しようとした部分行為説にも批判が向けられる。本説は，個々の独立した身体の動きを「部分行為」に分けることで，精密な限界付けを可能にする。例えば，拳銃を構えるのはその引き金を引く前の最後の部分行為として未遂となるが，拳銃を抜くだけでは，それと発射することの間に別の行為が存在するから，予備である。盗もうとする客体に腕を伸ばすのは未遂だが，物の入っている箱をこじ開けるのは，窃取の前にまだ部分行為があるから，予備である。しかし，このように，行為者が攻撃客体に向けて行なう各行為を独立した部分行為と見て，最後の一歩でようやく未遂と見るのは狭すぎる。限界付けが外的行為のありようという偶然に支配されるからである。このような見解によれば，前部座席にある物を取ろうとして，自動車の開いている窓から手を伸ばす行為は未遂だが，後部座席にある財布を吊り上げようとして，先ず前部座席にある散歩用杖をつかむ行為は予備ということになる。この行為は最後の部分行為の前だからである[103]。

　部分行為をこのように細分化することに，判例自体も「拳銃を持ち上げ，構える行為を介在行為と見るのは，身体の動きに応じた，分割しすぎる考察である」[104]と注意を喚起している。学説も，未遂の開始と本来の所為行為の間に「別の本質的部分行為がない」ことを要求する[105]。しかし，如何なる部分行為が「本質的」なのかは評価の問題であるため，明確性に欠けることが指摘される。そのため，部分行為説のさらなる具体化が要請されることになる[106]。

102　*Roxin*, (Fn. 3), § 29 Rn 135.
103　*Roxin*, (Fn. 3), § 29 Rn 137.
104　BGHSt 26, 201.
105　*Rudolphi*, (Fn. 28), § 22 Rn 13; *Kühl*, (Fn. 74), § 15 Rn 60「いわゆる部分行為説（又は『介在行為説』）の適用に当たって注意すべきは，行為者の全体行為を技巧的に分割しないようにすることである。拳銃を抜いて殺害の意図をもって被害者に近づく者は，致命傷となりうる弾丸を発射する前に，拳銃を持ち上げ，構えるとか，引き金に指を掛けることがまだ残っているからといってまだ予備の段階にあるとはいえない。こういった『スローモーション』―刑法を部分行為説が主張しているのではない。というのは，拳銃を持ち上げ，構えるといったような**非本質的**介在行為はこの説の意味での独立した部分行為でないからである」。
106　*Roxin*, (Fn. 3), § 29 Rn 138.
　その他の学説として，二つの学説を紹介しておく。その一はツアチュック説（*Zaczyk*,

f 部分行為説の具体化（ロクスィーン説）

ロクスィーン[107]は，未終了未遂と終了未遂に分けて論ずる。前者は，行為者が，その犯行計画に従って犯罪を既遂にするのに必要なすべてのことをまだしているわけではない事態をさす。例えば，拳銃を抜くとか財物に手を伸ばすのは未終了未遂である。行為者は結果を生じさせるためにはなお引き金を引くとか財物をつかまなければならないからである。後者は，行為者が，

(Fn. 34), 311) である。それによれば，行為者が構成要件該当の行為をした場合は勿論，法益を制御できるような優越的地位にたつとき，構成要件実現に接着した行為があり，未遂が成立する。優越性の存否は具体的事案で衡量されるべき多くの要素に左右されると。しかし，優越性というのは，予備の段階でも見られる。例えば，甲が乙を殺害するつもりで，乙と約束した一目のつかない場所にポケットに拳銃を忍ばせて現れたとき，乙は初めから甲に身を委ねられている。しかし，この段階ではまだ予備である。逆に，攻撃が強力な被害者によって難なく撃退される場合には，被害者の劣位性というようなことは問題外であるが，それでも未遂は成立する。*Roxin*, (Fn. 3), § 29 Rn 187; *Rudolphi*, (Fn. 28), § 22 Rn 12 a.

その二は，フェーリング説（*K. H. Vehling*, Die Abgrenzung von Vorbereitung und Versuch, 1991, 131) である。それによれば，構成要件実現が生じないという規範的に裏付けられた期待が，社会的地位及びこれに伴う役割によって，この役割は社会的交流の危険への期待されるべき対処を説明しているのだが，最早基礎付けられえない時点から未遂不法が始まる。これは，行為者が自分の役割不相当行為によって法的に是認されない危険を冒した場合，及び，行為者が犯した不相当な危険が志向された構成要件実現を徴表するときに認められると。この説は，危険という漸増概念を使用しているため，予備と未遂の区別ができないと批判される。*Roxin*, (Fn. 3), § 29 Rn 189; *Rudolphi*, (Fn. 28), § 22 Rn 12b.

[107] *Roxin*, (Fn. 3), § 29 Rn 139 ff., 195; *ders.*, (Fn. 70), 4 f., 9 f.

BGHSt 43, 177〔パッサオの薬剤師毒物罠事件〕（薬剤師甲の家が不法侵入者によって荒らされた。侵入者らは様々な瓶酒を飲み干し，様々な品物を屋根裏部屋に運んだ。知らせを受けた警察は，犯人らが数日内に運搬の準備のできている物品を取りにまた来ると考えた。犯人らを逮捕するために，3月8日から9日にかけての夜，警察官4人が見張った。侵入されたことに怒りを感じた甲はその前の3月8日の午後に，一階の玄関に陶磁器の瓶に「真正のハイケのバイエルンの森ベーアヴルツ」と貼付して，毒物を混入した焼酎を置いた。甲は，犯人らがこれを見つけて，飲んで死ぬだろうと考えた。甲はこのことを当初，警察に告げなかったが，後に告げたので，その瓶は取り除けられた。連邦通常裁判所は甲の殺人未遂の成立を否定した。甲の犯行計画によると，被害者の協働がどうしても必要となるが，被害者が現れるか否かについては，甲は確信をもてない。甲の行為が邪魔されることなく構成要件の実現に直接的に繋がりうる程度に，被害者が所為手段，つまり，毒物の罠の作用領域に近づいた時点に未遂が成立する。本件はそういう事案ではなかったと）。本事案について，ロクスィーン（*Roxin*, (Fn. 3), § 29 Rn 214）は殺人未遂の成立を否定する。戻ってこなかった不法侵入者の直接的危殆化ということなど問題外である。甲が事態の支配を手放したということもいえない。なぜなら，不法侵入者が夜に再来することだけが予期されたのであって，不法侵入者が現に再来したなら，警察官が不法侵入者を取り押さえ，焼酎の飲用を妨げたといえるからである。警察官がその瓶の内容を事前に知らなかったとしても同じことが云えると。Vgl. *Gropp*, (Fn. 28), § 9 Rn 37e.

第一章　未　遂　犯　　45

その表象によれば、結果の発生に必要なことはすべてやり遂げた事態をさす。例えば、時限爆弾を仕掛けるとか、毒物入りの汁物を提供するのは終了未遂である。行為者の表象によれば、それ以上の行為がなくとも、結果は発生するからである。この区別は中止犯において重要な意味を有するが、未遂と予備の区別においても重要である。未終了未遂と終了未遂は異なった構造を有しているからである。ドイツ刑法第22条は未終了未遂に合わせた規定であり、実務上も、未終了未遂の事例の方が多い。「開始した」という概念は行為者が行為をまだ終えていないことを暗示する。間接正犯や共同正犯では、誰が「開始した」のが規準となるのかは、法文からは読み取れない。したがって、単独正犯者の未終了未遂が法律の念頭にある基本形態である。

　未終了未遂では、最後の部分的行為というのは、「**密接な時間的連関**」と「**被害者領域ないし構成要件領域への影響**」という二つの補助概念を用いて判断されるべきである。例えば、車上荒しの場合、開けっ放しになっている自動車の窓から手を突っ込んで物を奪う場合、今まさに奪おうと手を突っ込んでいるのであるから、密接な時間的連関もあるし、被害者の占有領域にすでに入り込んでいるのであるから、被害者領域への影響もある。これに対して、車上荒しの目的があっても、被害車両の前に佇立している段階では、密接な時間的連関は見られるものの、被害者領域への影響はまだ無いので、窃盗未遂は成立しない。被害者領域が存在しないときは構成要件領域への影響の有無で判断される。例えば、通貨偽造の場合、遅滞無く偽造行為に移るために偽造行為に適した原版、型、印刷用活字等を用意するときに未遂が成立する。

　終了未遂は二つの形態に分けて論じられる。例えば、妻がその夫を殺害する意図で、毒入りの汁物を用意して台所の保温板の上に置く。夫は勤務先から帰宅すると、自分でその汁物を取り出して食べるのが習慣である。①妻は夫の帰宅時に家におり、夫の行動を見ている。この場合、行為者はなお最後まで事態の成り行きを掌握している点で、構造の上で未終了未遂に似ている。したがって、密接な時間的連関と被害者領域への影響という概念を用いて、未遂の成否が判断される。この事例では、妻の考えでは、被害者が直接危険に晒されるとき、つまり、夫が汁鍋に触ろうとするときに未遂が成立する。②妻は夫の帰宅前に外出した。妻は数時間後に戻るつもりで、その時、夫が

死んでいるのを期待する。この場合，構造の上で未終了未遂との共通性はない。妻は，外出することによって，それ以後の出来事を支配しておらず，出来事を手放している。妻が外出した時点に未遂が成立する。なぜなら，この時点で，夫がまだ勤務先にいるので，密接な時間的連関も被害者領域への影響も見られないが，妻は，その計画では邪魔されることなく結果に繋がる以後の**因果経路の支配を放棄した**からである。

　未終了未遂と終了未遂に分けることは，実態に適した分析を可能にする点に長所があるし，その解決策も妥当である。しかし，未終了未遂と終了未遂という概念を用いることは，本来，根拠付けられるべき未遂の成立を，すでに成立しているものと思わせるので適切とはいえない。むしろ，未終了未遂として論ぜられる対象は実行行為接着性の問題として扱い，終了未遂として論ぜられる対象は実行行為の問題として扱われるべきである。

B　我が国の学説

　我が国においては，未遂犯の処罰根拠，人的不法論と物的違法論の対立とも絡んで，実行の着手をめぐる論争が未だに収束を見ないのが現状である。

a　主観説

　本説は，未遂犯の処罰根拠を「行為者の危険性」に求める立場から出立して，それを徴表する故意の存在が確定的に認定できる時点をもって実行の着手とする。「主観主義においては，犯罪を犯意の表現として理解する……従って，着手は，行為が犯罪者においてその犯意を遂行するの状態に達したとき……言い換えれば，犯意の成立がその遂行的行動に因って確定的に認められるとき，ここに着手の成立がある」[108]，「犯罪の実行の着手は完成力ある犯意の表動であるとし，又た斯かる犯意の表動は飛躍的表動（詳言すれば，一段の飛躍的緊張を為した犯意の表動）である」[109]，さらに，「行為者の犯罪的意思が二義を許さず，取消が不可能なような確実性を示す行為のあった場合に著手が

108　牧野英一『刑法総論上巻』［全訂版］1958年・359頁，同『日本刑法上巻』［重訂版］1937年・254頁。
109　宮本（注59）179頁。

ある」[110]と論じられる。ドイツ語圏の主観説に対する批判がそのまま我が国の主観説に対しても妥当する。今日，本説はほとんど支持者を見出せない。

b　客観説

本説は，客観的未遂論から出立するが，その内部で「形式的客観説」と「実質的客観説」に分かれ，後者はさらに行為無価値論的実質的客観説と結果無価値論的実質的客観説に分かれる。

aa　形式的客観説（構成要件基準説）
本説は，構成要件を基準にして法益侵害の危険性を形式的に把握するもので，構成要件の一部の実現があった時点，又は，全体として見て定型的に構成要件の内容を為すと解される行為があった時点に実行の着手を認める。「犯罪の『実行』とは，私の見解では構成要件に該当する行為である。また其の『著手』とは犯罪構成事実を実現する意思を以てその実行を開始することを謂う」[111]とか，「基本的構成要件に該当する行為の少なくとも一部分が行なわれたことが必要であり，かつ，それで充分である」，「もっとも，それ自体が構成要件的特徴を示さなくても，全体としてみて定型的に構成要件の内容をなすと解される行為であれば，これを実行の着手と解してさしつかえない」[112]と論じられる。

本説は，ドイツ語圏刑法学の形式的客観説に対するのと同じ批判が妥当する。すなわち，実行行為の着手時期が遅くなりすぎるのである。そこで，構成要件該当行為では狭すぎるとして，「構成要件該当行為と直接関連あるため自然的観察のもとにその一部分として理解せられるべき行為」[113]とか，「構成要件の全部または一部の事実またはそれに密接した事実を実現するこ

110　木村亀二『新刑法読本』[新全訂版] 1967年・255頁。
111　小野清一郎『新訂刑法講義総論』[増補版] 1950年・182頁。本説は，「未遂を罰する立法上の理由は，根本的にはその反道義性にあるが，政策的には一定の構成要件を充足するに至らない行為でも，その危険のある行為に対してすでに可罰性を認めることを必要とするといふだけのことである」(180頁)，「客観的に，その行為が犯罪構成事実を実現する危険（抽象的危険性）のあるものであること。その危険性の有無は社会的事実の定型的観察によって定むべき」(183頁)，「未遂犯は本来侵害犯である犯罪形式を修正して一種の（抽象的）危殆犯とするものである」(184頁)と論じていることからすると，構成要件的結果発生の抽象的危険を未遂犯の処罰根拠と捉えているといえよう。
112　團藤重光『刑法綱要総論』[第3版] 1990年・355頁（本文及び注4）。
113　滝川幸辰『犯罪論序説』[改訂版] 1947年・185頁。

と」[114]と論じ，その根拠として，構成要件の「一部実現とするところにすでに明確を欠くものがあることは否定できない。『一部』ということを考えるには，どうしても，そこに合目的的な解釈の作用が介入せざるをえないからである。それならば，『密接する』という一句を加えた方が，かえって正確に内容を表現することになる」[115]ということが挙げられる。この主張は，ドイツ語圏刑法学の実質的客観説に相当するのであるが，これによって，形式的客観説は実質的に放棄されたことになる。

　　bb　**行為無価値論的実質的客観説**　　本説は，構成要件を実現する**現実的危険性**ないし**客観的危険性**をもつ行為の開始をもって実行の着手とする。構成要件理論を基礎とする立場においては，「犯罪構成要件の実現にいたる現実的危険性を含む行為を開始することが実行の着手であると解すべきである。単に犯罪構成要件に密接する行為が行われただけでは足りない」[116]とか，「実行行為はその行為をとると経験則上当該構成要件が予定している法益侵害の現実的危険性を惹起する行為」であり，「しかも，未遂犯の処罰根拠を構成要件の実現ないし結果発生の現実的危険の惹起に求める以上，実行の着手はその現実的危険を惹起せしめたことをいう」[117]とか，「実行の着手（Anfang der Ausführung……）とは，実行行為，すなわち構成要件に属する行為が開始された段階をいうが，実質的には，結果発生の現実の脅威が認められる行為で，実行行為自体あるいは実行ときわめて接着した段階にある行為がなされたときには，実行の着手がある……個々の犯罪ごとに，具体的な犯行の態様に即して，実行の着手の有無を検討すべきであるが，結果発生の具体的な客観的危険性と，行為者の意思の強固さとを総合して，実質的に判断すべき」[118]と主張される。

　　cc　**結果無価値論的実質的客観説**　　本説は，法益侵害の結果が発生する**具体的危険**が切迫した時点に実行の着手を認める。「未遂犯を処罰するのは，その行為が結果発生の具体的危険性を持っているからである。この危険

114　植松正『刑法概論Ⅰ　総論』［再訂版］1974年・315頁。
115　植松（注114）315頁。
116　大塚仁『刑法概説（総論）』［第4版］2008年・171頁。
117　大谷實『刑法総論』［第3版］2008年・204頁。
118　藤木英雄『刑法講義総論』1977年・257頁。

性とは，行為者の性格の（主観的な）危険性ではなく，行為の持つ法益侵害の客観的危険性である。未遂犯は抽象的危険犯ではなく具体的危険犯である。その危険が，切迫したものであるところに，未遂が予備から区別される実質的理由がある。……もっとも，切迫した危険といっても，その程度にはかなりの幅がある。したがって，これを明確にするためには，形式的ないし時間的な限定が必要である。しかし，それは必ずしも構成要件的特徴を持つ行為そのものである必要はない。我が国の判例が，『構成要件に該当する行為またはこれに接着した行為』であることを要件としているのは，この意味で妥当」[119]と主張される。同様の趣旨で，法文の「実行の着手」における「実行」とは構成要件該当行為を意味し，実行の「着手」とは「実行」と外形的に一体となって「実行」にとりかかること，すなわち，「実行」に接着するという意味で「密接な行為」も含むと解することで形式的限定的解釈を行い，さらに，未遂犯は既遂結果発生の「切迫した危険」という結果の発生を必要とする結果犯と解して，実質的限定を図る見解が見られる[120]。

---

[119] 平野龍一『刑法総論 II』1975年・313頁。
[120] 内藤（注60）1224頁。結果犯説からは，「実行に着手して」（刑法第43条本文）もまだ未遂は成立せず，結果としての具体的危険の発生を待って初めて未遂が成立するとするので，実行の着手と未遂犯の成立時期の関係が問題となる。①**事後的遡及評価説**（山中敬一『刑法総論』［第2版］2008年・713頁以下）は，潜在的実行行為（事前判断によって「危険」とされた行為）が，事後判断によって「具体的危険」が発生したときに，遡及して，真の「実行行為」に転化すると説明する。しかし，本説は，正当にも，後の事情の変化によって前の行為の性質が代わることはありえないと批判される（林幹人『刑法総論』［第2版］2008年・354頁以下）。②「**これを遂げなかった**」=**具体的危険発生説**（名和鉄郎「未遂犯の論理構造」福田＝大塚古希祝賀『刑事法学の総合的研究（下）』1993年・407頁以下，422頁）は，未遂の成立には，「行為の危険」と「結果としての危険」が必要であるとし，結果としての危険の発生は，実行の着手とは切り離された，「これを遂げなかった」という要件の中に根拠付けられると説明する。斉野彦弥「危険概念の認識論的構造」内藤古希祝賀『刑事法学の現代状況』1994年79頁以下も，結果の危険性の判断は，「実行の着手」の問題ではなく，「これを遂げなかった」（刑法第43条本文）の問題であって，法益侵害に対する具体的危険の発生があった場合，その危険発生に因果連関をもつ行為を「実行の着手」と事後的に評価すると説明する。しかし，本説は，「これを遂げなかった」という法文は既遂結果の発生に至らなかったことを意味するが，そこに具体的危険の発生まで読み込むことは困難であると批判される（内藤（注62）1219頁）。なお，斉野説の云う事後的評価が事後的遡及評価を意味するなら，事後的遡及説に対する批判がここにも妥当する。③**具体的危険違法要素説**（曽根威彦『刑法の重要問題』［第2版］2005年・257頁以下）は，刑法第43条には，構成要件該当性の問題として，実行の着手「（行為の危険性）と既遂結果の不発生だけが定められているが，未遂犯固有の違法要素として具体的危険の発生（結果としての危険）が必要である，不法を積極的に基礎付ける構成要件要素は明文化される

行為の危険性の判断に当たって，行為者の主観を考慮するべきか否かをめぐって，本説内部でも争いがある。未遂の場合，行為者の主観を考慮に入れないでは，いかなる構成要件の未遂なのか判別できない，「故意（結果の認識）は主観的違法要素だといわれるのは，まさに故意を考慮に入れて，行為の客観的危険性を判断すべき」と論じて肯定する説[121]と，「客観的」危険の切迫性を故意とは無関係に判断する説[122]とがある。

c 折衷説

本説は主観説と客観説をいずれも一面的であると批判し，行為者の主観面と行為の客観面を総合的に考慮して，実行の着手時期を定める。主観説を基礎とする主観的客観説と客観説を基礎とする客観的主観説がある。

aa 主観的客観説（個人に応じた客観説）　本説は，「行為者の『全体的企図』(Gesamtplan) を基礎として当該構成要件の保護客体に対して直接危殆化に至るところの行為の中に犯罪的意思が明確に表現せられた時に実行の著手がある」と説く。本説の主張者によると，主観説と主観的客観説の相違は，前者が行為者の犯罪意思において認識した事情の下に行為者の見解において構成要件の実現に至ると考えられる行為を為した場合に実行の着手があるとするのに対して，後者は行為者の犯罪的意思において認識した事情の下に，行為者の見解においてでなく，客観的に直接法益侵害の危険がある行為をなした場合に実行の着手があるとする点にある。主観的客観説には，未遂の本質的

ことが望ましいが，違法要素は，超法規的違法阻却事由の存在からも分かるように，常に法文化されているわけではないと論ずる。本説は，具体的危険の発生を構成要件要素とせず，違法要素としているため，具体的危険の発生が，本来，構成要件要素であって，違法性評価の対象であることを看過している（参照，山中（注120）713頁）。④ **「実行」＝具体的危険包含説**（内藤（注60）1219頁）は，「実行の着手」の判断対象は，結果を含む広義の行為概念であり，「結果としての危険」（具体的危険〔切迫危険〕）の惹起も「実行の着手」の中で判断できると説明する。同旨，山口厚『刑法総論』［第2版］2007年・271頁。結果犯説の中では，本説が最も無理のない解釈と思われるが，しかし，未遂犯を具体的危険犯と捉えるところに原則的問題があるのみならず，仮に未遂犯を具体的危険犯と捉えたところで，危険という概念は漸増概念であるので，そこから予備と未遂を区別する明確な規準が得られるわけではない。

121　平野（注119）314頁，林（注120）350頁。
122　中山研一『刑法総論』1982年・411頁、内藤（注60）1228頁。

要素たる危険概念が加味されていると[123]。例えば，殺人罪にあっては，行為者が，ピストルの安全機を外し，狙いを定め，人を殺す意思で，ポケットからピストルを取り出したときに殺人罪の着手があり，引き金を引くところまで行く必要がないし，窃盗罪にあっては，部屋の中に入り財物を窃取する意思をもって家屋内に入り，部屋の前に立ったときに実行の着手がある。「直接の危殆化（unmittelbare Gefährdung）」というのは，行為が必ずしも行為の結果に対して時間的・場所的に近接することを要しないから，恐喝文書を郵送に付する行為をすれば恐喝罪の実行の着手がある[124]。

bb 客観的主観説　本説は，未遂犯の処罰根拠が，行為の法益侵害に対する客観的危険性にあることから出立して[125]，「犯罪の実行」とは構成要件該当行為のことであり，「行為者の計画全体に照らし法益侵害の危険が切迫したことをもって着手」とする[126]。本説は，実行の着手の認定のためには行為者の主観面を考慮せざるをえない理由として，「危険性の認定は元来客観的状況を基準にしてなすべきものであるが，危険が切迫したような客観的状況があっても，行為者が犯意を持たないことが被害者あるいは第三者に明らかであれば，実行の着手はないとすべき」だと主張する。例えば，相手方が胸元に銃を構え，引き金に指をかける行為は，行為者に殺意があれば当然実行の着手が認められ，殺人未遂が成立するが，単なる冗談であれば犯罪にもならないと[127]。

123　木村亀二『刑法総論』［増補版］1978年・345頁。
124　木村（注123）346頁（注4）。Vgl. *Welzel*, (Fn. 89), 190 f.
125　西原春夫『刑法総論』1977年・277頁。
126　西原（注125）279頁，高橋則夫『刑法総論』2010年・366頁。
127　西原（注125）282頁。野村稔『未遂犯の研究』1984年・299頁「行為自体の違法性の実体は行為のもつ法益に対する危険性である。そして，行為の危険性を判断するには行為の行われる実態に着目する必要がある。人間が行為をする場合には，一定の客観的状況の下で，行為に特定の意義を賦与しながらその行為を行うのである。したがって，このような行為が法益に対して危険かどうかを判断するには，たんに行為の外形的部分からのみでなく，広く行為者が行為を行う際に持っていた主観的意図をも考慮しなければならない。……行為の危険性，行為自体の違法性を判断するには行為者の主観面を必ず考慮しなければならず，犯罪の故意のみならず，その具体的な形態での所為計画も主観的違法要素であ」る。川端博『刑法総論講義』［第2版］2006年・459頁以下。

C 未遂行為（予備と未遂の区別）

a 実行行為

以上，内外の諸説を概観したのであるが，予備と未遂を区別するのが構成要件の定める所為行為，つまり，**実行行為**（Ausführungshandlung）である。構成要件によっては，行為の態様が定められている犯罪もある（例えば，窃盗罪における「窃取」行為，詐欺罪における「欺く」行為）。このような犯罪では，それらの実行行為が何を意味するかはそれぞれの構成要件の解釈によって定まる。外界の変化を顧慮することなく特定の行為だけを定める**単純行為犯**（挙動犯）にあっても未遂は存在する。住居侵入罪（刑法第130条，同第132条）では，「身体的」侵入行為に着手したが，身体の一部たりとも住居等の内部に入らなかった場合，例えば，施錠の破壊行為を開始したが，内部に入る前に発見された場合に未遂が成立する[128]。しかし，結果の惹起を定める殺人罪，傷害罪，損壊罪のようないわゆる**非行為被拘束犯罪**（結果惹起犯）では，所為行為が定められていない。これらの犯罪では，先ず，客観的には，行為が構成要件の定める結果を発生させる因果連鎖の最後の構成要素として行為者の掌中にあるか否か，次いで，主観的には，行為者の犯行計画によれば，当該行為を最後の構成要素にしようとしているか否が検討されるべきであり，これが肯定されると実行行為が認定される。例えば，拳銃を抜き，それを構え，被害者

---

[128] Fuchs, (Fn. 45), 29. Kap Rn 22, 26; Wessels/Beulke, (Fn. 28), § 14 Rn 599.
　単純行為犯について，未遂の存在を肯定する説に，山中（注120）703頁，野村（注127）111頁。未遂の存在を否定する説に，大塚（注116）254頁，川端（注127）467頁。
　窃盗罪における窃取行為は不法領得の意思で他人の占有を直接侵害することに向けられた行為である。例えば，店舗窃盗の場合，量販店で支払い意思もなく品物を持参の買い物袋に隠し入れようとする行為が実行行為であり，買い物袋に入れたときに既遂となる。この段階で，当該品物が多人の占有を離れ，自己の占有に移転したからである。参照，東京高判平成4・10・28判タ823・252〔被告人は，量販店内において食料品など35点（時価6700円相当）を買い物籠に入れた後，レジを通過しないで，その脇のパン棚の脇から買い物籠をレジの外側に持ち出し，店内のカウンター台の上に置き，商品を籠の中から取り出してビニール袋に入れようとした際に，店員に取り押さえられたという事案〕「以上の事実関係の下においては，被告人がレジで代金を支払わずに，その外側に商品を持ち出した時点で，商品の占有は被告人に帰属し，窃盗は既遂に達すると解すべきである。なぜなら，右のように，買物かごに商品を入れた犯人がレジを通過することなくその外側に出たときは，代金を支払ってレジの外側へ出た一般の買物客と外観上区別がつかなくなり，犯人が最終的に商品を取得する蓋然性が飛躍的に増大すると考えられるからである」。

に拳銃を合わせ，発射するとき，発射することが実行行為であり，これが行なわれると，実行行為に接着する先行行為を問題とする必要はもはやなくなる[129]。

多行為犯罪（複数の行為を要求する構成要件）においても，行為者の表象によると，構成要件的不法の全部を実現する行為，つまり，構成要件要素を全部実現する最後の行為が実行行為である。したがって，行為者の意思が先ず，一つの構成要件要素を実現することだけに向けられ，後に他の構成要件要素を実現しようとするとき，行為者の意思は構成要件的行為不法の全部を実現しようとしているのではないから，その一つの構成要件要素が実現されてもまだ未遂は成立しない。一つの構成要件要素に該当する行為が直ちに未遂を基礎付けるわけではない。実行行為と構成要件該当行為は異なった概念である。例えば，強姦罪は暴行行為又は脅迫行為と姦淫行為を要求しているが，行為者が強姦の意図をもって，今日は暴行に止め，明日，姦淫をするつもりのとき，暴行行為だけではまだ未遂は成立せず，予備にとどまる。この場合，暴行行為をもって実行行為と解するなら，非行為被拘束犯罪の実行行為と均衡がとれないことになろう。行為態様によって可罰性を限定しようとする犯罪が非行為被拘束犯罪よりもその未遂成立時期が早くなら，それは奇妙なことと云わねばならない。暴行が強姦未遂を構成するのは，行為者がその具体的計画にしたがって，暴行に引き続いて姦淫を直ちに行なうつもりのときに限定される[130]。

---

[129] *Fuchs*, (Fn. 45), 29. Kap Rn 23; *R. Moos*, Amalie und der Kräuterlikör, in: *D. Kienapfel* (Hrsg.), Fälle und Lösungen zum Strafrecht, 1982, 38 ff., 53 FN 45; *Kienapfel/Höpfel*, (Fn. 44), Z 21 Rn 21.

[130] *Fuchs*, (Fn. 45), 29. Kap Rn 24 f.; *Kienapfel/Höpfel*, (Fn. 44), Z 21 Rn 19; *Rudolphi*, (Fn. 28), § 22 Rn 7a; *Eser*, (Fn. 28), § 22 Rn 37. これに対して，イェシェック，ヴァイゲント（*Jescheck/Weigend*, (Fn. 16), § 49 IV 4）は，最初の構成要件該当行為が行なわれたときに未遂を認める。

詐欺罪の場合も，一連の欺く行為があったとき，どの行為をもって実行行為と見るかが問題となるが，財産処分行為に直接的影響を及ぼす最後の欺く行為を実行行為と解すべきである。かかる行為が行なわれると，財産的処分行為に繋がるその後の行為が支障なく行なわれうるからである。例えば，後に工作して金銭を詐取する目的で，先ず，預金機関で偽名を用いて預金口座を開設するのは，欺く行為とはいえても，まだ実行行為とはいえない。Vgl. *B. Burkhardt*, Vorspiegelung von Tatsachen als Vorbereitungshandlung zum Betrug, NJW 1982, 426 ff.; *M. Karollus*, Zum Versuchsbeginn beim Betrug, JBl 1989, 627 ff.; *W. Küper*, „Teilverwirklichung" des Tatbestandes: ein Kriterium des Versuchs?, JZ 1992, 338 ff.

加重犯の場合，加重行為が基本犯の行為の後に行なわれる類型とその前に行なわれる類型とがある。事後強盗（刑法第238条）のように，加重行為が基本犯の行為の後に行なわれるとき，加重事情を実現する行為が実行行為である。加重逃走罪（刑法第九八条）のように，加重行為が基本犯の行為の前に行なわれるとき，加重行為ではなく，基本犯を実現するため直接行なわれる行為が実行行為である。未遂というのは，上述したように，行為者の意思が，構成要件的不法の一部分だけでなく，構成要件的不法の全部の実現に向けられていなければならない，つまり，加重行為の不法だけでなく，基本犯の不法にも向けられねばならないからである[131]。

　　構成要件該当行為と実行行為を同一と見る立場から，詐欺未遂の成立を否定した判例に，OLG Karlsruhe NJW 1982, 59（被告人甲（女性）は歩行者乙（女性）に声を掛けて，乙に巧みに取り入るために，自分たちは親族関係にあるように見せかけた。甲は乙の住まいに一緒に行き，返却するつもりも無いのに乙から借金するつもりだった。しかし，その挙動に不審なところがあったので，甲は路上で逮捕されたという事案。上級裁判所は，被害者の信頼を得るのに役立つ欺罔行為は詐欺罪の意味での構成要件該当の欺罔ではなく，被害者の財産処分行為を直接惹起する行為が構成要件該当の欺罔行為だと論じて，本事案では予備にとどまると判示した）。*Vogler*, (Fn. 28), §22 Rn 35a「構成要件の部分実現があれば未遂が成立する」という原則を維持した上で，「詐欺罪の処分行為というのは，被害者の財産処分行為に向けられておらねばならないから，先ず信頼関係の構築に向けられたにすぎない行為は構成要件特有（tatbestandsspezifisch）のものとはいえない」。BGHSt 37, 294「刑法第263条の意味での欺罔は，行為者が被欺罔者に財産処分行為をさせる錯誤を生じさせる行為をしたときに初めて認められる」。
　　これに対して，構成要件該当行為と実行行為は必ずしも一致しないとする立場から，詐欺未遂の成立を否定した判例に，BayObLGSt 9, 65「行為者の決意が一気呵成に行為をするのでなく，行為を時間的に分けてする，つまり，犯罪の意思を分けて実現することに向けられているとき，行為者の決意は，結果のために，犯罪の目的を達成するために役立ち，不可欠であるかもしれない行為に続いて，結果の招来のために必要な他の行為を行なうことに向かっている。しかし，この種の事例においては，結果の招来のために必要な行為が後続しなければならない行為は最後の行為の予備にすぎない，これこそが結果を，概念全体としての犯罪構成要件を惹起するのである。上述のような事例では，可罰的未遂の成立を肯定するには，行為者が一つの構成要件要素，例えば，刑法第263条の意味での錯誤の惹起という要素を実現したということだけでは充分でない」。BGHSt 31, 178.
[131] *Rudolphi*, (Fn. 28), §22 Rn 18; *Roxin*, (Fn. 3), §29 Rn 114; *Kühl*, (Fn. 74), §15 Rn 50; *Wessels/Beulke*, (Fn. 28), Rn 607; *Eser*, (Fn. 28), §22 Rn 38.
　　最判昭和54・12・25刑集33・7・1105〔被告人は拘置所の収容房の換気孔周辺のモルタル部分を損壊したが，脱出可能な穴を開けることができなかったという事案〕は，「職権により判断すると，刑法98条のいわゆる加重逃走罪のうち拘禁場又は械具の損壊によるものについては，逃走の手段としての損壊が開始されたときには，逃走行為自体に着手した事実がなくとも，右加重逃走罪の実行の着手があるものと解するのが相当である。これを本件についてみると，原判決の認定によれば，被告人ほか3名は，いずれも未決の囚人として松戸拘置支所第3舎第31房に収容されていたところ，共謀のうえ，逃走の目的をもっ

第一章　未　遂　犯　55

　行為手段が効果を表すのにかなりの時間を要する場合，例えば，殺害の目的で，他人の自動車にそれを発進させたときに爆発するような爆発装置を仕掛ける[132]とか，殺害の目的で，毒薬入り果汁瓶を道路脇に置くとか，殺害の目的で他人宛に毒物の入ったお菓子を郵送するといった場合（行為者の行為と構成要件的結果発生との間に時間的・場所的距離のあるいわゆる**離隔犯**）[133]も，行為者

て，右31房の一隅にある便所の外部中庭側が下見板張りで内側がモルタル塗りの木造の房壁（厚さ約14.2センチメートル）に設置されている換気孔（縦横各13センチメートルで，パンチングメタルが張られている。）の周辺のモルタル部分（厚さ約1.2センチメートル）三か所を，ドライバー状に研いだ鉄製の蝶番の芯棒で，最大幅約5センチメートル，最長約13センチメートルにわたって削り取り損壊したが，右房壁の芯部に木の間柱があったため，脱出可能な穴を開けることができず，逃走の目的を遂げなかった，というのであり，右の事実関係の下において刑法98条のいわゆる加重逃走罪の実行の着手があったものとした原審の判断は，正当である」と判示して，損壊の開始時に未遂の成立を肯定した。しかし，行為者の計画によれば，「損壊」行為に続いて直ちに逃走するつもりのときに限って，損壊行為時に未遂が成立すると解すべきである。

　詐欺罪の場合にも，一連の欺く行為があったとき，どの行為をもって実行行為と見るかが問題となるが，財産処分行為に決定的影響のあった欺く行為が実行行為と解すべきであることについて，上記注130参照。

132　BGH NStZ 1998, 294 ［爆発物の罠事件］（行為者は，発進時に爆発するように自動車2台に相次いで手榴弾を仕掛けたが，手榴弾は爆発前に発見されたという事案。手榴弾を仕掛けた時点に謀殺未遂が成立）。BGH NStZ 2001, 475 ［電流の罠事件］（行為者が転出するとき，次の転入者が電燈をつけたら死ぬようにコンセントを細工したという事案。コンセントを細工した時点に謀殺未遂が成立）。

133　大判大正7・11・16刑録24・1352［毒入り砂糖郵送事件］〔被告人は殺害する目的で毒薬混入の砂糖を被害者宛てに小包郵便で送付した。小包は被害者方に配達され，被害者がこれを受領したが，毒薬混入の事実に気づきこれを食するに至らなかったという事案。殺人未遂罪成立〕は，「他人カ食用ノ結果中毒死ニ至ルコトアルヘキヲ予見シナカラ毒物ヲ其飲食シ得ヘキ状態ニ置キタル事実アルトキハ是レ毒殺行為ニ著手シタルモノニ外ナラサルモノトス原判示ニ依レハ被告ハ毒薬混入ノ砂糖ヲ甲ニ送付スルトキハ甲又ハ其家族ニ於テ之ヲ純粋ノ砂糖ナリト誤信シテ之ヲ食用シ中毒死ニ至ルコトアルヲ予見セシニ拘ラス猛毒薬昇汞一封度ヲ白砂糖一斤ニ混シ其一匙（十グラム）ハ人ヲ致死量十五倍ノ効力アルモノヲ為シ歳暮ノ贈品タル白砂糖ナルカ如ク装ヒ小包郵便ニ付シテ之ヲ甲ニ送付シ同人ハ之ヲ純粋ノ砂糖ナリト思惟シテ受領シタル後調味ノ為メ其一匙ヲ薩摩煮ニ投シタル際毒薬ノ混入シ居ルコトヲ発見シタル為同人及其家族ハ之ヲ食スルニ至ラサリシ事実ナルヲ以テ右毒薬混入ノ砂糖ハ甲カ之ヲ受領シタル時ニ於テ同人又ハ其家族ノ食用シ得ヘキ状態ノ下ニ置カレタルモノニシテ既ニ毒殺行為ノ著手アリタルモノト云フヲ得ヘキコト上文説明ノ趣旨ニ照シテ寸毫モ疑ナキ所ナリ」と判示して，未遂の成立時期について「到着時説」を採用した。

　宇都宮地判昭和40・12・9下刑集7・12・2189［毒入りジュース分散配置事件］〔被告人は，父及び家族兄弟が日常通行する農道の道端に毒入りジュース6本を分散配置し，同人らに取得飲用させて殺害し，自らも飲用して自殺する一家心中を企てたところ，翌朝，同所を通行した近隣の児童等3名が拾得して自宅で飲用したため，これを死亡させたという事案〕も，「当裁判所としては，行為が結果発生のおそれある客観的状態に至った場合，

が以後の事象経路を自己の支配領域から最終的に手放したときに実行行為が認められる。実行行為は結果の発生と時間的・場所的に近接している必要は無い[134]。

これに対して，予備と未遂の区別を所為客体への直接的危険性の存否に求め，被害者が「所為手段の影響圏」に赴くときに未遂が成立する，つまり，「自己の行為又はその都度利用される道具の行為が直接的構成要件実現に至らなければならない」との学説[135]によれば，上記の例では，被害者が自動車

換言すれば保護客体を直接危険ならしめる法益侵害に対する現実的危険性を発生せしめた場合をもって実行の着手があったと解する」，「毒入りジュースの配置をもって尊属殺および普通殺人の各予備行為と解し……ただ本件被害者らによって右ジュースが拾得飲用される直前に普通殺人について実行の着手があり……殺害によって普通殺人罪が既遂に達しこれと尊属殺人の予備とは観念的競合となる」として，「到達時説」を採用した。

ただし，「発送時説」を採用したと見られる下級審判例も見られる。東京高判昭和42・3・24高刑集20・3・229［宛名書き換え事件］（郵便物区分業務に従事していた被告人が，郵便物在中の現金，郵便切手，雑誌等を領得する意図で，郵便物の宛名を被告人の住居である所番地の同姓虚無人に書き換えて郵便物区分棚に差し置き，情を知らない配達担当者にそれを配達させて窃取しようとした事案において，自宅に配達された部分については窃盗罪の既遂が，上司に怪しまれて配達されなかった郵便物については窃盗罪の未遂が成立する）。最判昭和27・11・11裁判集刑事69・175（鉄道手荷物の荷札を係員不知の間にもぎ取り，これを被告人方に輸送させるようにした荷札に付替え，輸送させたという事案において，輸送中の荷物につき，窃盗未遂罪が成立する）。

離隔犯につき，**到達時説**に，内藤（注60）1242頁「間接正犯・離隔犯の実行の着手は，被利用者の行為によって既遂結果発生の危険が生じたとき」。浅田（注62）371頁，375頁は，実行行為（構成要件該当行為）があり，かつ，結果発生の実質的危険の発生した場合にのみ，未遂犯が成立するとして，実行行為と実行行為の着手を分ける立場から，発送行為は実行行為であるが，相手方に到達し，被害者が食用に供しようとした時点に実行の着手を認め，この時点で未遂の成立を認める。佐伯千仭『刑法講義総論』［3訂版］1977年・306頁は，実行行為は託送したときに終了しているが，「可罰的未遂が成立するためには，託送行為のほかさらに結果発生の危険の具体化が必要なのではないかという未遂の違法性の実質（可罰的違法性）」が問題だと論ずる。松宮孝明『刑法総論講義』［第4版］2009年・237頁，山口（注120）270頁。**個別化説**に，平野（注119）320頁「毒物を郵送したような場合には，発送した場合はほとんど確実に着くから，到達した場合と発送しただけの場合とで危険性にそれほど差がない場合もありうる。離隔犯のなかには，むしろ発送のとき実行の着手があるといえる場合もあるであろう」。大谷（注117）206頁「結果発生の現実的危険を惹起するに至ったか否かが基準となるから，それを基準として，具体的状況により，発送時，到達時または飲用しうる状態に至った時のいずれも実行の着手時期となりうる」。同旨，川端（注127）466頁。

[134] *Wessels/Beulke*, (Fn. 28), § 14 Rn 603; *Fuchs*, (Fn. 45), 29. Kap Rn 26a; *H. Walder*, Straflose Vorbereitung und strafbarer Versuch, SchwZStr 99 (1982), 225 ff.; *Kienapfel/Höpfel*, (Fn. 44), Z 21 Rn 21. 参照，團藤（注112）355頁（注5），大塚（注128）176頁，井田（注60）398頁。

[135] *H. Gössel*, Anmerkung zu BGH 26, 201, JR 1976, 249 ff., 250; *H. Otto*, Versuch und

に乗り込もうとしたとき，被害者が瓶を拾ったとき，被害者が受領した小包を開けようとしたときに未遂が成立する。しかし，この説には疑問がある。行為者の実行行為が被害者の行為に依存することになるからである。この難点を避けるために，被害者を行為者の道具と見て，被害者の行為を行為者に自己の行為として帰属させることも主張される[136]。しかし，この工夫も説得力に乏しい。たいていの場合，行為者の行為と被害者の行為との間に何等の因果関係も存しないからである。例えば，航空機に爆発物を仕掛けて乗客・乗員を殺害しようとするとき，行為者と乗客・乗員の搭乗との間に因果関係は存在しない。したがって，乗客・乗員の搭乗を行為者にその行為として帰属させることはできないのである[137]。

　事象経路を自己の支配領域から最終的に手放したとはいえない場合は予備にとどまる。例えば，妻の好みの銘柄飲料水を知っている夫が，殺害の意図で，妻が帰宅したら冷蔵庫から自分で取り出して飲むことを期待して，妻の旅行中にその飲料水に毒を混ぜて冷蔵庫に置いたという場合，この段階ではまだ予備である。確かに，行為者は結果の発生に必要な行為はすべて終えたと考えている。しかし，被害者はまだ戻っておらず，しかも，行為者は事象経路をいつでも停止させることができる（**停滞的因果経路**）。帰宅した被害者が冷蔵庫から飲料水を取り出し，飲もうとするまで，事象経路はまだ行為者の掌中にある。帰宅した妻が飲用する時点で，行為者には結果の発生を阻止しないという**不作為による実行行為**が認められる。もとより，行為者が用意していた毒物入りの飲料水を自ら冷蔵庫から取り出して妻に飲ませるために帰宅した妻に飲料水を渡すとき，この時点に作為による実行行為が認められる[138]。

Rücktritt bei mehreren Tatbeteiligten, JA 1980, 641 ff., 644.
136　*Gössel*, (Fn. 135), 250; *Otto*, (Fn. 135), 646.
137　*Roxin*, (Fn. 3), § 29 Rn 198.
138　Vgl. *Roxin*, (Fn. 3), § 29 Rn 208; *Rudolphi*, (Fn. 28), § 22 Rn 19; *Fuchs*, (Fn. 45), 29. Kap Rn 26a. これに対して，ヘルツベルク［旧説］（*D. Herzberg*, Der Versuch beim unechten Unterlassungsdelikt, MDR 1973 89 ff）は，終了未遂の形態の場合，行為の終了時点で未遂の成立を肯定する。オットー（*H. Otto*, Grundkurs Strafrecht AT, 1976, 226 ff），ゲッセル（*Gössel*, (Fn. 134), 249 ff.）は被害者が所為手段の影響圏に近接したときに未遂の成立を肯定する。
　前掲（注133）宇都宮地判昭和40・12・9［毒入りジュース分散配置事件］に関連して，大塚仁『犯罪論の基本問題』1982年・108頁以下は，被告人が農薬入りジュースを農道に

b 実行行為に接着する先行行為

未遂行為は，実行の「着手」がある場合に認められるので，形式的には実行行為ではないが，行為者の計画によると，**実行行為に接着する先行行為**がある場合にも認められる。したがって，かかる行為の存否は，実行行為からしか，したがって，各構成要件に照らしてしか判断できない。このことは，実行行為がそれ自体として未遂行為であるばかりか，実行行為に接着する行為の準拠点でもあることを意味する[139]。法治国原理も法的安定性の観点から未遂の成立を実行行為に接着する行為に限定することを要求する。ある行為が実行行為に接着する行為に当たるか否かの判断に当たっては，行為者の主観面を重視して，行為に意思の表動的意義しか認めないのも，逆に，行為者の行為意思の面を無視して外部的行為だけを考慮することも適切でない。行為が実行行為に接着する先行行為か否かは，行為者の具体的犯行計画を基礎にして（どのように行為者は犯罪を実現しようとしているのか。判断基底），実質的に見て法益侵害の危殆化が高まっているかどうかによって判断されるべきである（犯行計画が構成要件の実現に接着した段階に至ったといえるか否か。客観的評価）。行為者がいかなる構成要件を実現しようとしているのかは，行為者の犯行計画を基づかないかぎり判断ができない。しかし，行為者の犯行計画を前提に，実行行為に接着する先行行為が為された否かはそれぞれの構成要件に即して客観的に判断されるべきである[140]。

仕掛けた時点で，殺人罪の着手を認めうるものであったとしたうえで，一般に，毒物を仕掛けるという作為自体に被害者の殺害についての現実的危険性がみとめられない場合には，殺人の目的で毒物を仕掛けた者は，その先行行為に基づき，仕掛けた毒物を取り払わなければならないという作為義務を負い，取り払わずに放置したという不作為が被害者の死亡についての現実的危険性を帯びるにいたった時点で，実行行為性が生ずると論ずる。西原（注125）259頁は，被害者の通常通る路上に毒の入ったコカ・コーラの瓶を放置しておいたという場合，その行為だけでは殺人の実行行為とはいえないから，予備行為と解されるが，被害者がこれを拾って飲んで死亡した場合，不作為たる実行行為が認められると論ずる。

[139] *Fuchs*, (Fn. 45), 29. Kap Rn 27.
[140] *Moos*, (Fn. 129), 53 FN 43; *G. Hager, W. Massauer*, Wiener Kommentar zum Strafgesetzbuch, 2. Aufl., 1999, §§ 15, 16 Rn 31 f.
　横浜地判昭和58・7・20判時1108・138〔被告人は，同人の暴力に耐えかねて妻が家出してしまったのを悲観して，自己の居住する家屋を燃やすとともに焼身自殺しようと決意し，昭和58年4月10日午後1時半頃，家屋の6畳間等にガソリンを撒布した。しかし，被告人は撒布後すぐには火を放とうとせず，妻から帰宅を知らせる電話があるかもしれないと思

第一章 未遂犯 59

　実行行為に先行する行為の**実行行為接着性**（**直接性**）の存否の認定規準は，実行行為に先行する行為が，実行行為とⅠ「**時間的密接性**」の関係にあり，しかも，Ⅱ行為者の犯行計画によれば本質的な介在行為を要せずして実行行為に移れる，つまり，「**実行行為への行動的密接性**」の関係にあるということである。これらの規準は**相互限定的**に組み合わせて使用されるべきである。時間的密接性は，行為者が「**今**」実行行為をする意思のときに認められる。実行行為への行動的密接性は，行為が邪魔されることなく進行するならいわば自動的に実行行為に移行するときに認められる。この**自動性**の判断に当たっては，次の二点に留意すべきである。Ⅱ① 行為者の犯行計画によれば，**行為が中休み時間や熟慮時間**によって実行行為と分離されないことであり，Ⅱ② 被害者のいる犯罪では，被害者の保護領域に入り込む行為が行なわれることが必要である（**被害者の保護領域連関性**）[141]。例えば，車上荒しの目的で，

い，しばらく待ったが，電話は無かった。そこで被告人はガソリンに火をつけて家を燃やしその炎に包まれて死のうと覚悟を決め，翌11日午前零時5分頃，死ぬ前に最後のタバコを吸おうと思い，廊下で口にくわえたタバコにライターで点火したところ，その火が撒布したガソリンの蒸気に引火して爆発し，家屋は全焼したという事案〕は，「本件家屋は木造平屋建てであり，内部も不燃性の材料が用いられているとは見受けられず，和室にはカーペットが敷かれていたこと，本件犯行当時，本件家屋は雨戸や窓が全部閉められ密閉された状態にあったこと，被告人によって撒布されたガソリンの量は，約6.4リットルに達し，しかも6畳及び4畳半の各和室，廊下，台所，便所など本件家屋の床面の大部分に満遍なく撒布されたこと，右撒布の結果，ガソリンの臭気が室内に充満し，被告人は鼻が痛くなり，目もまばたきしなければ開けていられないほどであったことが認められるのであり，ガソリンの強い引火性を考慮すると，そこに何らかの火気が発すれば本件家屋に撒布されたガソリンに引火し，火災が起こることは必定の状況にあったのであるから，被告人はガソリンを撒布することによって放火について企図したところの大半を終えたものといってよく，この段階において法益の侵害即ち本件家屋の焼燬を惹起する切迫した危険が生ずるに至ったものと認められるから，右行為により放火罪の実行の着手があったものと解するのが相当」と判示している。本事案では，本件家屋の状況からすると，ガソリン撒布行為が構成要件該当行為である「放火」行為に接着した行為と解される。これに対して，千葉地判平成16・5・25判タ1188・347は，居宅に放火する意図で，その玄関板張り床上等に灯油を撒布し，手に持った新聞紙にライターで点火しただけでは実行の着手は認められないとするが，「放火」行為に接着した行為が認められよう。

[141] *Roxin*, (Fn. 3), § 29 Rn 139; *Fuchs*, (Fn. 45), 29. Kap Rn 28 ff.; *Berz*, (Fn. 66), 1984, 511 ff., 517; *Jakobs*, (Fn. 22), 25. Abschn Rn 66, 68; *K. Lackner, K. Kühl*, Strafgesetzbuch. Kommentar, 26. Aufl., 2007, § 22 Rn 4; *Rudolphi*, (Fn. 28), § 22 Rn 9.
　参照，塩見淳「実行の着手について(3)」法学論叢121巻6号（1987年）16頁以下は，実行と着手を分けて，「実行」は構成要件該当行為を指し，構成要件該当行為の直前に位置する行為の開始が実行の「着手」とし，「直前行為とは，機能的に見て構成要件行為に至る経過が自動的である行為，又は，構成要件行為に時間的に近接する行為である。ただし，

開けっ放しになっている他人の自動車の窓から中に手を突っ込む行為は未遂である。行為者は今ここで，窃取をしようとしているし（時間的・場所的密接性），被害者の物の支配領域への介入がある（被害者保護領域連関性）からである。その際，行為者が即座に手掴みしたいのか，杖をつかんでそれを利用して取ろうとしたのかは本質的な問題ではない[142]。しかし，車上荒しの目的で他人の自動車の前に佇立するとき，その段階ではまだ未遂とはいえない。時間的密接性は認められるが，被害者保護領域へ入り込んだとはまだいえないからである。他人に向けて拳銃を構えているが，さしあたり撃つつもりはない場合，被害者保護領域への介入はあるが，時間的接着性が無いので，この段階では殺人未遂は成立しない[143]。

「早すぎた構成要件の実現」が問題となった最決平成16・3・22刑集58・3・187［クロロホルム殺人事件］〔行為者らが，被害者にクロロホルムを吸引させて失神させ（第1行為），その状態を利用して港まで運び，自動車ごと海中に転落させる（第2行為）という一連の殺人行為を行なって被害者殺害の目的を遂げたという事案〕は，「第1行為は第2行為を確実かつ容易に行うために必要不可欠なものであったといえること，第1行為に成功した場合，それ以降の殺害計画を遂行する上で障害となるような特段の事情が存しなかったと認められることや，第1行為と第2行為との間の時間的場所的近接性などに照らすと，第1行為は第2行為に密接な行為であり，実行犯3名が第1行為を開始した時点で既に殺人に至る客観的な危険性が明らかに認められるから，その時点において殺人罪の実行の着手があったものと解するのが相当である。また，実行犯3名は，ク

犯罪類型において被害者領域が存在する場合には，直前行為は原則としてその領域への介入を伴っていなければならない」と論ずる。井田（注60）397頁以下は，実行の着手とは，構成要件該当行為への着手を意味し，最低限の要件として構成要件該当行為にまさに接着する直前行為（密接行為）を必要とし，その具体的規準として，①結果発生（ないし構成要件実現）の時間的切迫性，または，これがなくても，②結果発生に至るまでのプロセスにおける障害の不在性（結果発生の自動性）を挙げる。
142 *Roxin*, (Fn. 3), § 29 Rn 139.
　東京地判平成2・11・15判時1373・144「被告人は……路上において，同所に駐車中の甲所有の普通乗用自動車から金員を窃取すべく，助手席側ドアの鍵穴に所携のドライバーを差し込んで開け，車内にある金員を窃取しようとしたが，その場で警察官に発見されて逮捕されたため，その目的をとげなかった」。
143 *Roxin*, (Fn. 3), § 29 Rn 140.

ロロホルムを吸引させて甲を失神させた上自動車ごと海中に転落させるという一連の殺人行為に着手して、その目的を遂げたのであるから、たとえ、実行犯3名の認識と異なり、第2行為の前の時点で甲が第1行為により死亡していたとしても、殺人の故意に欠けるところはなく、実行犯3名については殺人既遂の共同正犯が成立する」と論じて、行為者の全体計画を考慮した上で、第1行為の開始時点に実行の着手を認めた。第1行為の時点で、殺意があり、構成要件該当行為との時間的密接性も自動性も肯定されるので、構成要件に接着した行為が認められるので、本決定は妥当である[144]。

時間的密接性は構成要件行為との関連で存在しなければならず、必ずしも結果との関連で存在する必要はない。例えば、穿孔機を使って金庫を破ろうとしている行為は、実際に金庫を破るのにまだ数時間かかる場合でも、未遂である[145]。

c 犯罪行為態様別の検討

上述した規準は一般的指針であって、個別事案毎に具体化を要する。以下、論議のある事例を犯行態様別に検討する。

---

[144] 参照、吉田敏雄『刑法理論の基礎』［第3版］2013年・121頁以下。井田（注60）400頁。名古屋高判平成19・2・16判タ1247・342「被告人は、自動車を被害者に衝突させて同女を転倒させ、その場で同女を刃物で刺し殺すという計画を立てていたところ、その計画によれば、自動車を同女に衝突させる行為は、同女に逃げられることなく刃物で刺すために必要であり、そして、被告人の思惑どおりに自動車を衝突させて転倒させた場合、それ以降の計画を遂行する上で障害となるような特段の事情はなく、自動車を衝突させる行為と刃物による刺突行為は引き続き行われることになっていたのであって、そこには同時、同所といってもいいほどの時間的場所的近接性が認められることなどにも照らすと、自動車を同女に衝突させる行為と刺突行為とは密接な関連を有する一連の行為というべきであり、被告人が自動車を同女に衝突させた時点で殺人に至る客観的な現実的危険性も認められるから、その時点で殺人罪の実行の着手があったものと認めるのが相当である」。名古屋地判昭和44・6・25判時589・95（被告人は被害者に睡眠薬を酒とともに飲ませて眠らせ、摺り子木で頭部を殴打して昏睡又は気絶させた上、その状態を利用して離れた峠まで運び、そこで事故に見せかけて崖に衝突もしくは谷底へ転落させるという計画を立てて、これを実行に移したところ、摺り子木の殴打で被害者が覚醒したため、計画は失敗したという事案。頭部の摺り子木による殴打の時点に殺人結果発生の客観的危険があるとして実行の着手が認められる）。
[145] *Roxin*, (Fn. 3), § 29 Rn 143; *Jakobs*, (Fn. 22), 25. Abschn Rn 67.

1　犯行現場ないし被害者への接近事例

　行為者が殺害の意図で拳銃を抜いて被害者に近づくとき，行為者が即座に撃つつもりなら，まだ数歩進んで照準を合わせねばならないとしても，未遂が成立する。時間的密接性も被害者保護領域連関性も認められるからである[146]。住居侵入窃盗の場合，犯行現場に向かうだけでなく，現にそこに到着して，玄関扉に合鍵を差し込むとか，一階の窓をこじ開けるとか，二階の開いている窓から即座に侵入するつもりではしごを架けたとき，窃盗未遂が成立するが，梯子を架けても数時間の後の闇夜になって侵入するつもりのときは，まだ予備である[147]。

　窃盗の意図で小売店や百貨店に入るのはまだ予備である。これに対して，凶器を携帯し，覆面をした強盗が銀行の窓口を襲うのは未遂である。この場合，時間的接着性と被害者保護領域連関性が明らかに認められるからであ

146　*Kühl*, (Fn. 74), § 15 Rn 60.
147　*Roxin*, (Fn. 3), § 29 Rn 145; *Walder*, (Fn. 134), 263; *Fuchs*, (Fn. 45), 29. Kap Rn 33, 38.
　OGH EbBl 1979/6 〔店長にすぐに店の戸を開けさせ，直ちに拳銃を突きつけて金庫を開けさせ，現金を強奪するつもりで，スーパーマーケットに乗り付ける者には強盗未遂が成立する〕。
　BGH GA 1980, 24 〔行為者らは郵便局強盗を計画した。甲は，確実に逃走できるように近くで自動車のエンジンをかけたまま待っている一方，乙は窓口のある場所に入ったが，そこには2，3人の客がいたので，いなくなるまで待とうとした。時間をつぶすために，乙は，局員に渡すつもりで，支払伝票に支払い請求を記入し，『力ずくで抵抗しないこと，さもないと撃つ』と書いた。次々と客が来て窓口は開かないので，乙は客がいる限り決行は無理と思い，目的を果たせずに郵便局を立ち去った。連邦通常裁判所は，被告人らは，主観的には閾を越えて『さあ今やるぞ』の段階に達し，客観的には構成要件該当の侵害行為を開始した，なぜなら，被告人らの行為は介在行為なしに構成要件実現に至るはずだったからと判示した〕。本判決に対しては，批判が見られる。判例の立場からしても，判例の結論は出てこない。乙は，客がまだいる限り，やれないと思っていたのであり，さらに，構成要件実現の前に誰にも見られずに窓口に近づくという行為が「介在行為」として必要だったのであり，これを非本質的な介在行為として退けることはできない，なぜなら，全体計画の成功はこの行為にかかっていたからであると。時間的接着性と被害者保護領域連関性という観点からは，「邪魔されずに続行する」ことが何時もいなくなるか分からない客の存在によって妨げられていたので，時間的密接性が欠如し，乙は目立たない格好で窓口のある場所にいたのであり，被害者保護領域連関性も無い。*Roxin*, (Fn. 3), § 29 Rn 146 f.; *Eser*, (Fn. 28), § 22 Rn 44. 未遂犯成立説に，*Kühl*, (Fn. 74), § 15 Rn 63; *Rudolphi*, (Fn. 28), § 22 Rn 15.

る[148]。

　我が国の判例は著しく客観主義に傾いている。住居侵入窃盗について，大判昭和9・10・19刑集13・1473〔被告人甲は，乙方に侵入して金員を窃取せんと決意し，午前零時半頃日本刀一口を携えて，乙方裏手より屋内に忍び入り，同人及びその妻丙の就寝していた同家六畳間に到り金員物色のためその北東隅の三重箪笥に近寄ったところ，乙が目を覚まし誰何したので，逮捕を免れるためその場で右日本刀で同人に斬り付け，治療約80日の切創を，又，物音に目を覚まし起き上がって布団をかぶせて甲を捕押へんとした丙にも斬り付け，治療約60日の切創を負わしたという事案〕は，「家宅侵入ノ行為ハ窃盗罪ノ構成要素ニ属セス単ニ其ノ遂行手段ニ外ナラサルカ故ニ家宅ニ侵入シタルノ一事ヲ以テ窃盗罪ノ著手ト謂フ能ハサルハ勿論ナリト雖窃盗ノ目的ヲ以テ家宅ニ侵入シ他人ノ財物ニ対スル事実上ノ支配ヲ犯スニ付密接ナル行為ヲ為シタルトキハ窃盗罪ニ著手シタルモノト謂ウヲ得ヘシ故ニ窃盗犯人カ家宅ニ侵入シテ金品物色ノ為箪笥ニ近寄リタルカ如キハ右事実上支配ヲ侵スニ付密接ナル行為ヲ為シタルモノニシテ即チ窃盗罪ノ著手アリタルモノト云フヲ得ヘク其ノ際家人ニ誰何セラレ逮捕ヲ免ルル為人ヲ傷ケタルトキハ準強盗傷人罪ヲ以テ論スヘキコト更ニ絮説ヲ要セス」として，窃盗の目的があっても住居に侵入しただけはまだ未遂ではないが，物色以前の行為に未遂を認めている。

　店舗窃盗について，最決昭和40・3・9刑集19・2・69〔被告人甲は電気器具商乙方店舗内において，窃盗の目的で現金の置いてあると思われる同店舗内東側隅の煙草売り場に近づき，金員を物色しようとしていた際，乙に発見された。甲は逮捕を免れるため，所携のナイフで乙の胸を突き刺し，出血失血死至らしめ，乙の妻丙にも暴行を加え傷害を負わせたという事案〕は，「被告人は昭和38年11月27日午前零時40分頃電気器具商たる本件被害者方店舗内において，所携の懐中電燈により真暗な店内を照らしたところ，電気器具類がつんであることが判ったが，なるべく金を盗りたいので自己の左側に認めた煙草売場の方に行きかけた際，本件被害者らが帰宅した事実が認められるというのであるから，原判決が被告人に窃盗の着手行為があったものと認め，刑法238条の『窃盗』犯人にあたるもの

---

[148] *Roxin*, (Fn. 3), § 29 Rn 148.

と判断したのは相当である」として,「煙草売場の方に行きかけた」段階に実行の着手を認め,店舗に侵入しただけでは実行の着手を認めないようである。しかし,窃盗罪の故意の具体化としては,「金銭ないし何らかの有用な品物」を奪うという意思で十分であるから,有用な品物が揃っている店舗の場合,判例の立場からでも,店舗に侵入した段階で未遂の成立が認められよう。

なお,土蔵侵入窃盗の場合については,侵入時点に実行の着手を認める判例がある。名古屋高判昭和25・11・14高刑集3・4・748「被告人等が窃盗の目的で土蔵に侵入しようとして土蔵の壁の一部を破壊したり,又は外扉の錠を破壊してこれを開いたことは,窃盗の著手をしたものと解すべきである」。

ドイツ連邦通常裁判所(BGH StV 1984, 420)は〔甲が自分の妻乙を殺害しようとして,この事を妻に通知していた。甲は乙の住まいにやってきて,階下の外玄関にある呼び鈴を鳴らした。当然のことながら戸は開けられなかった。甲は逮捕されたという事案〕において,妻の住まいに入るにはまだ多くの段階を経ることが必要だとして,未遂の成立を否定した。行為者の知らせで,妻はその対応策を取っていたことからすると,呼び鈴を鳴らしただけでは,被害者保護領域への影響はまだ見られないし,行為者の行為が「邪魔されずに進行」するともいえず,時間的密接性も否定される[149]。

ドイツ連邦通常裁判所(BGH NStZ 1987, 20)は,〔甲は乙を射殺する意図で,乙のいる居間の戸を銃の床尾で打ち破り,そこに侵入した。その間に,乙は窓から逃走したという事案〕において,行為者は主観的には閾を越えて「さあ今やるぞ」という段階に達したこと,その「作為は介在行為なくして構成要件充足にいたるはず」であるという理由から,未遂を肯定した。居間への侵入によって被害者保護領域への持続的影響が見られ,被害者がいれば直ちに射殺しようとしていた以上,実行行為との時間的接着性も見られる[150]。

ドイツ連邦通常裁判所(BGH NStZ 1999, 395)は,〔甲は乙(女性)に対する恐喝的な人身奪取罪を犯すつもりだったが,郵便小包配達員の振りをして,乙の住まいの呼び鈴を鳴らし,戸が開けられたら乙を誘拐する計画を立てた。甲は事前に,乙がその10歳の

---

[149] Roxin, § 29 Rn 151; Kühl, (Fn. 76), § 15 Rn 64.
[150] Roxin, (Fn. 3), § 29 Rn 152.

子と一緒に現れたら誘拐を止めることを共謀者と申し合わせていた。実際，乙は腕に子どもを抱えて現れた。甲は，申し合わせどおり，小包の配送先が間違っていましたといって引き下がったという事案〕において，恐喝的な人身奪取罪（刑法239条 a。日本刑法の身代金略取罪に相当する）の成否につき，主観的には域を超えて「さあ今やるぞ」が，客観的には行為が介在行為なしに構成要件充足に至らねばならないところ，本件では，これらの要件が充足されていない，なぜなら，幼児が現れたため，「さらなる意思決断」が必要になったという理由で，未遂を否定した。しかし，本判決は批判される。呼び鈴を鳴らしたことで，被害者保護領域への影響が見られ，実行行為との時間的密接性も見られる。行為者には中止の留保付きの未遂が認められる[151]。

2　待ち伏せ事例

待ち伏せには，攻撃の準備の整った行為者が今か今かと被害者の現れるのを待っている場合と被害者が現れるのは数時間後だと予期している場合がある。いずれの場合も，被害者が行為者の影響を受ける範囲に来ない限り，実行行為に接着する先行行為があるとはいえないので，当該待ち伏せは実行行為に接着する行為に移行しうる行為に過ぎない。被害者が現れたとき，間髪いれず「自動的に」襲う犯行計画のとき，被害者が犯行現場に近づき，行為者がこれに気づいたときに初めて未遂が成立する[152]。

ドイツ連邦通常裁判所（BGH NJW 1952, 514）は，〔胡椒袋事件〕〔被告人らは現金輸送係員を襲うつもりで，被害者が普段降りる電車停車場から遠くない場所に自動車を停めて待っていた。被告人らの計算では被害者は間も無く電車で到着するはずだった。被告人らは被害者の目に振りかける胡椒を用意しており，電車が止まるごとに自動車のエンジンをかけ，犯行後即座に逃走できるようにしていた。その間，電車は4回停まったが，被害者は現れなかった。被告人らはあきらめて立ち去ったという事案〕において，「邪魔されずに進行したなら直接的に構成要件の充足に至った」こと，「行為者

---

[151]　*Roxin*, (Fn. 3), § 29 Rn 154; *Kühl*, (Fn. 74), § 15 Rn 64.
[152]　*Fuchs*, (Fn. 45), 29. Kap Rn 40; *Berz*, (Fn. 66), 517. これに対して，ブルクシュタラー（*Burgstaller*, (Fn. 41), 119）は，暗殺者が今か今かと被害者を待っているとき，実際には被害者が数時間後にやっと現れるばあいであっても未遂が成立するが，暗殺者が被害者の現れる時間を知っていたときはまだ予備にとどまると論ずる。

の表象によれば侵害される法益の直接的危殆化が発生した」ことを理由に未遂の成立を肯定した。しかし，本判例は批判される。行為者の行為と強奪の間には被害者に自動車で近づくという本質的な介在的行為が残されているからである。行為者の表象を基礎にすると，今か今かと待っているのであるから，時間的密接性は肯定できるが，被害者保護領域連関性は，現れた被害者に近づくときに初めて肯定できるからである[153]。

ドイツ連邦通常裁判所（BGH MDR（D）1966, 726）は，〔被告人らは銀行で給料を引き落とす会計係員（女性）から強奪しようとして，近くの出入り口の間で被害者を待っていたものの，被害者が現れたのに気づかなかったという事案〕において，強盗未遂の成立を肯定した。しかし，本判決に対しては，未遂の成否の基礎は行為者の表象であるが，本事案では，行為者らは被害者がまだ現れていないと思っていたのであるから，未遂は成立しないと批判される[154]。

3 試し，点検事例

行為者が先ず，所為の可能性又は行なうに値するか否かを調べるが，その

---

[153] *Roxin*, (Fn. 3), § 29 Rn 155; *Berz*, (Fn. 66), 517; *Walder*, (Fn. 134), 267（下車した乗客の一人を間違って被害者だと認識して，近寄ったが，最後の瞬間に間違いに気づき犯行を止めたときは，未遂である）。

BGH NJW 1954, 567〔行為者らが強奪しようとして会計係員を待ち伏せしていたという事案で未遂の成立を否定して，被告人らは当該会計係員が目下どこにいるのか分からない限り，直接的危険，つまり，未遂が肯定されるのは，被害者が暗がりを既に歩いてきて，犯行現場に近づいた場合にだけ肯定できると判示した〕。

これに対して，上記（注99）BGHSt 26, 201〔ガソリンスタンド給油係員事件〕では，行為者らは覆面をして，凶器を携帯して，被害者宅の戸の呼び鈴を鳴らしており，しかも，行為者らは，被害者は在宅しており，戸を開けた被害者はすぐに構えた拳銃の銃身に気づくと考えており，こういった状況の下では，呼び鈴を鳴らしたときに時間的密接性ばかりか，被害者保護領域への入り込みも見られる。行為者の犯行計画を基礎とするのであるから，被害者にとって所為の客観的危険があったか否かは問題とならず，したがって，被害者が実際には不在だったという事実は重要でない。*Roxin*, (Fn. 3), § 29 Rn 156; *Kühl*, (Fn. 76), § 15 Rn 64, 80; *Eser*, (Fn. 28), § 22 Rn 44. これに対し，*Rudolphi*, (Fn. 28), § 22 Rn 15「問題の人が行為者の考えによると扉を開けるために実際に扉に近づき，そして，行為者が扉が開けられたら直ちにその人に暴行又は脅迫をする準備をするとき，そのときようやく構成要件該当の暴行又は脅迫への直接的開始が認められる」。*Gössel*, (Fn. 134), 251; *H. Otto*, Anmerkung zum BGH, Urt. v. 16.9.1975, NJW 1976, 578f.

BGH NStZ 1984, 506〔変装した行為者らが禁制品商い業者の戸の呼び鈴をならすとき，強盗未遂が成立〕。

[154] *Roxin*, (Fn. 3), § 29 Rn 158.

点検中に邪魔される事例が問題となる。

　掏りの場合，「当たり行為」は一般にまだ実行の着手とは認められないが，しかし，その結果次第では直ちに窃取行為に移るつもりのときは，被害者保護領域連関性はもとより時間的密接性もあるので，未遂が認められる。「当たり行為」の段階を超えているときは当然に実行の着手が認められる。最決昭和29・5・6刑集8・5・634「被害者のズボン右ポケットから現金をすり取ろうとして同ポケットに手を差しのべその外側に触れた以上窃盗の実行に着手したものと解すべきこというまでもない」。

　ドイツ連邦通常裁判所は，(BGH MDA (D) 1958, 12)〔すりが被害者の外套ポケットに財布が入っているか否かを確認するために外套ポケットに触ってみた〕及び(BGHSt 22, 80)〔被告人は特定の自動車2台を盗もうとして，ハンドルに鍵がかかっていないか否かを確認するために，前車輪を揺り動かした。支障が無ければ，直ちに自動車を奪うつもりだったという事案〕において，未遂の成立を肯定した。これらの事案においては，被害者保護領域（占有）への影響があるし，試しに続いて「邪魔されることなく続行する」ことになっているから，時間的密接性も認められる[155]。

4　犯行の障害となる物，人を除去する事例

　行為者が被害者のとっている防犯対策を無力化したり，弱体化させる事例が問題となる。行為者が窃盗の目的で被害者宅に侵入するつもりだが，先ず，その敷地で飼っている番犬を連れ出す行為が問題となる。ライヒ裁判所（RGSt 53, 218）は，〔被告人は窃盗目的で農家の家屋敷に侵入した。庭に鎖でつながれていた犬が吠えたので，被告人はその鎖を解き，家屋敷から外へ連れ出した。被告人はすぐに戻るつもりだったが，外で犬を縛りつけようとしていたときに捕まったという事案〕において，窃盗未遂の成立を肯定した。本判例は肯定的に評価される。番犬を連れ出すことによって家屋敷の占有保護が低下したし，行為者が犬を縛りつけた後休む間も無く「邪魔されずに進行」して窃取に移行するつもりのとき，時間的連関性が肯定される。窃取に至るまでまだいくつかの介在行為が必要で

---

[155] *Roxin*, (Fn. 3), §29 Rn 161.

あるが，犬を除去することから始まる占有への影響に鑑み，それらは非本質的である[156]。

ドイツ連邦通常裁判所（BGHSt 3, 297）は，〔行為者らは被害者から強奪しようとして，そのため，先ず，障害になりそうな同行者を追い払おうとして，突発的に喧嘩を始めて同行者を追い払った。ついで，行為者らは続行して，被害者を道路脇の藪の茂みに誘い込み，そこで強奪したという事案〕において，行為者らは同行者を追い払ったとき既に「北公園への途上」にあったという理由で，障害になる同行者を追い払った時点に未遂を認めた。本事案においては，助っ人となるはずの人が追い払われたことによって，被害者は保護されない孤立の状態におかれ，遅滞無く実行行為に移れる状況が生じたのであるから，未遂行為が認められる[157]。

ドイツ連邦通常裁判所（BGH NJW 1980, 1759）は，〔行為者らは，有価証券や現金を輸送する銀行輸送員から強奪しようとした。行為者らは駐車場で停止していた銀行輸送員の車のタイヤに釘で穴を開けて，間も無く現れる銀行輸送員を待っていた。行為者らは，そのタイヤは500ないし1,000メーター先でパンクするので，銀行輸送員は車を停めざるを得なくなると考えた。行為者らはその自動車のあとをつけ，車が停まったら助けを装って近づき，強奪しようとするつもりだったという事案〕で，行為者らは閾を越えて「さあ今やるぞ」という段階に達したとして未遂の成立を肯定した。しかし，本判決は否定的評価を受けている。疑問のある規準「さあ今やるぞ」に従っても，銀行輸送員が現れたか，停止している自動車に走行して近づいたときに未遂を認めるべきである。タイヤに穴を開けたことによって，被害者保護領域への影響が認められるものの，時間的密接性が欠如している。銀行輸送員を待っていることによって遅滞なき続行が妨げられているのであり，切れ目ができている。被害者の欠陥車両に近づくときにようやく時間的密接性が認められると[158]。

---

[156] *Roxin*, (Fn. 3), § 29 Rn 163; *Rudolphi*, (Fn. 28), § 22 Rn 17; *Wessels/Beulke*, (Fn. 28), § 14 Rn 604.
[157] *Roxin*, (Fn. 3), § 29 Rn 164; *Walder*, (Fn. 133), 268. 予備と見る説に，*Berz*, (Fn. 66), 1984; *Rudolphi*, (Fn. 28), § 22 Rn 17.
[158] *Roxin*, (Fn. 3), § 29 Rn 165; *Kühl*, (Fn. 74), § 15 Rn 65; *Rudolphi*, (Fn. 28), § 22 Rn 16. 未遂説に，*S. Papageorgiou-Conatas*, Wo liegt die Grenze zwischen Vorbereitungshandlung und Versuch, 1988, 124 f.

5　性犯罪

　強姦罪では，行為者が姦淫行為（第2行為）に直ちに移行する意思で，暴行又は脅迫（第1行為）に接着する行為を行なう時点で未遂が成立する。共犯者三人が自動車運転者を打ち倒し，女性同乗者を強姦することを申し合わせ，そのために自分たちの自動車を被害者の自動車の前を横切らせ，被害者の自動車を道路の側溝に落とさせ，停車中の被害者自動車に近寄り，戸を無理やり引っ張り，被害者らに近寄るために窓を打ち割ろうとしたとき，未遂が成立する[159]。共犯者らの行為は全体として専ら実行行為に向けられ，熟慮時間も無く今実行しようとしているからである[160]。

　強姦致傷罪について，最決昭和45・7・28刑集24・7・585は，「原判決ならびにその維持する第一審判決の各判示によれば，被告人は，昭和43年1月26日午後7時30分頃，ダンプカーに友人の甲を同乗させ，ともに女性を物色して情交を結ぼうとの意図のもとに防府市内を徘徊走行中，同市八王子1丁目付近にさしかかった際，一人で通行中の乙（当時23歳）を認め，『車に乗せてやろう』等と声をかけながら約100メートル尾行したものの，相手にされないことにいら立った甲が下車して，同女に近づいていくのを認めると，付近の同市佐波一丁目赤間交差点西側の空地に車をとめて待ち受け，甲が同女を背後から抱きすくめてダンプカーの助手席前まで連行して来るや，甲が同女を強いて姦淫する意思を有することを察知し，ここに甲と強姦の意思を相通じたうえ，必死に抵抗する同女を甲とともに運転席に引きずり込み，発進して同所より約5,000メートル西方にある佐波川大橋の北方約800メートルの護岸工事現場に至り，同所において，運転席内で同女の反抗を抑圧して甲，被告人の順に姦淫したが，前記ダンプカー運転席に同女を引きずり込む際の暴行により，同女に全治まで約10日間を要した左膝蓋部打撲症等の傷害を負わせたというのであって，かかる事実関係のもとにおいては，被告人が同女をダンプカーの運転席に引きずり込もうとした段階においてすでに強姦に至る客観的な危険性が明らかに認められるから，その時点において強姦行為の

---

[159]　本事案において，オーストリア高等法院（OGH RZ 1986/74）は未遂の成立を否定した。
[160]　*Fuchs*, (Fn. 45), 29. Kap Rn 42.

着手があったと解するのが相当であり，また，乙に負わせた右打撲症等は，傷害に該当すること明らかであって……，以上と同趣旨の見解のもとに被告人の所為を強姦致傷罪にあたるとした原判断は，相当である」と説示して，運転席に引きずり込む時点に実行の着手を認める。本事案においては，運転席に引きずり込む時点で，実行行為との時間的密接性が認められ，しかも，支障なく実行行為に移行する状態にあるので，時間的にそれほど離れていない他所に運転していく行為は独立した意味をもたず，又，被害者保護領域への影響も既に存在する[161]。

　子どもへの性的陵辱につき，ドイツ連邦通常裁判所（BGHSt 34, 6）は，行為者が，子どもへの性的行為をその**意思に反して**でも行なうつもりのとき，「所為の決意も固く——子どもを性的行為を行なうのに特に適切な場所へ連れて行く」や直ちに未遂が成立すると判示した。本判決は，同時に，行為者が，性的行為を子どもの「**任意性**」にかからしめ，子どもから拒絶されたときはそれを尊重するつもりのとき，犯行現場へ自動車で連れて行く段階は未遂でなく，「所為被害者を誘惑してうまくいったとき」に未遂が成立すると判示した。本判決は肯定的に評価される。意思に反する場合は，行為者は目的地についた後躊躇なく実行に移るつもりであり，連れ去りによって子どもはよく知っている環境の保護を失い，一歩一歩が直接的に結果に繋がる。時

---

[161] 参照，井田（注60）401頁以下，伊東研祐『刑法講義総論』2010年・308頁。
　東京高判昭和47・12・18判タ298・441〔甲らが強姦を共謀し，乙女を拉致して自動車に引きずり込もうとしたが，乙の抵抗が激しかったためにそれ以上の行為を断念したという事案。強姦未遂罪が成立〕「被害者は一旦車内に押し込められてしまえば被告人らによって即時人気のない場所に拉致されて輪姦されることが必至の状況であったといわなくてはならないから，本件においては，被告人らが同女を自動車内に押し込もうとした段階において，すでに強姦に至る客観的危険性が十分に認められ」る。
　東京高判昭和57・9・21判タ489・130〔被告人が甲女を強姦する意図で，ホテル内の敷地に引っ張り込み暴行を加えたという事案〕「被告人においてその場で姦淫に及ぼうとしたのでなく，ホテル内の一室に連れ込んだうえ，その目的を遂げる意図であったから，右の暴行は直接姦淫行為の一部に属するものではなく，また，暴行を加えた場所からホテル内の一室に至るには，若干の時間的・場所的な間隔があり，この間従業員に顔を合わすことなども避けられないであろうことは所論の通りである。しかしながら，被害者が暴行を受けた場所は，右ホテルの敷地内であり，右場所からホテルの裏口自動扉までは僅か5メートルしかないうえ，被告人が被害者に加えた暴行脅迫が極めて強力かつ執拗であったことからすると，もしもそのような状況がいま少し継続していれば，被害者の抗拒が著しく困難な状態に陥り，諦めの心境も加わって被告人によってホテル内に連れ込まれる事態に至る蓋然性が高く……暴行を加えた段階においてすでに強姦行為の着手があった」。

間的密接性も被害者保護領域連関性も肯定される。これに対して，任意性の場合は，子どもが「協力」しない限り，その保護領域は無傷であり，所為はそれ以上進み得ないからである[162]。

6 犯行用凶器・道具の調達，及び決定的な犯行前提要件の準備

住居侵入窃盗用の金きり，合鍵等の調達，殺人用の毒物の調製等は予備に過ぎない。火災保険金を得るために自宅に放火するとか，放火用装置を取り付けるが，数日後に作動させる予定のとき，時間的密接性が欠如しているため，放火予備に過ぎない[163]。

7 犯行現場に行き，目立たないようにそこにとどまる

犯行現場に向けて走行するのは一般に予備である[164]。犯行現場にいることも被害者保護領域に影響を及ぼし始めない限り予備である。例えば，銀行強盗を働くつもりで銀行に乗り付けるが，まだ凶器を持ち出しておらず，覆面もしていない段階はまだ予備である[165]。招待客として招かれたが，そこで盗みを働こうとする者は，その家に入っただけではまだ未遂ではない。しかし，住居侵入窃盗を働こうとする者はこの行動の開始時点が未遂である[166]。行為者両名が店舗経営者から強奪しようとして，当該店舗に入った後注意をそらすために偽装売買の話を始め，戸の錠をかけ，その結果，被害者は誰かに助けを求めることもできず，お金を持って外に逃げることもできないようになり，この段階で，行為者は直ちに強奪するつもりのとき[167]，閉じ込めたときに被害者の保護の低下が見られ被害者保護領域への影響があり，時間的接着性にも問題が無いので，未遂が成立する[168]。

---

[162] *Roxin*, (Fn. 3), § 29 Rn 168.
[163] *Roxin*, (Fn. 3), § 29 Rn 174 f.
[164] 例外は，上記判例，BGHSt 3, 297; 34, 6.
[165] BGH MDR (H) 1978, 985.
[166] *Roxin*, (Fn. 3), § 29 Rn 177.
[167] RGSt 69, 327.
[168] *Roxin*, (Fn. 3), § 29 Rn 178.

8　偵察活動及び犯行機会窺い

後に行う犯行のために偵察をする（例えば，銀行の前で見張って，現金輸送車の発着時間を探知する）とか，犯行の機会を窺うのは，所為行為がずっと後で行なわれる予定である以上，予備にとどまる。これに対して，所為行為をすぐに行なうつもりのときは，被害者保護領域への影響が見られるならば，未遂である。例えば，掏りを働くつもりで混雑している列車の中に押し入っても，列車の中に入ること自体は社会的に許されていることであるから，時間的接着性はあるものの，被害者保護領域への影響が見られず，未遂ではない[169]。犯行の機会を窺っても，その後の所為行為が被害者の自由な意思決定に依存するとき，例えば，エイズにかかっている者がそれを秘匿して相手方に性交渉の希望を述べるのは，まだ予備である[170]。

9　同行，追尾

適当な場所，適当な頃合いを見て強奪しようとして，被害者に同行したり，追尾する行為が問題となる。例えば，強盗の意思で，居酒屋で酩酊状態にあって金のありそうな被害者を近くの駅まで案内するといって近寄ったとき，居酒屋を出たらすぐに強奪するつもりのときには，同行した時点で未遂が成立するが，後で適当な場所，適当なころあいを見て強奪するつもりのときは，同行開始時点ではまだ予備である。追尾の場合，行為者が強盗の適切な機会が到来したと考え，実行行為に出ようとして引き続き被害者を追尾する行為，例えば，今強奪しようと被害者めがけて走り寄るときに初めて未遂が成立する[171]。東京地判昭和39・5・9判時376は，〔被告人は甲女を身代金略取誘拐しようとして，被害者の自動車を7キロメートルほど自動車で追尾したが，停車させる機会が無かったという事案〕において，相手の車を停めるためその前に出ようとしたとすれば，そのときに実行の着手があるが，本件ではそこまで至っていないので誘拐罪の未遂は成立しないと判示した。

169　*Roxin*, (Fn. 3), § 29 Rn 179.
170　*Roxin*, (Fn. 3), § 29 Rn 179; *Berz*, (Fn. 66), 518.
171　*Walder*, (Fn. 133), 265 f.; *Fuchs*, (Fn. 45), 29. Kap Rn 41.

以上，犯行態様別に検討したが，実行行為や実行行為に接着する行為が，一般的経験的知識からすると，既遂の構成要件を実現するのにはまったく向いていないとか，社会的相当性の範囲を逸脱していない場合があるが，これらの場合，行為の客観的帰属が否定され，不処罰である（下記三3A参照）。

D　間接正犯

間接正犯として，利用者が他人（被利用者）を道具のように利用して構成要件を実現する場合，例えば，医師が事情を知らない看護師を使って，毒薬入りの注射を患者に打って毒殺するような場合，如何なる時点に実行の着手が認められるべきかが問題となる。

a　ドイツ語圏刑法学説

aa　厳格説（全体解決説）　間接正犯の未遂は，媒介者が構成要件実現のために接着行為をしたときに初めて成立するという説。その主たる理由として，間接正犯では，行為者の影響力行使と背後者に帰属されうる媒介者の行為が**規範的に見て一体**をなしていることが挙げられる。影響力行使だけということではなく，背後者の行為と道具の行為から成る全体所為（Gesamttat）の発展段階が未遂の成立時期を決定するというのである。したがって，全体解決説とも呼ばれる。所為媒介者が予備の段階にある限り，背後者の未遂は成立しない。ドイツ刑法第25条第1項の間接正犯規定は「他人によって行なわしめる」と定めていることも根拠として挙げられる。すなわち，間接正犯者は媒介者を通して実行行為を行なうのであるから，通常は，間接正犯者の実行行為が媒介者の行為より早いということはないことが指摘される。上記の設例では，看護師が注射を開始するときに，殺人の未遂が成立することになろう[172]。

---

[172] *Frank*, (Fn. 7), § 43 Bem. II 2a; *G. Stratenwerth, L. Kuhlen*, Strafrecht AT, 5. Aufl., 2004, § 12 Rn 105; *B. Kadel*, Versuchsbeginn bei mittelbarer Täterschaft − versuchte mittelbare Täterschaft, GA 1983, 299 ff.; *V. Krey*, Deutsches Strafrecht AT, Bd. 2, 3. Aufl., 2008, § 43 Rn 437.
　RGSt 59, 1〔被告人（女性）は自分のまま娘の健康を害させようとして，実の母親が病気の娘に持って行こうとして台所の竈の上に用意しておいたペパーミント茶に密かにイヌホオズキの汁を混ぜておいた。被告人はその飲み物が事情を知らない第三者（看護して

本説は，共同正犯の未遂を基礎付けるために開発された「全体解決策」を間接正犯に転用するのであるが，間接正犯の独自性を考慮していないところに問題がある。間接正犯には「共同の行為」とか「共同の所為決意」といったものはない。全体の事象は媒介者ではなく，背後者の所為である。道具の行為も自分の行為のように帰属されること，背後者が所為を他人を通して行なうということから，間接正犯者の未遂が媒介者の行為よりも早い段階で成立することはないという結論が必然的に導かれるものでもない。確かに，背後者に媒介者の行為も帰属される。しかし，背後者にとって，因果過程という点では，他の因果過程と異なるものではない。道具の媒介しない因果関係の方が確実に結果を惹起するというものではない。間接正犯者は被害者への攻撃を仕組み，全体事象を「意思支配」によって操縦しているのであるから，予備と未遂の区別を背後者の行為によって行なうのは当然である[173]

厳格説の陣営の中でも，間接正犯者の表象が基準[174]となるのか，所為媒

いた実の母親）が持っていって，娘に飲ませることを予期していた。危険な傷害の未遂が成立］。ライヒ裁判所は，「飲み物の準備は実行行為の構成要素と見られる」と判示して，その理由付けにおいて厳格説に共感を示すが，結論においては，修正影響力行使説に近い。Vgl. *Roxin*, (Fn. 3), § 29 Rn 237.
[173] *Wessels/Beulke*, (Fn. 28), § 14 Rn 614; *Roxin*, (Fn. 3), § 29 Rn 247.
　厳格説に入る学説にヘルツベルク説（新説）（*R. D. Herzberg*, Der Versuch, die Straftat durch einen anderen zu begehen, in: Roxin-FS, 2001, 749 ff., 771 f.）がある。それによると，未遂行為（間接正犯者の最後の自分の行為）と未遂結果（間接正犯者の行為に際する自分の表象による構成要件実現の直接的危険）が分けられる。未遂行為は間接正犯者にとっては既に予備の段階を離れているが，表象された被害者への直接的危殆化，つまり，未遂結果（切迫行為）のときに初めて可罰性が認められる。間接正犯者に直接的な被害者危殆化の時点に関する表象が欠如している場合，不明確である場合，行為者が自分の行為をした際に切迫行為が最も早く可能だと考えた時点に，未遂の可罰性が認められる。行為者がこの時点の前に計画が頓挫したことを知ったとき，未遂の可罰性は生じない。
　本説に対しては，次の批判が可能である。第一に，媒介者による被害者危殆化の可能性の最も早い時点に関して，間接正犯者が思いをいたさないことが多い。間接正犯者にはこの時点はどうでもよいことであり，自分が影響力を有さない事情に依存するからでもある。第二に，本説によれば，結果が予期したよりも早く生じた場合，不処罰ということになる。例えば，甲が事情を知らない乙を利用して毒入りワインを丙に届けさせるが，乙は甲との約束とは異なり日曜日の朝ではなく，前日の夕方に届け，丙はその日のうちに飲んで死んだという場合，行為者の表象によれば被害者に土曜日の夕方は危険が生じておらず，したがって，未遂の段階にすら至っていないので，殺人既遂は成立しない。しかし，これは耐え難い結論である。Vgl. *Roxin*, (Fn. 3), § 29 Rn 252.
[174] *K. H. Gössel*, Fälle und Lösungen nach Höchstrichterlichen Entscheidungen Strafrecht, 8. Aufl., 2001, 98; *ders.* (Fn. 135), 250; *R. Maurach, K. H. Gössel u. H. Zipf*,

者の表象が基準[175]となるのかについては，見解が分かれる。間接正犯者の表象基準説には次のような問題がある。法文からすると，なるほど，間接正犯者の表象基準が採られるべきは当然である。しかし，厳格説の中では，これは機能しない。背後者は多くの場合，所為媒介者が如何なる時点に開始するかを知らないし，知りえないからである。そうなると，間接正犯者の表象なくして，開始の判断が下されることになる。これは法文にそぐわない。又，間接正犯者の考えが間違っていたとき，例えば，間接正犯は今日してもらえると思っていたが，所為媒介者は明日するつもりのとき，未遂の成立時点は所為媒介者が何時行為を行なうかによって決まるという奇妙なことになる[176]。これを避けようとして，所為媒介者の表象基準説が提唱されるが，この説は法文と真っ向から対立する。なるほど，他人の行為が介在していても，背後者には自ら支配する因果経路が帰属されうる。しかし，背後者に，およそ自ら抱いていない表象を抱いているということはできない。本説には，さらに次の問題もある。事情の知らない所為媒介者には，故意が無いため，その表象によって構成要件の実現のための実行を開始することができない場合が極めて多いということである。所為媒介者にはおよそ構成要件を実現するつもりがないからである。この場合，間接正犯者の「優越的認識」に助けを求めて，これにより所為媒介者の「主観的判断基底」を「拡大」しようとすると，逆に，背後者のところにのみ存在する認識が所為媒介者に帰属される。これは構成的に不可能な故意の擬制に帰着する[177]。

bb　影響力行使説（個別解決説）　本説は，間接正犯の未遂は，間接正犯者が媒介者に影響力を行使し始めるときにすでに成立すると主張する。背後者の所為寄与は所為媒介者に影響を及ぼすことにあるから，背後者がこの影響力を行使するか，行使しようとするときに，未遂が成立する。それは教唆の未遂と異ならない（ドイツ刑法第30条第1項「他人をして重罪を行なうよう又は重

Strafrecht AT, Tb 2, 7. Aufl., 1989, § 48 Rn 118 ff.; *R. Krack*, Der Versuchsbeginn bei Mittäterschaft und mittelbarer Täterschaft, ZStW 110 (1998), 611 ff., 636 f.; *P. Rackow*, E-mail für die B, JA 2003, 223 f.
[175]　*W. Küper*, Der Versuchsbeginn bei mittelbarer Täterschaft, JZ 1983, 361 ff. 369; *Kühl*, (Fn. 74), § 20 Rn 91.
[176]　Vgl. *Roxin*, (Fn. 3), § 29 Rn 248.
[177]　Vgl. *Roxin*, (Fn. 3), § 29 Rn 249.

罪を教唆するよう決意させることを企てた者は，重罪の未遂に関する規定によって罰する」)。間接正犯と教唆は，所為を直接に実行する者の背後に所為誘引者がいる点で共通だからである。行為者の計画を含めて客観的に考察しても，この影響力の行使が構成要件実現のための直接の開始である。直接正犯の場合に，道具の性質（有能か不能か）が未遂の問題に影響しないように，間接正犯の場合にも，道具の性質（事情を知っているか否か，行為を意欲しているか否か）は未遂の時期に影響を及ぼさない。本説は，専ら背後者の行為に着目するので，個別解決説とも呼ばれる。上記の設例では，医師が看護師に注射器を渡したときに，殺人の未遂が成立することになろう[178]。

本説は，背後者が事象をまだ掌中に握っている場合，例えば，媒介者に被害者の名をまだ告げていない，あるいは，毒物を渡していない場合でもすでに未遂を認める点で，未遂の成立時期が早すぎる。本説は，接着性を十分に考慮していないところに問題がある[179]。

cc 修正影響力行使説 本説は，間接正犯の未遂は媒介者を「使いにやる」ときに成立すると主張する。この時点は間接正犯者が事象をその影響領域から手放したときである。それは間接正犯者が「最後の正犯者行為」をしたときと一致するのが普通であるが，「最後の正犯者行為」があった場合でも，なお例外的に，事象が間接正犯者の監督の下にあるときがあり，この場合は予備にとどまる。媒介者が因果経路の進行を「引き受け」，背後者が事象の支配を失うとき，未遂が成立することになる。所為媒介者が間接正犯者の影響領域から離れても，間接正犯者は行為支配という形ではなく，意思支配という形で，間接正犯の特徴である所為支配を維持する。上記の設例では，医師が看護師に注射器を渡し送り出したときに，殺人の未遂が成立する

---

[178] *J. Baumann, U. Weber u. W. Mitsch*, Strafrecht AT, 11. Aufl., 2003, § 29 Rn 155; *P. Bockelmann, K. Volk*, Strafrecht AT, 4. Aufl., 1987, § 22 II 3 b, § 27 VII 2b; *G. Schilling*, Der Verbrechensversuch des Mittäters und des mittelbaren Täters, 1975, 100ff., 112 f.; *R. D. Herzberg*, Der Versuch beim unechten Unterlassungsdekikt, MDR 1973, 89 ff., 94 f.; *ders.* Der Anfang des Versuchs bei mittelbarer Täterschaft, JuS 1985, 1 ff., 6 (旧説)。

RGSt 53, 11 (所為媒介者に革製品を密輸出させようとして，待っている運び人のところへ赴けば，それは「発送され，革製品を国境を越えて運ばせようとする動きが開始された」といえる)。Vgl. *Roxin*, (Rn. 3), § 29 Rn 235.

[179] *Wessels/Beulke*, (Fn. 28), § 14 Rn 614; *Roxin*, (Fn. 3), § 29 Rn 257.

第一章 未 遂 犯 77

ことになろう[180]。

  dd 区別説 区別説は，所為媒介者が事情を知っていたか否か，責任能力があったか否かによって未遂の成立時期を異なって捉える説である。媒介者が事情を知らなかったとか精神障害者の場合には，間接正犯者が道具に影響力を行使するとき，あるいは，影響力行使の終了後（例えば，所為媒介者を使いに送り出すとき），未遂が成立する。媒介者が事情を知っていた場合，媒介者が構成要件実現のために接着行為をしたとき，未遂が成立する。その理由として，前者の場合には，媒介者への働きかけは物理的道具とか動物を利用するのに等しい，つまり，道具への影響力行使があれば，さらに働きかけ

---

[180] *Roxin*, (Fn. 3), § 29 Rn 230; *Rudolphi*, (Fn. 28), § 22 20a; *Jescheck/Weigend*, (Fn. 16), § 62 IV 1; *Gropp*, (Fn. 28), § 10 Rn 64.
  RGSt 53, 45〔二人の所為媒介者に金貨を密輸出させようとした事案〕で，最初の所為媒介者に金貨を渡したとき，実行の開始がある，というのは，これにより「金貨が発送された，つまり，国境を越えさせようとする動きがとられ，開始したからである」。
  BGHSt 30, 363〔①被告人甲は自分の恋敵丙を有毒塩酸で殺す意図で，乙に丙宅で強盗を働くように説得したが，その際，乙には当該毒物を無害な睡眠薬であると説明した上，それを無理やり丙に飲ませてくれるように言った。乙は丙のところへ行く途中好奇心からその瓶を開けたところ，刺激臭がありそれが有毒な物質であることに気づき，犯行をとどまった。②甲は丁に有毒の液体を有毒であることを隠して渡し，それを丙に吹きかけてもらうことにした。丁は甲の意図を見抜き，言うことを聞く振りをして，瓶を警察に引き渡した。それぞれ間接正犯の形態の未遂，①については殺人未遂，②については重い傷害未遂が認められた〕。連邦通常裁判所は，一方で，「所為被害者の生命と健康へのこの種の直接的な侵害」，「所為被害者は既に危殆化されていたし，損害が直接繋がりえた」と云うことで**一般説**に触れ，他方で，直接危殆化の時点を事象が行為者の支配領域から離れたときに求める，すなわち，「というのは，所為を他人によって行なわせる者は（第25条第1項）所為媒介者を所為実行へとする気にさせ，所為媒介者が構成要件該当行為をこれからすると考えて，自分の影響力の領域から所為媒介者を手放すとき，計画された所為の構成要件の実現を直接的に開始する（第22条）」と判示することによって，間接正犯者の表象が決定的に重要であることを指摘し，実質的に**修正影響力行使説**を採用した。Vgl. *Roxin*, (Fn. 3), § 29 Rn 242.
  BGH NStZ 1986, 547〔被告人は自動車を運転している者に拳銃を突きつけて，その自動車を発進させ，自動車の前の地面で遮蔽しようとしていた警察官を轢かせようとした。運転者はエンジンを始動させたが，運転を躊躇していたが，その間に，警察官は身の安全を確保した。殺人未遂が成立〕。連邦通常裁判所は，「決定に重要なことは，間接正犯者が自分の表象よれば必要な影響力行使を終了したか否か」と判示することによって，修正影響力行使説を採用した。Vgl. *Roxin*, (Fn. 3), § 29 Rn 243.
  BGH 40 257「間接正犯においては，行為者が自分の表象によれば所為媒介者への必要な働きかけを終えたときに，未遂の開始の認められるのが普通である。…… 但し，道具が所為をさらに影響を受けなくても行なうことになるから，行為者はいまや事象の進行に委ねることができると確信していなければならない」。

られなくとも構成要件結果の実現に向かう因果連鎖が起動されること，さらに，後者の場合には，媒介者が結果を招来させるか否かを意のままにできるので，未遂の成立は媒介者の行為に依存することが挙げられる。1983年にはなお通説と目された本説は今日ほとんどその支持者を見出しえない。上記の設例では，医師が看護師に注射器を渡したときに，殺人の未遂が成立することになろう[181]。

　本説は，事情の知らない媒介者を利用するときの方が事情の知っている媒介者を利用するときよりも，結果の惹起がより確実であるという前提から出立しているが，この前提自体が成り立たないとして批判される。事情の知らない媒介者利用が不可避的に結果の発生に繋がるわけではないし，事情の知っている媒介者であっても結果の招来を妨げる事情を除去できるからである[182]。さらに，事情を知っているかいないかの区別も必ずしも簡単ではないことも指摘される。例えば，認識のある過失のある所為媒介者には「半分故意」があるといえる。さらに，事情を知っているか否かの区別が全くできない場合もある。例えば，甲がその恋敵乙を有毒の塩酸で殺害しようとして，丙に睡眠薬だと偽って毒入りの瓶を渡し，それを乙に飲ませてもらおうとしたところ，それを受け取った丙が乙のところへ行く途中，好奇心からその瓶を開けたところ，その異臭に気づき，犯行に出なかったという場合，丙は自分の考えでは軽い傷害を犯すつもりだったが，甲は実際には丙を殺人の道具にしようとしたのである[183]。それに，刑法は，事情を知っているか否かで区別する何等の準拠点も与えていないことも指摘される。結局，未遂の成立時

---

[181] *R. Busch*, Leipziger Kommentar StGB, 9. Aufl., 1974, §43 Rn 33; *H. Blei*, Strafrecht I AT, 18. Aufl., 1983, §72 II 4; *Welzel*, (Fn. 89), §24 III 5.
　RGSt 66, 141〔行為者は住宅の床に放火装置をはめ込み，自分の留守中に誰かが階段の間の電燈の電源スイッチをいれたら，それによって発火するようにした。行為者は誰かが電源スイッチを入れると確信して病院へ向かった。放火装置を取り付けたときに未遂が成立〕。ライヒ裁判所は，「というのは，単に道具として考慮される人の力が続いて働くということは結果的には自然の力の作用とかその他の『偶然の出来事』と同じ意味をもつ」と判示して，区別説に共感を示す。但し，実行行為の開始をフランクの公式に依拠することで，区別説が共通説に組み込まれている。*Roxin*, (Fn. 3), §29 Rn 236.
[182] *Eser*, (Fn. 28), §22 Rn 54a; *Roxin*, (Fn. 3), §29 Rn 258; *Hillenkamp*, (Fn. 1), §22 Rn 155.
[183] BGHSt 30 363; *Roxin*, (Fn. 3), §29 Rn 259.

期は事情を知っているか否かで区別して判断されはならないということになる[184]。

ee 一般説　本説は，間接正犯も直接正犯と同様に判断すべきだとする説である。その一つに**危殆化規準説**がある。直接正犯と同様に，間接正犯においても危殆化が規準となる。間接正犯では，間接正犯者の所為が問題となり，道具は単に遂行機関として機能するにすぎないから，道具が重要な付加的準備をせずに事前操縦された所為を遂行するだけでよいとき，既に，間接正犯者の視点からは当該法益に**直接的危険**が生じたと見ることができる。如何なる時点から背後者の操縦表象によると道具による遂行だけが残されているかは，個別事例の事情に左右される問題である。間接正犯者が所為事象を事前操縦しており，背後者の表象によれば，道具が，いわば自然因果関係に比肩しうるように，不可避的に所為実行に至らざるを得ないという具合になっておれば，道具が活動する前に既に未遂が成立する。これに対して，背後者の表象によると，被害者を危殆化するには道具がなお準備をしなければならないとき，未遂はまだ成立しない。上記の設例では，医師が看護師に注射器を渡したときに，殺人の未遂が成立することになろう[185]。

---

[184] *Hillenkamp*, (Fn. 1), § 22 Rn 155.
[185] *Eser*, (Fn. 28), § 22 Rn 54a; *Wessels/Beulke*, (Fn. 28), Rn 614 ff. 直接正犯と間接正犯の未遂時期を同一の規準で判断する説に修正介在行為説と呼ばれる説もある。それによると，間接正犯者が，自分の所為に関する考えでは所為媒介者へ影響力を行使しているか又は行為媒介者が間接正犯者の依頼通りに行為をすることによって，出来事を前進させ，これがさらなる介在行為を要することなく構成要件行為に至り，所為既遂の危険を惹起するとき，未遂が成立する。*Hillenkamp*, (Fn. 1), § 22 Rn 158 ff.; *ders*. 32 Probleme aus dem Strafrecht AT, 12. Aufl., 2006, 92 ff.
BGHSt 4, 270〔被告人は財産に関する和議手続の開始後，在庫目録を作成したが，それは実際よりも大きく見せかけたものだった。被告人は間近に迫った和議交渉においてそれを示して，債権者との和議を成立させようとし，あわせて，債権者が被告人の財産にこれ以上に介入してくることを防止しようとした。被告人は，虚偽の目録を債権者集会で読んでもらうべく，それを和議管財人に提出したという事案〕「所為媒介者を利用する場合の未遂の成立には，所為媒介者が常に自ら行動するという必要はない。諸事例は未遂と予備に関する一般原則にしたがって解決されるべきである……さらなる事情が加わって初めて又はかなりの時間経過後に効果の現れることが意欲されていたとき，事情の知らない所為媒介者への影響力の行使がたんなる予備行為ということもある。それは，法益が既に直接的に危殆化されているとき，実行の開始たりうる。例えば，被告人が虚偽の目録を，和議管財人が間近に迫っていた読み上げのために準備していた書類に差し込んだとき，被告人による欺罔行為の開始が既に認められる。これに対して，行為者が虚偽の書類を和議管財人に利用できるようにしたにすぎず，近い将来その利用があるのか否かの見極めができ

本説によれば，行為者が被害者を殺害しようとして媒介者を使いに出すとき，この時点で未遂が成立する。これに対して，行為者が自ら被害者を殺害しようとして，犯行現場に行く途上にあるとき，そのまま推移すれば確実に結果の発生にいたるから，本説によればこの場合も未遂が成立することになろう。しかし，この時点はまだ予備の段階にすぎないというべきである。そうすると，直接正犯と間接正犯を同じ規準で捉えることはできないのだと批判される[186]。

b 我が国の刑法学説

我が国の間接正犯の実行の着手時期に関しては，一般に，①利用者が被利用者を犯罪に誘致する行為を開始したときであるとする利用者説，②基本的に利用者説が妥当であるが，例外的に，被利用者説を支持する区別説，③被利用者が犯罪的行為を開始したときであるとする被利用者説，④構成要件的結果発生の現実的危険を惹起したときであり，したがって，利用行為の開始時に実行の着手を認めることもあれば，被利用者の行為の開始時に実行の着手を認めることもありうるとする個別化説に分けられる。

aa 利用者説 実行の着手の概念を主観説の立場から理解するとき，利用者説が主張される[187]。しかし，客観説の立場からも利用者説が主張される。形式的客観説からは，未遂罪の成立には，基本的構成要件に該当する行為の少なくとも一部分が行なわれたことが必要であり，かつ，それで充分であり，間接正犯についても問題は少しも変わらないと主張される[188]。行為無価値論的実質的客観説からは，実行行為は実行の意思に基づくものでなければならず，間接正犯における実行の意思は利用者のみが有すること，したがって，実行の意思と実行行為とを別々の行為主体に分属させることはできず，そうすると，間接正犯の実行行為は，利用者の被利用者に対する犯罪への誘

ないとき，それは予備行為である。危殆化はなるほど前者の事例では認められるが，後者の事例では認められない。後者の場合，和議管財人が虚偽の申告を検証する，発見する，あるいは，およそ利用しないといった多くの可能性が残されている」。
186 *Roxin*, (Fn. 3), § 29 Rn 261.
187 牧野（注108。総論）364頁，木村（注123）349頁。
188 團藤（注112）355頁注5。参照，植松（注114）320頁，香川達夫『刑法講義総論』［第3版］1995年・296頁，野村稔『刑法総論』［補訂版］1998年・335頁。

致行為に求めざるをえないと主張されたり[189]，実行の着手は構成要件を実現する現実的危険性が出現したときに認められ，間接正犯の場合，利用者が被利用者に働きかけたときに，構成要件を実現する現実的危険が認められると主張される[190]。利用者説が主観説からも客観説からも主張されるのは，実行の着手の観念が規範主義的に把握され，利用者の行為に焦点が合わせられるからである[191]。

　　bb　修正利用者説　　行為無価値論の立場から，背後者の誘致行為が実行行為であり，遅くとも行為者が自らすべきことはすべて行ない，後は因果の流れにまかせる段階に至れば，結果発生の自動性が認められ，実行の着手が肯定されるが，しかし，他人の故意行為を利用する場合は別であると論じられる。例えば，背後者甲が，「現に人が住居に使用」する建造物であることを知りつつ，乙を騙して放火行為を唆し（刑法第108条），乙はその家を非現住建造物と信じつつ（刑法第109条第１項）放火行為を行なったという場合，背後者の誘致行為が完了しても，なお結果発生の自動性が肯定できないので，利用者の行為と被利用者の行為とをあわせて全体として結果の発生が切迫する段階に至ったどうかにより実行の着手の有無を判定すべきである，具体的には，被利用者の行為を規準として実行の着手時期が決められる[192]。

　　cc　被利用者説　　本説は結果無価値論的実質的客観説から主張される。未遂犯の実質的処罰根拠を既遂結果発生の切迫した危険と解すると，間接正犯においては，被利用者の行為により「切迫した危険」という「結果」が発生した時点で，はじめて実行の着手が認められ，未遂犯の成立が肯定される。この場合の「実行の着手」における「行為」概念については，具体的危険（切迫した危険）という結果を含む広義の行為概念として捉えられる[193]。結果無価値論的実質的客観説からは，利用者は「間接正犯」でなく，「教唆犯」として構成されるべきではないかとも主張される。実行の「着手」時期が他人

---

[189]　大塚（注116）174頁。
[190]　大塚（注116）173頁。
[191]　福田平『刑法総論』［全訂版］1984年・211頁。
[192]　井田（注60）405頁。
[193]　内藤（注60）1238頁。同旨，平野（注119）319頁、勝本勘三郎『刑法要論総則』［訂正三版］1915年・396頁，竹田直平「間接正犯」立命館学叢５巻２号（昭和９年）106頁。

の動作に依存するというのは，まさに教唆犯の場合だというのがその理由である[194]。

dd　個別化説　行為無価値論的実質的客観説から，利用者が被利用者の行為を道具として利用する場合，利用行為の開始が構成要件的結果発生の現実的危険を常に惹起するわけではないから，利用者の行為が結果発生の現実的危険を惹起したときに着手がある，つまり，利用行為の開始時に実行の着手を認めることもあれば，被利用者の行為の開始時に実行の着手を認めることもありうると主張される[195]。さらに，「間接正犯は，純然たる単独犯行でなく他人利用の犯罪行動の一種でもあり，実行の着手も，被利用者の行為と合わせて全体として犯罪事実発生に接着する段階にいたったかどうかで定めるのが妥当である。被利用者は，犯罪事実に直面することからくる規範的障害を欠く者であるという意味で，利用者の道具ではあるが，被利用行為そのものは被利用者の意思に基づくものであって，機械のごとく一挙手一投足まで利用者によりあやつられる，という関係にはない。したがって，利用行為を終了したからといって，それだけで犯罪事実が発生する具体的危険が顕著になったとは，一律にいい切ることができないからである」とも主張される[196]。客観的主観説からは，実行の着手を常に利用者の行為の時点に認めるのは，実行の着手時期を非常に早い段階に認めてしまうことになって不当であるとした上で，間接正犯者の行為は利用行為という作為と，先行行為に基づく防止義務違反という不作為からなる複合的構造をとり，したがって，通常の標準にしたがい実行の着手があったとされた時点以降の作為または不作為を，間接正犯における実行行為と考えられ，実行行為は多くの場合被利用者の行為の時点に認められるが，被利用者の行為が利用行為と時間的に接着しており，しかもその遂行が極めて確実な場合，利用行為の時点に認められると論じられる[197]。

194　中山（注122）417頁。
195　大谷（注117）206頁，川端（注127）465頁。
196　藤木（注118）279頁。
197　西原（注125）317頁。

ee　要約　　以上，内外の諸説の検討を踏まえると，実行行為の意思の主体と実行行為の主体を分離することには問題がある。又，被利用者への犯罪誘致行為時に常に実行の着手を認めるのも，逆に，間接正犯の未遂の成立時期を道具（被利用者）の行為を規準にして判断するのも妥当でない。未遂の可罰性に関しては，常に，(間接)正犯者自身の犯罪意思活動が決定的意味を有する。結果の発生が自然的因果経路を通して生ずるか，媒介者を通して生ずるかは，背後者の視点からはどうでもよいことである。例えば，時限爆弾を爆発させるのに時限装置を利用するか，他人に定まった時間に遠隔装置の釦を押して貰うように依頼するかは，背後者の視点からは同じことである[198]。道具がそれ自身の行為を開始したか否かに未遂の可罰性をかからしめるのは奇妙なことである。間接正犯者の構成要件該当行為は媒介者への影響力の行使にしか求められないのである。しかし，この事から，間接正犯者が道具に影響を及ぼし始めるとき初めて，且つそのときは常に未遂が成立との結論を導いてはならない。行為者が道具を利用して所為を既遂へと至らしめるため所為を手放した時点が決定的に重要である。というのは，間接正犯者が媒介者への影響を終えていない，つまり，事象がまだ間接正犯者の表象によれば自分の手中にある限り，間接正犯者は構成要件該当の不法結果を惹起するためにさらに部分行為をする必要があり，したがって，構成要件実現のための接着行為がまだ存在しないからである。例えば，医師が殺意を抱いて，看護師が夕方に患者に注射する予定の注射器に朝方毒を注入して所定の場所においておいたという場合，この段階ではまだ予備である[199]。

E　結果的加重犯における未遂

結果的加重犯は，基本犯が既遂に達し，且つ，重い結果が発生すれば，既遂に達する。結果的加重犯の未遂が問題となるのは次の二形態である。①基本犯が未遂にとどまるが，この未遂から重い結果が発生した場合と②重い結果が故意に包含されているが，重い結果は発生しなかった場合である（この場合，基本犯は未遂又は既遂の場合とがある）。

---

[198]　*Herzberg*, (Fn. 178. Der Anfang), 4.
[199]　*Rudolphi*, (Fn. 28), § 22 Rn 20 a; *Roxin*, (Fn. 3), § 29 Rn 244, 246.

a 基本犯が未遂にとどまり，この未遂から重い結果が発生した場合

　我が国では，結果的加重犯においては，基本犯が未遂であっても，重い結果が発生したときは既遂となると一般に解されている[200]。それは，結果的加重犯にあっては重い結果を理由として刑を加重することにその特質があるから，重い結果が発生した以上，基本犯が未遂たると既遂たるとを問わず，結果的加重犯の既遂となると考えられているからである[201]。しかし，結果的加重犯の未遂を認める余地はある。二つの類型に分けて考えるべきである。

　①基本犯の構成要件的行為それ自体が類型的に加重結果を惹起する危険性を有しているとき，重い結果を招来する**構成要件的行為**はそれ自体が可罰的未遂犯であり，重い結果がこの未遂行為と結びついており，且つ，これに客観的に帰属可能である限り，結果的加重犯の未遂が成立すると解すべきである。強盗致死傷の場合，被害者の死傷が暴行によって過失で招来されたが，物の奪取に至っていないとき，強盗致死傷の未遂が成立する（刑法第240条，同第243条）[202]。強制わいせつ等致死傷の場合も強盗致死傷と同様にその未遂が

---

[200] 大塚（注116）255頁，植松（注114）318頁。大判昭和4・5・16刑集8・251「財物強取ノ手段トシテ人ヲ殺害シタルトキハ刑法第二百四十条後段ノ犯罪成立スルモノニシテ財物ヲ得タリヤ否ヤハ其ノ犯罪ノ構成ニ関係ナキモノトス蓋シ同条後段ハ強盗ノ要件タル暴行脅迫ヲ加フルニ因リ相手方ノ生命ヲ害スルコトアルヘキカ故ニ強盗故意ニ又ハ故意ナクシテ人ヲ死ニ致ス場合ヲ予想シ之カ処罰規定ヲ設ケタルモノニシテ同条後段ノ罪ノ未遂タル場合ハ強盗故意ニ人ヲ死ニ致サントシテ遂ケサルトキニ於テ之ヲ認ムルヲ得ヘク財物ヲ得タリヤ否ヤハ同条ノ構成要件ニ属セサルト解スルヲ相当トス」。

[201] 木村（注187）372頁。参照，平野龍一『犯罪論の諸問題（上）』1981年・118頁。

[202] *Roxin*, (Fn. 3), § 29 Rn 332 ff.; *Rudolphi*, (Fn. 28), § 18 Rn 7; *M. Burgstaller*, Wiener Kommentar zum Strafgesetzbuch, 2. Aufl., 2001, § 7 Rn 31; *Triffterer*, (Fn. 70), 15. Kap Rn 92; *Fuchs*, (Fn. 45), 28. Kap Rn 27; *Kienapfel/Höpfel*, (Fn. 44), Z 27 Rn 35（甲が強姦の目的で自転車に乗って走行していた乙を突き飛ばし，藪の中に引きずり入れようとして，実際に乙を突き飛ばしたところ，乙は転倒して不運にもその場で即死したという場合，強姦致死の未遂が成立）。

　これに対して，ハルトウングは強盗致死の未遂の存在を否定する。その理由として，ドイツ刑法第22条（未遂罪）が「所為」についての行為者の「表象」に基づくと定めるところ，結果的加重犯においては行為者は重い結果についての故意がないことが指摘される。*B. Hardtung*, Versuch und Rücktritt bei den Teilvorsatzdelikten des § 11 Abs. 2 StGB, 2002, 198 ff., 242, 263; *ders.*, Münchner Kommentar Strafgesetzbuch Bd. 1, 2003, § 18 Rn 74. この主張に対しては，いかなる未遂であっても所為全体についての故意を要求するという前提そのものに疑問があること，刑法第22条は未遂の定義ではなく，予備と未遂の区別の基準を定めた規定であり，又，同条の「所為」というのはあらゆる犯罪行為の基本形態である既遂の故意作為犯を意味すること等が指摘される。*Kühl*, (Fn. 74), § 17a Rn 43. ハルトウングは，強盗罪の未遂しか認めないのであるが，しかし，重い結果の発

ある。但し，刑法第181条はわいせつ等既遂の罪を犯し，よって人を死傷させた場合と同じく処罰しているので，わいせつ等致死傷の未遂を認める実益はない。

②傷害致死罪のように，基本犯の構成要件的行為ではなく，**構成要件的結果**が類型的に加重結果を惹起する危険性を有しているとき，結果的加重犯の未遂は認められないし[203]，現に，傷害致死の未遂の規定は存在しない。列車転覆・破壊致死罪（刑法第126条第3項）も転覆・破壊という基本犯の結果から重い結果が生じた場合に適用されるのであって，転覆・破壊行為から重い結果が生じた場合には適用されるべきでない。列車転覆・破壊致死の未遂の規定も存在しない。しかし，判例（東京高判昭和45・8・11高刑23・3・524）は，電車内で時限爆破装置を爆発させて電車を破壊し，同時にその爆体の破片により乗客を死亡させた場合，つまり，転覆・破壊行為から死の結果が生じた場合にも，列車等転覆・破壊致死罪の成立を認める。そうなると，転覆・破壊行為が未遂に終わったが，死の結果が生じているときには，列車等転覆・破壊の未遂と過失致死が成立するので，転覆・破壊という結果の存否によって結論が異なるという奇妙なことが生ずる[204]。

b　重い結果が故意に包含されているが，重い結果は発生しなかった場合

結果的加重犯の規定が重い結果について故意のある場合を想定していないとき，結果的加重犯の未遂は存在しない。例えば，行為者が傷害の故意で行為をするとき，同時に，死の発生について未必の故意を有している場合，殺

生の故に基本犯の未遂は加重処罰に値するとして，強盗致死罪の法定刑を適用し，しかも，未遂減軽が可能とする（刑罰加重解決策）。したがって，その結論において，通説との違いは大きくない。
[203] *Rudolphi*, (Fn. 28), § 18 Rn 7.
[204] 参照，平野（注200）121頁。
　ドイツの放火致死罪（第306条c，改正前第307条第1号）に関する判例に，RGSt 20, 230（放火致死罪は，「人の死が，行為者によって放火のために利用された起爆剤（ガソリン）の爆発による建物崩壊によって惹起されたとき」には，適用できない。放火の未遂と過失致死の観念的競合）。BGHSt 7, 37（放火のときに，人が燃焼している起爆剤によって怪我をして死亡したが，建物は燃焼しなかったときでも，放火致死罪が適用される）。ロクスィーン（*Roxin*, (Fn. 3), § 29 Rn 331, 337）は，放火致死罪においては，建物内にいる人にとっての類型的危険は燃焼するというところにあるから，その適用は燃焼によって人の死が惹起された場合に限定されるべきであるとして，後者の判例を批判する。

人未遂が成立するのであって，傷害致死の未遂が成立するか否かが問題となることはない。現行法にはそもそも傷害致死の未遂の規定も存在しない。結果的加重犯の規定が重い結果について故意のある場合を排除していない限り，未遂は可能である[205]。例えば，殺人につき故意のある強盗殺人については，死の結果が発生しなかったとき，強盗殺人の未遂が成立する（刑法240条，同第243条）[206]。したがって，傷人につき故意のある強盗傷人についても，強盗傷人の未遂がありそうであるが，しかし，強盗傷人の未遂は否定されるべきである。傷害罪は故意の有無と関わりなく成立し，現行法はその未遂も認めていないからである[207]。

3　客観的帰属

故意犯では，行為の有する危険性は客観的に可能な因果関係にだけ基づいて認定できるのではなく，**故意及び客観的帰属**を考慮に入れて初めて認定できるのである。故意犯がそもそも構成要件該当不法を基礎付けるか否かは故意を考慮することなしには認定できない。結果を先取りする意思が行為にその意味と社会的意義を付与するからである。具体的法益侵害に向けられる故意が欠如していれば，故意犯の行為不法は初めから存在しない。故意が認定されて初めて客観的帰属が問題とされるのである[208]。

客観的帰属というのは，客観的にも主観的にも形式的に構成要件に該当する行為を，実質的に見て刑罰規範の許さない危険領域にあるのか否かを問題にすることによって，構成要件該当性を限定する法形象である。すなわち，

---

[205] *Roxin*, (Fn. 3), § 29 Rn 319 ff.; *Rudolphi*, (F. 28), § 18 Rn 8.
[206] 木村（注187）372頁，大塚（注116）255頁，平野（注200）121頁。
　なお，強盗強姦致死罪（刑法第241条）については強盗強姦致死未遂罪（刑法第243条）の規定がある。判例は，強盗強姦人が殺意をもって女子を強姦し殺害した場合，強盗強姦罪（刑法第241条前段）と強盗殺人罪（刑法第240条後段）の観念的競合を認める（大判大正13・4・7刑集3・329，大判昭和10・5・13刑集14・514）。そうすると，死の結果についての強盗強姦致死未遂というものは認められないことになり，強姦が未遂に終わった場合に強盗強姦致死の未遂ということになろう。参照，平野（注200）121頁。
[207] 平野（注200）122頁。
[208] *R. Moos*, Wiener Kommentar zum Strafgesetzbuch, 2. Aufl., 2002, § 75 Rn 15; *ders.*, Sozialadäqanz und objektive Zurechnung bei Tatbeiträgen im Finanzstrafrecht, in: *R. Leitner* (Hrsg.), Aktuelles zum Finanzstrafrecht, 1996, 85 ff., 91, 96.

客観的帰属は各不法類型を全体的に評価することで負責限定効果を有するのである[209]。

A 行為の帰属

客観的帰属の入り口は行為である。この点で，未遂犯は既遂犯とは異ならない。未遂では，一般に，経験的に危険な行為の着手が問題とされるが，しかし，それに併せて，行為が規範的に見て危険であるか否かも問題となる。両方あいまって行為不法を基礎付けるのであり，両方ともそろわないとき，既遂罪はおろか未遂罪も成立しない[210]。すなわち，行為帰属は経験的行為危険と規範的行為危険に分けられる。

a 経験的行為危険

経験的行為危険では，行為に法益侵害適格性が見られるか否かが問題となる。すなわち，故意に含まれている結果が，一般的生活経験に照らし，事前の観点から客観的に予見可能であり，したがって，行為と予期される結果がいわゆる**相当性連関**にあるか否かが問題となる。故意行為がまだ結果を惹起していない間は，当該行為が問題となる結果を招来するのに抽象的に適切であるとき，そしてその限りで，行為に**潜在的経験的危険**が認められる。行為の危険性の判断に当たっては，**行為者の特別の認識**も考慮される。行為者の状況にいる且つ行為者の認識を有する第三者の立場から状況はどのように見えるのかが問われる。これが予測の基礎である。行為帰属は包括的不法修正原理として主観的規準も考慮するが，しかし，客観的規準によって評価するのである。故意行為のこの経験的危険は相対的不能未遂，（不処罰の）絶対的不能未遂の問題に関わる。行為あるいは客体に潜む既遂適格性は，事前の観点からする結果発生の蓋然性の程度によって，その可罰性又は不処罰が定まる[211]。

---

[209] *E. Steininger*, Salzburger Kommentar zum Strafgesetzbuch, 2001, Vorbem zu § 2 Rn 57.
[210] *Steininger*, (Fn. 209), Vorbem zu § 2 Rn 69, 72-73.
[211] *Moos*, (Fn. 208. WK), § 75 Rn 17; *Steininger*, (Fn. 209), Vorbem zu § 2 Rn 70.

b 規範的行為危険

規範的行為危険では，事前の観点からすると，結果発生への潜在的因果関係は認められるが，しかし，実際に結果が発生したか否かとは関係なく，当該刑罰規範が保護しようとしている**一般的程度の社会害悪性**に達しておらず，**規範的に許容される**場合，換言すると，行為が規範的限界内にとどまる場合[212]，故意行為は規範的初期危険を含んでおらず，中性化され，ここに構成要件該当不法としては帰属されないことになる（**社会的相当性**）。危険が社会的に容認される（社会的寛容）のは，許容法規（例えば，道路交通における法定速度とか環境保護における基準値の場合の適法性）とか，一般的法倫理的価値確信から行為がまだ客観的に注意に適合しているように見える場合である（例えば，社会慣習，身体運動競技，商慣習，職業上普通の行動の場合の正当性）。もとより，非定型的危険性とはいえるが，行為者に特別の知識がある場合は事情が異なるのであって，これは社会的に容認されない。行為に経験的危険が認められても，規範的行為危険がない場合，未遂犯は初めから成立せず，もとより既遂犯も成立せず，不能未遂の問題も生じない。経験的行為危険が規範的行為危険の許容性を消滅させることはできないからである。許されることをする者は危険を冒してもよいということである[213]。

B 結果の帰属

行為の帰属が肯定され，しかも結果が発生していても，その実際に生じた結果が，事後的観点から見て，当初予測された行為危険に沿うような形で発生していない，つまり，事前予測の行為危険の外側にあり，それ故，結果の帰属ができない場合も未遂処罰にとどまる。

a 経験的結果危険

結果の帰属は経験的結果危険と規範的結果危険に分けることができる。故意行為によって具体的に惹起された結果が，行為者の表象する因果関係とは

---

[212] BGHSt 23, 228「社会的行為自由の領域内にある行為」。
[213] Moos, (Fn. 208. WK), § 75 Rn 16; *ders.*, (Fn. 208. Sozialadäquanz), 95, 99; *Steininger*, (Fn. 209), Vorbem zu § 2 Rn 75, 77, 81.

異なる場合（いわゆる**因果関係の錯誤**），その結果が一般的生活経験によって特徴付けられる行為の危険領域の外側にあるとき（客観的予見可能性），結果は行為と**相当関係**になく，**経験的結果危険**が否定される。例えば，行為はなるほど意欲された客体に意欲された結果を惹起したが（客体同一性，人物同一性），しかし，行為者が因果の流れを手放した後で，因果の推移が一般的生活経験の変動幅から完全に逸脱している場合，具体的結果は行為者に帰属されない。行為者にはその行為に対する**未遂罪**しか成立しない。行為者の故意は結果招来の存否にのみ向けられ，行為の実際の推移は故意とは関係がない。一般的生活経験の変動幅が故意とは関係なく結果招来に対する負責領域を限界付ける[214]。故意行為の帰属はこれによって影響を受けることはなく，既遂が否定されても，未遂罪処罰は可能である。但し，行為者に非典型的危険性についての特別の知識がある場合は結果の帰属は可能である。因果の推移はなるほど相当性の範囲内にあるが，行為者には規範的理由から帰属できない場合（規範的結果危険の不存在）も，未遂処罰にとどまる[215]。

　いわゆる（ヴェーバーの）**概括的故意**といわれる場合，つまり，行為者が意欲した結果を意欲した客体に複数の連続する行為で招来するが，行為者は最初の行為で結果を生じさせたと思っているので，その決定的な後の行為は当初の結果故意には包含されておらず，結局，行為者は最初の行為で意欲したことをそれとは知らずに後の故意で実現したという場合，例えば，行為者は殺害行為に出て，うまくやったと考えるが，実際にはまだ死んでいない被害者の「死体」を犯行隠滅のため別の場所に遺棄することによって死の結果を生じさせた場合も経験的結果危険，つまり，客観的帰属の問題である。自然主義的に見ると，第1の行為時には故意はあるものの，結果は発生しておらず，第2の行為時に結果が発生したものの，故意がなく，そうすると，未遂

---

[214] 伝統的見解では，因果関係の錯誤と呼ばれる事例において，行為者の表象と現実の因果関係の推移がずれている場合に，そのずれの程度を相当性を規準に判断するが，そうすると，実際には意欲されていない因果関係の逸脱を故意に帰属させることになる。しかし，因果関係の錯誤は錯誤の問題ではなく，客観的帰属の問題なのである。*Moos*, (Fn. 208. WK), §75 Rn 19; *Kienapfel/Höpfel*, (Fn. 44), Z 22 Rn 4.
[215] *Moos*, (Fn. 208. WK), §75 Rn 19.; *ders.*, Die Irrtumsproblematik im Finanzstrafrecht, in: *R. Leitner* (Hrsg.), Aktuelles zum Finanzstrafrecht, 1998, 101 ff., 121; *E. Steininger*, Strafrecht AT, 2008, 9. Kap Rn 20.

犯と過失犯が成立することになりそうである[216]。この結論を避けようとしたのが1825年のヴェーバー論文に遡るいわゆる概括的故意論 (dolus generalis) である。それによると，事象を単一的に捉え，それに応じて故意も単一的に捉え，行為者は全体について既遂で処罰されうるというのである。すなわち，故意は第二の行為，時間的に後続する結果に「伸ばされ」，したがって，全体として因果関係の重要でない錯誤から出立し，この錯誤は故意に包含される[217]。しかし，結果は既に発生していると思っている行為者に結果を招来した時点において伸ばされた故意を認めることは故意を擬制することになる。

この伝統的に概括的故意といわれる場合でも，いわゆる因果関係の錯誤の場合と同様に，故意は，結果を招来させようとする時点において存在し，結果発生の存否にのみ関係する。後続の行為は結果に至る因果経路の部分成分，つまり，因果連鎖の中間項にすぎない。既遂負責，つまり，発生した結果の帰属は評価の問題である。具体的因果経路が一般的経験の内部にあるのか否か，つまり，相当性連関が問題となるのである。上記の例において，犯行隠滅行為では，行為者自身の事後的失策行為は当初計画した行為の経験的，規範的危険領域内にあり，これは行為者に既遂として帰属される。もっとも，典型的，密接な行動連関が欠如しているとき，殺人未遂と過失致死罪が成立する[218]。

b 規範的結果危険

行為者が事象を手放した後で，結果が第三者又は被害者の事後的失策行為によって共惹起された場合，規範的結果危険が否定される。他者の失策行為が故意で行なわれたか，分別のある人にとっては「まったく理解しがたい」かぎり，この失策行為は，行為者に故意の行為危険が認められても，結果帰

---

[216] *R. Maurach, H. Zipf,* Strafrecht AT, Tb 1, 6. Aufl., 1983, § 23 Rn 35; *Fuchs,* (Fn. 45), AT 2, 117 f.
[217] *F. Nowakowski,* Das österreichische Strafrecht in seinen Grundzügen, 1955, 75.
[218] *Moos,* (Fn. 208. WK), § 75 Rn 19; *ders.,* (Fn. 215), 122.; *Steininger,* (Fn. 215), 8. Kap Rn 68, Kap 9 Rn 20. 吉田（注144）117頁以下。

属を排除する[219]。

　いわゆる**行為（方法）の錯誤**の場合，いずれにしても狙った標的に結果が発生する因果関係の錯誤とは異なり，行為者が，本来の標的とは異なった，しかも，知覚していなかった対象を攻撃してしまったとき，例えば，弾丸が標的をそれて側にいた別人に当たった場合も，本来狙っていた人に当たらなかった原因が何であれ，故意に包含された人との関連では規範的結果危険が否定され，殺人未遂が問われ，実際に当たった人の過失致死との観念的競合が成立する。拳銃以外のものが手段として用いられ，実行行為と結果の発生との間にかなりの時間が経過し，紆余曲折を経てようやく結果が発生する場合でも同じである。なるほど，行為者は，「ある人」を殺そうとして，「ある人」を殺している。形式的には，行為者は構成要件的結果を実現している。しかし，殺人罪においては，実質的には，生命という法益の一身専属的性格の故に，身体的に具体化された人の生命が保護されるのである。人の生命自体，つまり，人の生命なら誰でもよく，類概念としての人の生命が保護されるというのではない。「生命」という法益（理念的価値）は常に特定の人（「ある外形的に定められた人」）において具象化されており，この人が専ら行為者の故意によって個別化されるのである（**具体化説**）[220]。

　これに対して，**客体の錯誤の下位分類としての人における錯誤**の場合，人

---

[219] Moos, (Fn. 208. WK), § 75 Rn 18; ders., (Fn. 215), 120.

[220] Moos, (Fn. 208. WK), § 75 Rn 18; ders., (Fn. 129), 49. 吉田（注144）123頁以下。
　このいわゆる具体化説に対して，故意には「人」という類概念の法益の認識があれば足り，したがって，標的とした人と実際に結果の発生した人とは同価値であるとき，すなわち，意思と仕業が形式的に一致しているとき（ある人が殺される。行為者はある人を殺したい。）殺人既遂を認める**一般化説**が主張される。Rittler, (Fn. 42), 205. 一般化説の基礎には，標的とは異なった人を撃ったとき，故意は現実に弾丸の当たった人に及ぶ，なぜなら，方法の錯誤は生活経験の内部にとどまるからだとの思考がある。ここには，故意が過失の要素の分だけ拡張されているのが見て取れる。Moos, (Fn. 129), 49.
　なお，生命，身体，自己決定といった一身専属的法益に関する行為の錯誤については，未遂と過失の負責を考えるべきであるが，それ以外の物的法益に関する行為の錯誤については，既遂罪の成立が認められる（**区別説**）。後者では，行為者が結局のところ何らかの同価値の客体に意欲した結果が発生したということが重要である。例えば，ある特定の商店の飾り窓を壊そうとして石を投げつけたところ，隣の商店の飾り窓を壊してしまった行為者は，物の損壊罪（既遂）で処罰されるべきである。Th. Hillenkamp, Die Bedeutung von Vorsatzkonkretisierungen bei abweichendem Tatverlauf, 1971, 112, 116, 125; Moos, (Fn. 129), 48 f.; Steininger, (Fn. 215), 8. Kap Rn 71-72, 9. Kap Rn 21.

について言えば，狙った人が本来意図していた人とは異なっていた場合，例えば，弾丸が標的とした人に正確に当ったが，実は人違いだったという場合，人物同定に錯誤があるにすぎない。すなわち，行為者は標的となった人をその外的姿と居場所によって認識し，この者に当てようとしたのである。事後に，この者が自分の意図していた者とは異なることが判明するのだが，行為者は現実の被害者の内的同一性（氏名と人物）に錯誤があったにすぎず，標的の外的個別性（現象像）と被害者とは一致している。殺人罪の成立には，「人」が外的に個別化されていること，行為者が「ある特定の人」を殺そうとする意欲があることで十分である。被害者の内的同一性に関する錯誤は行為者を被害者と結びつける動機の錯誤であって，かかる錯誤は構成要件への包摂の上で必要のない要素に関する錯誤であり，故意を排除することはない。発生した結果は意欲された殺人の既遂として帰属される。被害者は，その一身専属的法益性質という点で，その外的事象によって十分に価値的に具体化されているのである。但し，意思と仕業が法的に異なった評価を受けるとき，客観的事実と主観的事実が法的に符合しない。こういった錯誤は法的に重要である。例えば，人を殺そうとして物を損壊してしまった場合，結果と結果関係的意思の法的同価値性が欠如しており，殺人未遂と過失損壊（不処罰）が成立する[221]。

c　仮定的適法代替行為

仮定的適法代替行為の場合，上述の行為や結果の客観的帰属を否定する事例に属しない。したがって，その限りで，行為者にはその行為が不法として帰属されうることが前提となる。しかし，行為者が具体的行為を注意義務違反ないし故意で実行したのではなく，適法なやり方で実行していたとしても，行為者の創出した危険が実現した，つまり，結果は発生していたであろうという場合，公平の観点から，実際に生じた結果の客観的帰属は否定されるべ

---

[221] *Moos*, (Fn. 208. WK), § 75 Rn 18; *ders.*, (Fn. 215), 119.; *Steininger*, (Fn. 215), 8 Kap Rn 61; *Moos*, (Fn. 129), 48, 50. 行為者は犯行後，因果関係の錯誤では「そうじゃなかったんだ」と言い，方法の錯誤では「こいつじゃなかったんだ！」と言い，客体の錯誤では「こいつだったのか？」と自問する。吉田（注218）109頁以下。

きである。この場合，違法な行為の危険が結果に影響を及ぼしていない，つまり，違法な行為が仮定の適法な行為によって置き換えられるのである。仮定的適法代替行為の問題は作為犯においてのみ問題となる。不作為犯においては，因果関係の検証において，命令された作為が行なわれていたなら，結果は確実性に境を接する蓋然性をもって避けられたということが認定されねばならないからである[222]。

　問題となるのは，適法な行為態様が仮定的に同じ働きをもつということを確実に証明できない場合であり，このような場合が多い。疑いがある場合に，この働きがあるというふうに行為者に有利に仮定するなら，行為者の負責は多くの場合に脱落する。この過度の負担軽減効果を避けるために，所為時点および後に判明した事情をすべて考慮した事後的観点から，違法行為が結果の発生を危険をともかくも著しく高めた場合，換言すると，被害者が，この状況下で行為者の仮定的適法行為があった場合，実際に生じた侵害を蒙ることなくこれを免れる現実の可能性が確実にあった場合には，結果の客観的帰属は首肯され，負責軽減効果は生じない[223]。故意犯の場合，適法な代替行為は犯罪行為をしない，つまり，規範の呼びかけに従うことにあるとすれば，危険は通常高められていることになろう[224]。

四　違　法　性

　未遂犯の構成要件該当性は違法性を徴表する。未遂犯にあっても，既遂犯の場合と同じ要件の下で，正当化事由の適用がある。既遂犯が正当化されるなら，そこに含まれる未遂も当然正当化される。例えば，正当防衛状況があって，侵害者を殺害することが許されるなら，防衛者が殺害の意図で拳銃を発射したが，相手に当たらなかったという場合，殺人未遂が違法となるわけではない[225]。

---

[222]　*M. Burstaller*, Salzburger Kommentar zum Strafgesetzbuch, 3. Lfg. § 6 Rn 82.
[223]　*Moos*, (Fn. 208. WK), § 75 Rn 18.
[224]　*Steininger*, (Fn. 209), Vorbem zu § 2 Rn 89; *ders*., (Fn. 215), Kap 9 Rn 21; *Moos*, (Fn. 208. WK), § 75 Rn 18.
[225]　Vgl. *Kienapfel/Höpfel*, (Fn. 44), Z 22 Rn 14.

五 責 任

　未遂犯においても既遂犯と同じ責任要素が問題となり，未遂犯に固有の責任論というものはない。ただし，実行行為に接着する行為の場合，責任能力と不法の意識はこの時点に存在しなければならないが，それらの準拠点は実行行為である。

第二章 不能未遂

一 不能未遂の可罰性の規準

　不能未遂（単に不能犯といわれることもある）というのは，構成要件の実現を目指す行為者の行為が事実的又は法的理由から既遂には到り得ない場合のことを云う。未遂の開始時点において既に既遂にはいたり得ないことが確実であるというところに不能未遂の特徴がある。行為者はそれにもかかわらず行為が既遂に至りうると考えている。行為者が不能であることを認識しているとき，既遂意思がなく，したがって，（不能）未遂も存在しない[1]。不能未遂は，一般に，行為（手段）の不能（不能の手段を用いた未遂），客体の不能（不能の客体への未遂）及び主体の不能に分けられる。不能未遂の可罰性の規準は未遂犯理論，なかんずく，未遂処罰の根拠と連動して論じられてきたのであり，その状況は今日においても変わらない。未遂犯の処罰根拠に関する学説の検討は既に第一章二で行なわれたので，以下では，先ず，不能未遂に焦点を合わせた，学説の簡潔な概観から始めることにする。

1　ドイツ語圏刑法学説

　この問題はドイツ語圏刑法学では古くから未遂の処罰根拠と関連して論じられているので，先ず，これを一瞥しておこう。なお，ドイツ語圏刑法学においては，如何なる規準に基づいて，可罰的不能未遂と不可罰的不能未遂を分けるのかが論点となる。

---

[1]　*Th. Hiienkamp*, Leipziger Kommentar StGB, Bd. 1, 12. Aufl., 2007, § 22 Rn 179; RGSt 17, 377, 378.

①主観説　ドイツ刑法学における主観説は既に触れたので，ここでは，オーストリア刑法学における主観説を概観する。ノヴァコフスキー[2]によれば，可罰的未遂が成立するためには，犯罪の既遂に向けられた故意が行為において表されるだけで足りる。所為の客観的所為面において，未遂と既遂の間に何等の関係も要しない。未遂においても故意は構成要件該当の不法に向けられていなければならない。未遂は，定型的に違法でないにせよ，それでも定型的に有責である。これで定型刑法，**法的安定性**には十分である。

　ノヴァコフスキーによれば，未遂刑の存在根拠は行為の危険性にあるのではない。危殆化結果でなく，侵害故意が（侵害犯において）未遂刑の支柱となる。但し，一部の主観説の主張とは異なって，行為者の危険性が支柱となるのではない。つまり，法敵対的意思を芽のうちに摘み取り，国の防衛線をできる限り前に進めることが目論まれているのではない。行為者の責任が未遂刑の支柱となる。等しい責任が実証される行為はすべて等しく可罰的であらねばならない。したがって，未遂と既遂は基本的に等しく処罰される。

　犯罪と刑罰の意味連関が主観主義を支える。刑罰は行為者に働きかける（特別予防）。刑罰は，外的結果発生という偶然ではなく，犯罪意思が実証されたことに焦点を合わせることによって，一般の人々に働きかけなければならない。今日の応報は，結果指向でなく，責任指向である。**正義**もこれと関連する。不能未遂とか構成要件の欠如を不処罰とするなら，それは正義に反する。等しい責任には等しい刑罰を！この要請は正義感にばかりでなく，論理的にも根拠付けられる。刑罰目的は心理的過誤行為に注目するように指示するのであって，結果にではない，そして，刑罰がその本質上行為者への働きかけにあるとき，その人の中にある事情だけが処罰のために本質的たりうる。

　ノヴァコフスキーによると，行為によって努力して得ようとされる結果が，ふさわしい手段や客体が欠如しているため，如何なる場合でも生じえなかったという場合であっても，可罰的未遂が成立する。例えば，女性が懐胎して

---

[2] *F. Nowakowski*, Das österreichische Strafrecht in seinen Grundzügen, 1955, 87 ff.; *ders.*, Die Erscheinungsformen des Verbrechens im Spiegel der Verbrechensauffassungen, ÖJZ 1953, 596 ff;
　ドイツの主観説について，参照，内田文昭『刑法概要　中巻』1999年・374頁以下。

いると誤信しているとか，使用する堕胎薬がまったく無害であるとか，実際には14歳に達している女性であるのに，それ未満であると誤信して性的関係をもつ男性とか，塩で毒殺できると誤信してそれをコーヒーに混ぜて飲ませるといった場合である[3]。

②**客観説**　客観説は，行為から保護される行為客体に**現実の**危険が発生したことを要求する。本説は，所為の当罰性の本来的根拠としての結果不法から出立するので，**結果不法**への途上にあることが行為から窺えることを要求する。

　古い客観説[4]は，絶対的不能未遂と相対的不能未遂を区別し，判決を下す裁判官の**事後的**判断が規準となる。絶対的不能未遂（不処罰）としては，非懐胎者に堕胎を試みる場合が，相対的不能未遂（可罰的）としては，効果を出すには少なすぎる量の薬物で堕胎を試みる場合が挙げられる。しかし，本説に対しては，絶対的不能なのか相対的不能なのかの区別が容易でない場合が多い，例えば，行為客体が存在するものの，行為者の予期に反して犯行現場にはない場合が指摘されている[5]。本説は今日，支持を失った学説である[6]。

---

[3] 行為者に身分が欠如している場合の**主体の不能**については，主観説内部でも見解が異なる。ノヴァコフスキーは可罰的未遂を肯定する。*Nowakowski*, (Fn. 1. Grundzüge), 90; *ders.*, Literatur (*H. Welzel*, Das deutsche Strafrecht, 6. Aufl., 1958), JZ 1958, 416. レーダーは可罰的未遂を否定し，不処罰の幻覚犯だとする。*H. Roeder*, Der Allgemeine Teil des österreichischen Strafgesetzentwurfes in der Fassung des Ministerialentwurfes von 1964. Kritische Bemerkungen, 1965, 35. **迷信未遂**についても見解が異なる。ノヴァコフスキーは一般にこれを不処罰とする。「犯罪を行なうときにこの世の手の届く範囲内に必要な犯罪エネルギーが実証されない。行為者は，自己答責的行為を嫌がって避けるのだから，まさにそれ故超世俗的力を動かそうとする。それ故，不処罰は主観的立場から根拠付けられる」。*Nowakowski*, (Fn. 2. Grundzüge), 91. レーダーは，行為者が今まで使った手段が無意味であることに気づいた後，効果のある手段を用いることを，人々が予期するに及ばないときにだけ，不処罰とする。*H. Roeder*, Die Erscheinungsformen des Verbrechens im Spiegel der subjektiven und objektiven Strafrechtstheorie, 1953, 20; *ders.*, (Fn. 3. Bemerkungen), 36.

[4] *J. P. A. R. v. Feuerbach*, Lehrbuch des gemeinen in Deutschland gültigen peinlichen Rechts, 9. Aufl., 1826, 43〔未遂の処罰根拠が客観的危険性にあることから出立すると，毒物と誤信した物を盛るとか，死体を殺す等の行為は違法とはなりえない〕。*C. J. A. Mittermaier*, Beiträge zur Lehre vom Versuche der Verbrechen, Neues Archiv des Criminalrechts, I, 1917, 163 ff., 167 ff. Vgl. *H.-H. Jescheck*, Lehrbuch des Strafrechts AT, 2. Aufl., 1972, § 50 1.

[5] 客観説論者のシュペンデルは，すりの不能未遂について，被害者が財布を別のポケットに入れていた場合は不能未遂，そもそもお金を所持していなかった場合を不処罰とする。*G. Spendel*, Zur Neubegründung der objektiven Versuchstheorie, in: Stock-FS, 1966, 89 ff., 107.

新しい客観説[7]は，古い客観説とは異なって，行為の危険性の判断に当たって，所為時の識見のある，専門的知識のある観察者にとって（**事前に**）認識可能なすべての事情を，行為者の特別の因果知識を含めて，基礎におく（相当因果関係説の考察方法に対応する）。本説に対しては，有能性の程度はすべての危険犯におけるのと同様に当罰性に重要であるにせよ，未遂の処罰根拠がほぼ行為の危険性に尽きるのではないとして批判される。規準となるべきは，行為規範に対抗する**意思**と**所為の危険性が人々に与える印象**であると[8]。

③**構成要件欠如の理論**　客観説のように経験的危険の観点から未遂を捉えるのでなく，**規範的観点**から未遂を捉えるのが構成要件欠如の理論である。オーストリア刑法学におけるその代表的論者であるリットラー[9]によると，可罰的未遂は，行為がその外形的性質から既遂との近接した関係を示す場合に限定される。未遂も既遂も構成要件該当でなければならないが,もとより，両者の構成要件該当性が同一というわけではない。「未遂では，構成要件該当性が完全に充足されることなく，構成要件の末端，つまり，結果が欠如する。結果が欠如していることは別として，未遂と呼ばれるべきなら，構成要件該当の客体であろうと，構成要件該当の手段であろうと，構成要件該当の主体であろうと，構成要件が前提とする場所的又は時間的状況であろうと，これら全部の構成要件要素が充足されていなければならない。……特に，行為も構成要件該当，しかも，直接的構成要件該当でなければならない，すなわち，それ自体として考察すると，客観的構成要件の叙述に相応しなければならない」。未遂から区別されるのが構成要件欠如である。「この場合，結果だけが欠如するのでなく，いずれにせよ，構成要件を基礎付ける要素も欠如する。未遂では，行為者は未来のことに関して，その行為の因果関係に関して誤信するが，構成要件欠如においては，行為者は現在のことに関して誤信している，つまり，行為時点に既に存在していているのであって，この行為

6　*Jescheck*, (Fn. 4), § 50 1 a.
7　*F. v. Liszt*, Lehrbuch des deutschen Strafrechts, 14./15. Aufl., 1905, 210; *R. Frank*, Das Strafgesetzbuch für das Deutsche Reich, 18. Aufl., 1931, § 43 Anm. III; *R. v. Hippel*, Deutsches Strafrecht, Bd. II, 1930, 425 ff.
8　*Jescheck*, (Fn. 4), § 50 1 b. シュペンデルは，事前の考察を行為にのみ限定し，事後的考察を行為客体と関連付ける。*Spendel*, (Fn. 5), 105 ff.
9　*Th. Rittler*, Lehrbuch des österreichischen Strafrechts AT, 1954, 255 ff.

に因って初めて招来させようとするのではない事情に関して誤信している。例えば，行為者が黄昏の中で自分の敵と間違って木の切り株を銃撃する場合，構成要件該当の客体である「人」が欠如している[10]。行為者が，砂の入っている容器をエクラサイトが詰まっていると誤信して投げつける場合，爆発物取締法第4条が手段として前提とする「爆発物」が欠如している。「行為者の得ようとする類の結果がそもそも実現できないような類の手段」を用いるとき，構成要件該当の行為にふさわしい手段が欠如するため，不処罰である。例えば，殺害の意図で砂糖水で毒殺しようとするとき，殺人未遂は成立しない。これに対して，行為者が不十分な手段を使用するとき，例えば，致死量に足りない毒物を使用するとき，可罰的未遂が成立する。但し，不十分であることがまったくばかげているときは別である。自分の妻が既に死亡しているのを知らず，まだ生きていると思いながら，別人と婚姻する者には，重婚罪が前提とする「婚姻者」という属性が欠如している。

④**折衷的主観的客観説**（印象説）　本説は，未遂の可罰性の規準となるのは行為者の法敵対的意思であると捉えるが（**主観説**），この意思は個人の現象としてではなく，意思の社会への影響という点で理解される。重大な犯罪を真剣にもくろみ，実行に移した者が処罰されないなら，社会生活を客観的に形成する力としての法秩序の通用性への一般の人々の信頼が揺り動かされる。行為者が重大な障害を見過ごしたために，既遂には至らなかった行為といえども，このような効果を有するのは，行為者が犯罪を犯す能力のあることを証明したからである。有能未遂によっても不能未遂よっても招来される社会的損害は法的平和が確保されているとの感情が毀損されるところにある。有能未遂ではこれに保護される行為客体の危殆化が加わる。刑法の任務としての一般予防から導出されるこの理論は今日通説と目される[11]。

---

[10] リットラーの立場からは，攻撃時に客体が存在しないとき，例えば，行為者が窃盗の意図で空ポケットに手を突っ込むとき，当然，構成要件欠如ということになる。しかし，マラニウクは，この結論は理論的には首尾一貫しているが，法感情にあわない結論を避けるため，「行為者の選び出す攻撃客体が，犯行現場に存在せずとも，そもそも存在するとき」，可罰的未遂を肯定する。W. Malaniuk, Lehrbuch des Strafrechtes, Band 1, 1947, 223.
[11] A. Eser, Schönke/Schröder Strafgesetzbuch, 27. Aufl., 2006, § 22 Rn 65「未遂というのは — 個別事例の有能性に関わりなく — 法敵対的意思の活動によって法秩序への攻撃の印象を呼び起こし，かくして，法共同体の法的平和への信頼を動揺させるから，そして

2 ドイツ語圏の法規定

a ドイツ　ドイツ刑法第23条第3項は,「犯人が, 著しい無知により, それに対して行為が遂行された対象又はそれを用いて行為を遂行した手段の性質上, およそ既遂に達しえないことにつき誤った判断を下したときは, 裁判所は, 刑を免除し, 又はその裁量により, 刑を減軽することができる(第49条第2項)」と定めているので, 不能未遂の原則的可罰性を前提として,「著しい無知」から行なわれた不能未遂にのみ刑の免除又は減軽を認める。「著しい無知」とは, 行為者に誰もが有する自然法則的連関の知識が欠如していることを意味する。行為者が魔術の効果を信頼するとき, 不処罰の未遂がある(いわゆる非現実的又は迷信的未遂)[12]。不能未遂が原則的に可罰的であることは, 第22条の未遂の概念規定からも明らかである。「所為についての行為者の表象」が未遂の判断基底となっているからである。行為者が, 計画した所為によって結果が発生すると誤信しても, 未遂が成立するのである。したがって, ドイツ刑法第22条, 同第23条第3項が客観説と相容れないことは明らかである[13]。現行法の解釈論として不能未遂の可罰性を限定する承認関係侵害理論(ツァチュク)や真正の主観・客観未遂論(ヒルシュ)は現行法の規定と相容れない(第一章二1Be, aa, bb, cc 参照)。オーストリアでは通説である未遂の処罰を法的平和の持続的動揺に基礎付ける印象説はドイツでも通説と目されているが, しかし,「著しい無知」から行なわれた不能未遂を処罰するドイツ法に印象説が適合するかは疑問である[14]。

その限りで, 可罰的である。……これに応じて,『不能』未遂と『有能』未遂が区別されるのは, 前者では普通法益の危殆化だけがあり, これに対して, 後者では具体的法益**客体**が加わる限りでのことである」。*Jescheck*, (Fn. 4), § 50 1. 4; *E. Mezger, H. Blei*, Strafrecht I AT., 14. Aufl., 1970, 249 f.; *H. Welzel*, Das Deutsche Strafrecht, 11. Aufl., 1969, 186.

[12]　*K. Kühl*, Strafrecht AT, 6. Aufl., 2008, § 15 Rn 92 f.
　「著しい無視の行為者」と「迷信犯」は, 抽象的には, 自然法則の誤認か人の働きかけの及ばない力を信頼したかによって区別されるが, しかし, 具体的にはその区別が困難であるという理由から, ドイツ刑法第23条第3項を迷信犯にも適用すべきという説もある。*H. Otto*, Grundkurs Strafrecht AT, 7. Aufl., 2004, § 18 Rn 62 f.; *G. Stratenwerth, L. Kuhlen*, Strafrecht AT, 5. Aufl., 2004, § 11 Rn 57 ff.

[13]　参照, 内藤謙『西ドイツ新刑法の成立』1977年・67頁以下。

[14]　*Hillenkamp*, (Fn. 1), § 22 Rn 188.

b　**オーストリア**　　オーストリア刑法第15条第3項は,「未遂及び未遂への関与行為は,行為者について法規が前提としている一身的な資格若しくは状況が欠如しているため,又は行為の性質上若しくは所為がなされた対象の性質上,如何なる事情の下においてもその所為の既遂が不可能であった場合には,これを罰しない」と定め,ドイツ刑法とは異なり,絶対的不能未遂はおよそ不可罰としている。オーストリア刑法第1条第3項はドイツ刑法とは異なり客観説的理解を受け入れる余地はあるが,しかし,未遂の定義を限定する構成要件欠如の理論は一般的に受け入れられていない。その理由として次の諸点が挙げられる。如何なる未遂でも,可罰的未遂であっても,客観的構成要件が欠如しているが,客観的構成要件が充足されていないか,完全には充足されていないということが未遂の本質的要素である。とりわけ,この理論は事物論理的構造で挫折する。ある行為が**実行行為に直接的に先行するか否か**の問題は行為者の行為計画を考慮に入れなければ意味のある答えが得られない。なるほど,実行行為については,リットラーの主張するに[15],客観的規準によって判断することができないわけではない。実行行為を,保護法益に対する,事前の考察から,社会的不相当の危険な行為と定義できるからである。短刀が人をかすめて飛んでいったという場合,それが傷害未遂なのか,殺人未遂なのか,はたまた技量を証明する行為だったのかが問題となるが,如何なる短刀の投擲でもそれが人をかすめるとき,殺人の実行行為と見て,しかし,その内的所為面は単に技量を証明する場合には充足されないと理解することは可能である。しかし,実行行為に直接的に先行する行為の場合,この説明ではうまくいかない。この先行行為は,それ自体危険ではないが,その法的意味を,計画されたが,まだ存在しない実行行為との意味連関からしか得られないからである。それ故,構成要件欠如の理論は,可罰的未遂を実行行為に限定する未遂規定とは相性があるが,しかし,可罰的未遂を先行行為に伸ばす未遂規定を説明することができない。オーストリアの未遂規定では,未遂行為は行為者の行為計画を基礎にしてしか判断できない[16]。

---

[15]　*Rittler*, (Fn. 9), 105.
[16]　*H. Fuchs*, Österreichisches Strafrecht AT, 7. Aufl., 2008, 30. Kap Rn 11.

c スイス　　スイス刑法第22条第３項は，「行為者が，所為が実行の対象又は実行の手段の性質上，およそ既遂に到り得ないことを著しい無知から認識しないとき，不処罰とする」と定め，不能未遂の特殊の場合を定めている。不能未遂の可罰性は未遂の処罰根拠から導出され，第22条第２項はこれを前提とした規定と解されている。本規定は「著しい無知」から出た行為だけを不処罰とする特別の規定ということになる。スイス刑法は主体の不能に関しては明文化していないが，身分の無い者は規範の名宛人たりえず，したがって，結果無価値はおろか，行為無価値も存在しないという理由から，一般に幻覚犯の一種として不処罰と解されている[17]。

3　我が国の刑法学説

我が国でも未遂犯の処罰根拠と関連して，誰が（判断主体）何時（判断時点）如何なる事情を基に（判断基底）如何なる基準（判断基準）によって危険判断を下すかに関して，様々な見解が見られる。大別して，次のように分類できよう。なお，我が国では，不能未遂を可罰的不能未遂と不可罰的不能未遂に分けるのでなく，未遂犯（可罰）と不能犯（不可罰）に分ける規準が論点となっている。

①純主観説　　本説は意思の危険性を規準とし，犯意が外部に表現されたとき実行の着手を認めるので，基本的に不能犯の存在は否定される。但し，例外的に，「迷信犯」だけは，性格の危険性がないとして不可罰とされる[18]。今日，本説を主張する論者は見あたらない。

②主観的危険説（抽象的危険説）　　本説は，行為者の犯罪的意思を出発点とし，その犯罪意思において行為者が行為のとき，事前に認識した事情を基礎とし，その事情の下に行為がなされたならば一般的見地において結果発生の（抽象的）危険があったか否かを判断し，危険があるときは未遂，危険が

---

[17] *A. Donatsch, B. Tag*, Strafrecht I, 8. Aufl., 2006, § 12 2.1, 2.3; *F. Riklin*, Schweizerisches Strafrecht AT I, 2. Aufl., 2002, § 7 Rn 26; *K. Seelmann*, Strafrecht AT, 4. Aufl., 2009, 122.
[18] 宮本英脩『刑法大綱』1935年・192頁「迷信犯は行為者の性格が怯懦であって他の自然的方法を採るに堪えない者である。……斯かる行為者に在っては性格的に何等現実な手段を行ふ危険もなく，従って斯かる性格に基く行為も亦た何等抽象的な危険もない訳であるから，又たその行為は違法でもあり得ないのである」。

ないときは不能犯とする。本説は、行為者の意思の危険性を一般人の観点から判断する点で、純主観説と異なる。例えば、行為者が、丑の刻詣りをして人を殺そうとしても、それによって人を殺すことは一般的見地においては不可能であるから、不能犯である。砂糖で殺せると思ってそれを利用する場合も同様に不能犯である。死者を生者と信じて殺害行為をしたり、砂糖を誤って毒物と取り違えて毒物と誤信して殺意をもって他人に飲ませた場合は、「行為者の認識した事情の下において行為がなされたならば、すべて、客観的に結果発生の抽象的危険があるから未遂」である[19]。しかし、本説は、砂糖を毒物と取り違えて毒物と誤信して殺意をもって他人に飲ませた場合までも未遂の成立を首肯するが、しかし、一般の人なら容易に砂糖だと分かる場合にまで、規範違反行為を認めるべきでない[20]。

　本説は、主体に関する事実の欠缺は不処罰であると論ずる。純正身分犯は社会的・法律的等の人的関係において特定の義務を負担する地位であり、その義務に関し、身分のない者が義務ありと信じても義務主体たりえず、且つ、存在しない義務を存在すると考えることは幻覚犯だと論ずる[21]。

　③具体的危険説（新しい客観説）　本説は、行為の当時、行為者が特に認識していた事情、及び、一般人が認識しえたであろう事情を基礎とし、客観的見地から具体的危険の存在（未遂犯）、不存在（不能犯）を**事前的**に判断する。例えば、死体を生きている人だと誤信して短刀で突き刺した場合、行為者以外の社会における一般人にもその死体が生きた人と考えられたであろうときは殺人未遂であるが、一般人には死体であることが明らかであったとみられるときは不能犯と解する。同様に、行為者が砂糖を青酸カリと誤信してこれを飲ませた場合、一般人も砂糖を青酸カリと誤認するような状況があるとき

19　木村亀二『刑法総論』［増補版］1978年・356頁以下、阿部純二『刑法総論』1997年・218頁以下、牧野英一『刑法総論　下巻』1959年・665頁。
　主観的危険説の内部でも、危険性の判断主体については、刑事訴訟法に鑑定人の制度があることから、教養の低い一般人ではなく、「科学的一般人」とする見解（木村・357頁以下）と「通常の一般人」とする見解（阿部・218頁以下）に分かれる。
20　井田良『講義刑法学・総論』2008年・411頁。
21　木村（注19）357頁。後に改説、同『犯罪論の新構造（下）』1968年・27頁以下（構成要件要素を差別的に扱うべきでなく、一般の不能犯として取り扱うべき）。

にのみ，殺人未遂を肯定する[22]。

具体的危険説は実際の適用においては抽象的危険説とあまり変わりなく，不能犯を認める範囲が狭すぎるのではないかとの批判[23]に対する対応には様々見解がある。その一つは，構成要件の欠如理論を併用する見解である[24]。その二は，構成要件的結果発生の現実的危険性が認められても，実質的な違法性の判断においてその可罰的違法性が認められない場合もある，例えば，想像妊娠の婦女に対する堕胎や主体の不能のように，事後的に観察すれば法益侵害の危険性はまったく認められないような場合には違法性が阻却されるとの見解である[25]。しかし，この見解は，構成要件該当性は事前判断であり，違法性は事後判断であるとして分断することになるのみならず，そもそも具体的危険説を採用した意味を失っている点に問題がある[26]。

さらに，**結果無価値論**の立場から，修正具体的危険説を唱える者も現れた。その一は，「客観説に立つ以上，行為およびその外部的事情を基礎として法益侵害の危険性を判断しなければならない。外形的に危険が感じられないかぎり，処罰を放棄するという方向に向かうべき」と論じて，事前判断の立場を維持しながら，危険判断の基底から行為者が認識していた事情を除外する見解である[27]。本説によると，青酸カリで毒殺しようとしたが，砂糖を青酸カリと取り違えて服用させたときは不能犯となるが，行為とその外部的事情からだけでは毒薬と分からない毒薬を服用させたときは不能犯として不可罰

---

[22] 野村稔『未遂犯の研究』1984年・351頁，同「不能犯と事実の欠缺」（阿部純二他編『刑法基本講座第四巻』所収・1992年）3頁以下，14頁，大塚仁『刑法概説（総論）』［第4版］2008年・270頁，植松正『刑法概論Ⅰ　総論』［再訂版］1974年・345頁，香川達夫『刑法講義総論』［第3版］1995年・326頁，藤木英雄『刑法講義総論』1975年・268頁，内田（注2）384頁以下，川端博『刑法総論講義』［第2版］2006年・489頁以下，大谷実『刑法総論』［第3版］2006年・217頁［改説］，伊東研祐『刑法講義総論』2010年・320頁以下，井田（注20）412頁，佐久間修『刑法総論』2009年・325頁。

なお，内藤謙『刑法講義総論（下）Ⅱ』［オンデマンド版］2006年・1258頁は，「具体的危険説」は，危険を一般人の認識しえた事情を基礎に判断することによって，危険判断においてかなり強度の抽象化を行なっているので「具体的危険説」という名称は適切でないことを指摘する。

[23] 中山研一『刑法総論』1982年・424頁以下。
[24] 佐伯千仭『四訂刑法講義（総論）』1981年・303頁以下。
[25] 大谷（注22）220頁。
[26] 参照，山中敬一『刑法総論』［第2版］2008年・733頁。
[27] 大沼邦弘「未遂犯の実質的処罰根拠」上智法学論集18巻1号（1974年）111頁。

ということになろう[28]。

　その二は，行為者の意思や計画に言及することなく，一般人の見地から結果発生の具体的危険性の存否を問うとともに，部分的に事後的判断を取り入れる見解である。例えば，警察官の携帯する拳銃を奪取して，これを人に向けて発砲するが，拳銃には弾が装填されていなかったという場合，未遂罪が成立するが，人が就寝していると誤信して空寝台へ拳銃を発射した場合については，「理論的には，行為者がベットに向ってピストルを発射する時点に立って，いわゆる ex ante に，ベットのなかに人が寝ていると思われる状況かどうかを判断すべきであろうが，あとになって，ベットがカラであったことはわかったとき『なーんだ』という安堵感が，犯罪の成否に全然影響がないとはいえないように思われる」[29]と論じて，事後的判断から未遂犯の成立が否定される余地のあることが示唆される。

　さらに，戸棚に入れておいた毒薬を，取り出すときに間違って隣にあった瓶を取り出して飲ませたという場合，飲ませる過程は全く正常であって，それ自体に客観的な異常さは全くないので，未遂犯とするのは適当でないと論じられる。この設例でも，実際に毒薬入りの瓶を取り出して飲ませる場合もその過程は客観的には正常に見えることから分かるように，飲み物が毒薬入りでなく，普通の飲み物であることが前提とされている，つまり，事後的分析結果に基づく事後的判断が取り入れられている[30]。しかし，事前の判断と未遂犯では故意は主観的不法要素であるとの立場が基本的に維持される限り，このような見解の具体的危険説との整合性が問題とされざるを得ない[31]。

　④**客観的危険説（古い客観説，絶対的不能・相対的不能説）**　本説は，**結果無価値論**から出立して，結果発生の危険を，行為者の意思や計画を全く考慮せず，しかも，**事後的**に判明した行為時の客観的事情も考慮に入れて，事後的な立場から危険性を客観的・外部的に判断する。本説によれば，殺人の被害者が既に死亡していた場合（**客体の絶対的不能**）や，砂糖を毒物と誤信して投

28　参照，内藤（注22）1265頁以下，前田雅英『刑法の基礎　総論』1993年・79頁。
29　平野龍一「刑法の基礎⑳」法学セミナー139号（1967年）49頁，同『刑法総論 II』1975年・325頁以下。
30　内藤（注22）1265頁。
31　中山研一『口述刑法総論』［新版］2003年・254頁

与した場合（**方法の絶対的不能**）に不能犯（不処罰）が認められるように，不能犯の認められる余地が広くなる。本説は，具体的危険説の台頭とともに一旦表舞台から退いたが，近時，物的違法論の立場から再び支持者が増えている[32]。

 事後に判明した具体的事実に基づいて客観的な事後判断を下すとなると，未遂はすべて不能犯となりかねない[33]。これは刑事政策的に耐え難い結論である。そこで，事後的判断の立場からも一般化（抽象化）考察をした上での危険判断が提唱される。その一つである「**仮定的事実説**」によれば，具体的危険の判断は，①結果が発生しなかった原因を解明し，事実がいかなるものであったら，結果の発生がありえたかを科学的に明らかにする，②こうした結果惹起をもたらすべき（仮定的）事実が（現実には存在しなかったのであるが）存在していたかが判断される（**仮定的事実の存在可能性**）。①においては一般人の認識可能性は無関係であるが，②においては，一般人が事後的にそれを「ありえたことだ」と考えるかを基準として判断される（一般人の事後的な危険感）。方法の不能の場合，例えば，勤務中の警察官の拳銃を奪取し，これを人に向けて発射したが，弾が装填されていなかったとき，警察官の勤務中携帯する拳銃には弾丸がこめられているいることは十分ありえたので，具体的危険の発生は肯定される。これに対して，客体の不能の場合，例えば，暗闇の中，

---

[32] 内藤（注22）1250頁以下，中山（注23）425頁以下，同（注31）254頁，曽根威彦『刑法の重要問題　総論』［第2版］2005年・260頁以下，浅田和茂『刑法総論』2005年・381頁以下，高橋則夫『刑法総論』2010年・374頁以下，大谷實『刑法講義総論』1988年・387頁以下［旧説］，内山良雄「未遂犯における危険判断と故意」（『西原春夫先生古稀祝賀論文集』所収・1998年）447頁以下。

 なお，シュトレングは，客観的危険説が，必ずしも権威的支配層の道具（権威的刑法モデル）でもないし，市民の価値指向に繋がる（民主主義的刑法モデル）わけでもなく，必要とされる国の犯罪統制に規準を設ける刑法モデル（技術万能主義的刑法モデル）によって最も適切に説明できると主張する。技術万能主義的刑法モデルでは，刑法体系において市民の価値指向はまったく又はほとんど顧慮されることなく，客観的考察，つまり，行為不法よりも結果不法，法益保護が前面に押し出される。これに対して，民主主義的刑法モデルでは，価値秩序の内面化が重視され，社会的法秩序に対する反抗という主観面が不法の本質的要素となり，結果不法は背景に退き，刑法に具体化された価値秩序の侵害に対抗する規範の確認，つまり，価値の明確化が前面に押し出される。F. Streng, Sinn und Grenzen der Strafrechtsvergleichung – die deutsche Sicht, 2011.

[33] 参照，中義勝『講述犯罪総論』1980年・199頁，平野龍一「結果無価値と行為無価値」法学教室37号（1983年）31頁，山中（注26）734頁。

寝台に向けて拳銃を発射したが、その寝台は空だったとか、すりの目的で被害者の右ポケットに手を差し入れたところ、その中はからだったという場合、具体的被害法益に対する「現実的な」危険の発生がなかったとして、不能犯とされる。ただし、空ポケットの場合、右ポケットは空だったが、左ポケットの中には金品が入っていたという場合には、この左ポケットの中の財物に対する危険を根拠として窃盗未遂が認められる[34]。このように、本説は、方法の不能と客体の不能を異なった扱いをすることによって、部分的に客観的危険説に具体的危険の事前判断を接木するところに、理論的一貫性が欠如しているのみならず、客体の不能の例に見られるように、未遂犯か不能犯かの判断が偶然の事情に左右されるところに問題がある[35]。

その二は、立法者は行為時の一定の危険だけを処罰しうるとする政策決定をしているから、「政策的に未遂として事前に処罰する必要のある場合」は、行為時を基準とした危険性判断が必要となると説く**科学的事後予測説**である。これによると、危険性の有無は、実行行為時に存在した客観的事情を基に、実行時を基準に、裁判官が一般人の視点で科学的合理的に判断する（行為時から見た「合理的（科学的）な結果発生の確率の判断」）。客体の不能の場合、実行時の客観的・類型的事情から裁判官が判断して、およそ客体が存在する可能性がない場合は未遂とはなりえないが、行為時にたまたま客体が存在しなくても、客観的に客体が存在しうる可能性が一定程度以上存在すれば未遂となりうる。例えば、死体を突き刺すとき、死亡直後の生死の限界の微妙な時間帯については未遂の成立が認められる。手段の不能の場合、行為時を基準とした客観的事後予測判断が必須である。警察官の拳銃を奪取して殺害に用いたが、弾丸が装填されていなかったため目的を遂げなかった場合は、勤務中の警察官の拳銃には弾丸が込められている確率はかなり高く、警察官の所持する拳銃一般として抽象化すれば危険性がある[36]。本説には、客体の不能

---

[34] 山口厚『危険犯の研究』1982年・167頁以下、同『刑法総論』［第2版］2009年・275頁以下。ほぼ同旨、西田典之『刑法総論』2008年・288頁以下（空寝台事例は、そこに人がいた蓋然性があった場合 ― 被害者がたまたまトイレに行っていた場合 ― には可罰的未遂を肯定する）、佐伯仁志「未遂犯論」法学教室304号（2006年）127頁。
[35] 参照、井田（注20）415頁、中山（注31）254頁、川端（注22）494頁。
[36] 前田（注28）153頁以下。

につき,「およそ客体が存在する可能性」の有無の基準が不明確であるのみならず, 方法の不能につき,「客観的事情」を基に危険性を判断するとしながら, 実際には事実を抽象化して判断しているところに問題がある。

　その三は, 事前の判断と事後の判断を分ける**二元的危険予測説**である。事前の判断として, 科学的一般人の認識可能性および行為者本人の認識を基礎として, 客観的に, **具体的危険**の発生の可能性が問われる (事前の具体的危険判断)。事後の判断としての仮定的因果予測では, 行為者の行為の因果的経過に沿って, 実行行為の以前からの全体的な事象の流れを考慮して, 実行行為時における結果の発生の**客観的蓋然性**が, どれほど大きいかによって判断される。そのような結果発生の客観的蓋然性が高い場合には実行行為時には, 具体的危険状態が存在し, 未遂が肯定され, 極めて低い場合には不能犯となる。例えば, 誰が見ても人が眠っているように見える空寝台に拳銃を撃つ行為には事前の判断からは具体的危険の発生が認められるが (具体的危険説と結論が同じ), 事後の仮定的判断からは, 射撃時点以前に, 被害者がその寝台に寝ていたが, たまたまその時に隣室に行っていたという場合には客観的蓋然性は否定できないものの, 被害者が一月前から海外旅行に出かけていたという場合には客観的蓋然性はなく, 不能犯である[37]。本説は客観的危険説の一種として, 事後判断において「仮定的因果予測判断」を要求しているので, ほとんどの場合具体的危険説と結論を同じくする。本説は, 客観的因果予測判断からの結果発生の客観的蓋然性判断に当たっての基準が明確とは云えず, 設例に見られるように, 結論が偶然に左右される。

　その四は, 結果無価値論を徹底させる立場から**科学的不確実性**を根拠に未

37　山中 (注26) 737頁以下。林幹人『刑法総論』[第2版] 2008年・362頁以下も, 刑法の目的が法益保護のための一般予防にあるとの基本的立場から, 未遂犯とは許されない程度に危険な行為によって, 結果としての危険を発生させることを不法内容とするものだとして, **実行行為の内容をなす危険**と**結果としての危険の内容**に分けて論ずる。前者は, 行為の時点で最も思慮深い人間の判断する法益侵害の可能性であり, 後者は, 裁判時点の事後的判断であるが, 将来同一の状況 (最も思慮深い人間にとって認識可能な事実が同一の状況) におかれた行為者が法益を侵害しようとして行為するならば, 今度は法益侵害に必要な要素が加わり, 法益侵害を惹き起こしてしまう可能性が高いと判断される場合に認められると論ずる。例えば, 40ccの空気を注射して殺そうとするとか, 生きていたかどうか分からない状況下でとどめをさす場合, 前者の危険も後者の危険も首肯される。本説はその結論において具体的危険説にほぼ一致する。

遂犯の成立のありうることを首肯する見解である。拳銃の弾丸が頭の横を通りそのために死ななかった場合，銃口の方向をできるだけ明確にしたうえで「科学的不確実性の範囲」を明らかにする，つまり，「行為時の条件に応じて許容されるズレの範囲」が「客観的危険の範囲」であり，この範囲内にある限り未遂犯の成立はありうる。本説は，銃口の方向が１ミリずれていたという事実を考慮から外して，すなわち，「抽象化」して「客観的危険性」を判断するので，危険判断において事実の「抽象化」を認める。しかし，本説も，客体の不能，例えば，現実に存在しない客体（死体や人形）については法益侵害（生命侵害）の可能性がおよそないとして不能犯を認める[38]。

⑤**定型的危険説**　　本説は，構成要件要素の中には，それを欠くことによって構成要件的定型を失わせる本質的要素（例えば，公務員という身分，鎮火妨害の「火災の際」）と，そうでない非本質的要素があるということから出立する。かかる本質的構成要件要素が欠如するとき，未遂を罰する規定があっても，実行行為としての定型性が認められず，未遂も成立しない。本説はこれを**構成要件の欠缺**（**事実の欠如**）と呼ぶ。結果の発生が定型的に不能であるような方法による行為，例えば，「丑の刻参り」のような迷信犯の場合，実行行為の定型性を欠き，構成要件該当性を有せず，未遂犯にならない。本説は，このような行為を**不能犯**又は**不能未遂**と呼ぶ。したがって，実行行為の定型性の問題としては，構成要件の欠缺と不能犯との間に理論的区別はないことになる。実行行為の定型性を判断するに際して次の標準が考慮される。①定型的に不能といえるためには，科学的見地と社会通念との双方からみて結果発生

---

[38]　村井敏邦「不能犯（下）」法学セミナー410号（1989年）88頁，内藤（注22）1269頁以下。
　客観説の中でも，事後判断を維持し，事実の抽象化を一切否定して上で，危険性判断を行なう見解がある。宗岡嗣郎『客観的未遂の基本構造』1990年・22頁「可罰未遂（実在的危険性）は，結果発生の必要条件を備えていたにもかかわらず，別の因果系列（救助的因果系列）の偶然的介入によって，その充分性を欠落させたときにのみ存在し，反対に，結果発生の必要条件が当該行為の因果系列の中になかった場合，すなわち，その因果系列において結果の不発生が必然的であった場合に，可罰未遂の存在が問題となる余地は全くない」。例えば，甲が拳銃で乙を狙って撃ったが，弾丸が乙の頭の横を通りあたらなかった場合，甲の狙いは精確だったが，発射直後に乙が横に移動したり，弾道に突然強風が吹いたため，弾丸が当たらなかったときは，「別の因果系列」が偶然的に介入したことにより未遂犯が肯定されるが，甲の狙いがはじめから少しでも狂っていたときには，結果発生の必要条件が拳銃の発射行為の因果系列の中になかったとして，不能犯ということになろう。参照，内藤（注22）1272頁以下。

の危険がない場合でなければならない。構成要件的定型性は社会心理的基礎を有するから、常識的に結果の発生が可能と考えられているような行為は、たとい科学的に見て不能であっても、構成要件的定型性は否定できない。②危険の有無は、具体的状況を基礎に判断されるが、その具体的状況は、一方で、通常人の認識・予見することのできたであろう事実、及び、行為者が現に認識・予見していた特別の事実、他方で、その外観上、通常人が受け取ったであろうような事実として考えられる。③危険の有無は行為時の判断である[39]。

本説は、本来の構成要件欠缺の理論とは異なり、行為の目的物を欠いた場合についても未遂犯の成立を肯定する。懐中無一物に通行人に対する強盗やスリは強盗罪ないし窃盗罪を構成する。但し、自己の財物に対する窃盗行為が未遂罪とならないのは、窃盗罪の定型性を欠くからである。結局、本説はその帰結においてほぼ具体的危険説に帰着する。

二 不能性の概念

1 不能性の意義

刑法第43条「犯罪の実行に着手しこれを遂げなかった者は、その刑を減軽することができる」は未遂犯（障害未遂）を定めた規定であり、不能未遂（不

---

[39] 團藤重光『刑法綱要総論』［第3版］1990年・165頁以下、小野清一郎『新訂刑法講義総論』［第6版］1952年・193頁以下。

なお、構成要件（事実）の欠如という観念を用いることに疑問を投げかけるのが、大塚（注22）267頁「事実の欠如の場合が不可罰であるかどうかについても、単に犯罪の主体、客体、手段、行為の状況などの構成要件要素が欠けるという形式的な点だけでなく、実質的に、それらの要素の不存在によって、犯罪実現への現実的な危険性が欠如し、構成要件に該当する実行行為性が否定されるか否かが問題とされることを要する。そして、犯罪の主体、手段、および行為の状況に関する事実の欠如に関して、当該構成要件上、これらの要素がとくに必要とされている場合には、これを欠いた状態でなされた行為に構成要件該当性を認めえないのが一般であろうが、客体に関する事実の欠如については、未遂犯と解すべき場合もないではあるまい……こうして、いわゆる事実の欠如が不可罰とされる理由は、その行為が構成要件該当性を欠くことにおいて、不能犯と異ならない。それ故、事実の欠如という観念を用いることは別段差支えないにしても、不能犯と区別して、あえてこのような観念を用いる実質的理由は存しないであろう」。同旨、福田平『刑法総論』［全訂4版］2004年・244頁。

能犯）を含まないというのが一般の見解である。しかし，未遂には障害（有能）未遂（tauglicher Versuch）と不能未遂（untauglicher Vesuch）の二種類があり，刑法第43条は双方を区別することなく，すなわち，両形態の未遂を規定したのであるが，しかし，不能未遂の一部については刑法理論的に考察すると実行の着手が欠如しているために，その可罰性が排除されると理解するのが法文に即した解釈と云える[40]。

　不能性というのは，言語上も概念上も，未遂に結果の発生への適性が欠如しているということを意味する。不能性を検証する前に，先ず，相対的不能性であっても，概念上，有能性は排除されるべきである。**有能性**は，現象が通常の流れであれば，未遂が客観的判断によると結果発生につながるところだが，結果がまったく**偶然**に生じなかったという場合である（例えば，警察官が現れたとか，行為者の技量不足とか，異常な因果関係をたどったという場合）。未遂の大部分はこのようなものである。これに対して，**不能性**というのは，偶然に結果が発生しなかったというのではなく，主体，客体，行為の性質に初めから組み込まれた法的又は事実上の理由から結果が発生しない，つまり，所為が既遂に到り得ない場合である。失敗が初めから必然的結果として伴うものでない場合，未遂は障害（有能）未遂である。例えば，被害者が，地上から15メートルの高さにある窓から突き落とされたが，落下地点に偶々柔らかな廃棄物があったためにこれが緩衝材となって助かったという場合，当該行為にはない性質から偶然に助かったのであるから，不能性は認められない。この**有能性検証**の基礎にあるのは**事後の客観的認識**である（**事後における厳格な客観的初期予測**）。有能性が確認されると，相対的不能という問題も生じない[41]。

---

[40] 曽根威彦『刑法総論』1987年・241頁は未遂犯の成否につき，実行の着手（構成要件該当性）と可罰的違法性（違法性）とを分けて論じ，不能犯においても，先ず，実行の着手の存否を，「行為」の有する法益侵害への危険性の事前判断によって判断し（具体的危険説），次いで，「結果」としての危険の具体的発生を判断する（客観的危険説）。例えば，死体に対する殺人行為の場合，殺人の実行の着手はあるが，可罰的違法性が欠けるので，不処罰とされる。しかし，この考えは刑法の規定と合わないといえよう。参照，野村稔「未遂犯の処罰根拠 ― 実質的客観説（折衷説）の立場から」現代刑事法17（2000年）29頁以下，32頁。

[41] *D. Kienapfel, F. Höpfel,* Strafrecht AT, 12. Aufl, 2007, Z 24 Rn 2; *R. Moos,* Wiener Kommentar zum Strafgesetzbuch, 2. Aufl., 2002, § 75 Rn 27; *ders.* Amalie und der

2 絶対的不能と相対的不能の区別

　未遂が不能であるということが確認されると，次に，それが相対的不能なのか絶対的不能なのかが問題となる。**具体的事後的考察**から出立して判断するのが妥当でないことは，事後的に判明したすべての要因を考慮すると，いかなる未遂であっても行為が既遂に達するのは不可能だということになり，すべての未遂は絶対的不能となることから明らかである[42]。そこで，**一般化事後的考察**から判断する見解が現れる[43]。これによると，一般化観点からも，つまり，個別事例の具体的性質を度外視して考察し，結果の発生が一般的に不可能な場合が絶対的不能であり，これに対して，個別的事案において，既遂が偶然に不可能であったに過ぎないとき，この未遂は相対的不能である。この説は，考察においてどの程度一般化されるべきかの明確な規準を与えておらず，同種の事案の扱いを異にするところに問題がある。例えば，殺害の意図で寝台に向けて拳銃を発射するが，被害者が直前にその場から離れていた場合，行為は事後的観点からそれ自体危険であり，被害者がそこに居合わせなかったのは偶然であるから，相対的不能とされるが，これに対して，殺害の意図で寝台に向けて拳銃を発射するが，被害者がその直前に心臓麻痺で死亡していたという場合，行為は事後的観点からそれ自体危険ではない，つまり，「死体」を殺すのはどんな場合でも不可能であるから，絶対的不能未遂（不処罰）とされる。しかし，このような「偶然」に支配される法的結果

Kräuterlikör, in: Hrsg. v. *D. Kienapfel*, Fälle und Lösungen zum Strafrecht, 1982, 54. 24.
　なお，砂糖で人を殺そうとして，大量の砂糖を重症糖尿病患者に摂取させたが，適宜の治療のため辛くも一命を取り留めたという場合は，事後の客観的考察からは不能性ではなく，有能性の事例である。当該行為による結果の発生が一般的生活経験からは事前の観点において客観的に予見可能でないという場合であっても，行為者に被害者が重症糖尿病患者であることを知っていたとき，これも危険性予測の基礎となる。法益保護は危険な行為を禁止することによってしか実現できないのであり，客観的危険性の判断には行為者の特別の知識も考慮されることは当然のことである。Vgl. *E. Steininger*, Salzburger Kommentar zum Strafgesetzbuch, 2001, Vorbem zu § 2 Rn 70.
[42]　*M. Burgstaller*, Der Versuch nach § 15 StGB, JBl 1976, 113 ff., 121; *O. Triffterer*, Österreichisches Strafrecht AT, 2. Aufl., 1994, 15. Kap Rn 24; RGSt 1, 439 (442).
[43]　OGH, EBRV 1971, 85.

は刑事政策的に望ましくない[44]。

---

[44] *Burgstaller*, (Fn. 42), 125; *Triffterer*, (Fn. 42), Kap 15 Rn 24; *R. Moos*, Briefmarkensammler auf Abwegen, in: Hrsg. v. *D. Kienapfel*, Fälle und Lösungen zum Strafrecht, 2. Aufl., 1989, 129 ff., 139 f; *H. Steininger*, Die moderne Strafrechtsdogmatik und ihr Einfluß auf die Rechtsprechung, ÖJZ 1981, 365 ff., 373; *Kienapfel/Höpfel*, (Fn. 41), Z 24 Rn 17; *H.-H. Jescheck, Th. Weigend*, Lehrbuch des Strafrechts AT, 5. Aufl., 1996, § 50 I 4.

　近時,「客観的不能論」の唱道するのがフックス (*Fuchs*, (Fn. 16), 30. Kap Rn 24 ff.) である。それによると, **主体の不能**は不処罰である。未遂行為の時点における実情によって純客観的に判断されなければならない。身分犯の未遂は, 行為者 (と思われる者) に当該構成要件が行為者のために前提とする属性又は事情が実際には欠如しているとき, 不処罰である。非公務員が自分は (まだ) 公務員だと思っていても, 公務員犯罪を犯しえない。**客体の不能**の判断に当たっては, 所為の対象から出立し, 対象の「性質」は構成要件との関連で明確にされなければならない。それ故, 次の場合は不処罰である。①所為客体が存在しないか, ②所為客体が当該構成要件の法益の担い手でないか, ③客体が, 当該構成要件の前提とする, それ故, 刑法規定に当てはまる属性を, 行為者の考えとは違って, 全く有していない場合。これらに該当するか否かの判断に当たっては, 未遂行為時の実情によって, たとえそれが後に判明したとしても, 客観的に判断されるべきである。例えば, 樹幹を人と思って撃つとか, 盗品と誤信しながら購入するとか, 14歳未満の者と誤信しながら性的関係をもつ場合, 絶対的不能未遂として不処罰である。**行為 (手段) の不能**は次の2類型に分けられる。(1)法律が可罰性を明確に特定の行為手段 (「閉ざされた手段の法定された」犯罪) 又は特定の行為態様に限定しているとき, この手段又は行為態様は**実際に (客観的に) も存在**しなければならない。そうでない場合, 未遂は絶対的不能である。例えば, 実際には全く権限のない人によって尋問されているにすぎないのに, 法廷で偽証をしたと思っている人は絶対的不能未遂として不処罰である。(2)法律が任意の手段, 任意の行為態様でかまわないとしているとき, 使用される手段及び行為は事前の客観的危険性判断を要する。これは行為時点で**実際に存在する静的実情**に基づく判断であり, この実情が行為者 (又は随行的観察者) に認識されていないしかも認識されえないということは重要ではない。そうすると, ①行為者が未遂段階に入った後, 賢明な平均的観察者が**将来の事象経路の不確実性**に基づき, このようなやり方で所為が既遂に至ることは**可能**との判断を下すとき, 未遂は有能であり, 可罰的である。例えば, 殺意を持って至近距離から射撃するが, 撃ち損ねたという場合, 発射後どのように (力動的に) 進展するかは, 人々に静的実情の認識があっても, 偶然にも左右される。しかし, 行為時の事前判断によれば, 射撃は危険な行為である。これに対して, ②(**実際に客観的な) 観察者**が既遂にはなりえないとの判断に**どの時点でも**いたるとき, 未遂は不処罰である。例えば, 行為者が被害者に無水亜砒酸に代わって砂糖を服用させる場合, 次のように分けて考察される。行為者が初めから無害の物質としか関係していないとき, 例えば, 犯罪に関わりたくなかった薬剤師が行為者の要求する毒物に代わって砂糖を渡していた場合, 未遂段階の行為は客観的に危険でなく, 不処罰である。これに対して, 行為者が所為の最後の瞬間に用意していた無水亜砒酸入れを砂糖入れと取り違えるとき, 未遂段階における不確実性の故に危険な行為が認められ, 可罰的未遂が成立する。

　この客観説によると, 空ポケットに手を突っ込んだとか, 盗むに値する品物のない地下室に侵入した場合, 窃盗未遂は成立せず, 行為者の知らぬ間に弾丸の抜かれていた拳銃で撃つとか, 致死量に全く足りない毒薬を服用させるとかしても殺人未遂は成立しない。未遂の成立事例が極端に狭まる。Vgl. *M. Burgstaller*, Zur Strafbarkeit des untauglichen

純客観的判断基準に基づき，有能未遂と不能未遂の区別がなされた後で，不能未遂が相対的か絶対的なのかの区別がなされる。未遂の処罰根拠としての**客観化された主観説（印象説）**に拠れば，その区別は，行為者の犯行計画を知っており，行為者の特別の知識を有する客観的観察者が，具体的所為事情と因果法則に基づいた所為の既遂可能性について有する**印象**によって判断されるべきである。すなわち，客観的には結果の発生に至る見込みのない未遂ではあるが，結果が発生する蓋然性がある，つまり，どうやらありえたとの印象を行為者に代わる観察者に与えたにちがいなかったか否かによって判断されるべきである（**事前の客観化された主観的不能性予測**）[45]。前者の場合，客観的観察者の視点からは，結果の不発生は偶然にすぎず，障害（有能）未遂と同じである。外見上，所為は有能であるから，行為者は処罰に値する。これは**相対的不能**未遂と呼ばれる。後者の場合，行為者には法秩序に対する反抗心が既遂に劣らず見られるのであるが，具体的状況の下で思慮分別のある人なら行為者と同じ行為をしなかったであろうと云え，この種の未遂は，「精神的力としての法の現実性を侵害する」こともないし，「法的安定性の意識を動揺させる」こともなく，まったくばかげている。結果発生の行為者の主観的思い込みだけでは処罰に値しないのである[46]。これは**絶対的不能**未遂と呼ばれる。この種の未遂を処罰することは全く無意味である[47]。絶対的不能未遂が原理的に不処罰とされるべきなのは，故意行為に結果招来への**抽象的，潜在的経験の危険**が認められないため，行為の客観的帰属が否定されるからである[48]。

Versuchs, JBl 1998, 397 ff., 399 (Anm).
[45] 結果の発生が「どうやら不可能」と考えた場合を絶対的不能とする見解に対して，同じ印象説の立場から，結果の発生が「まったく考えられない（geradezu denkunmöglich）」ことを絶対的不能の要件とする見解がある（Kienapfel/Höpfel, (Fn. 41), Z 24 Rn 13）。そうなると，思慮分別のある第三者を規準にして，「考えられない」か否かが判断されるので，厳格に適用されるほど，絶対的不能，したがって，不処罰とされる事例が少なくなる。印象説は本来，蓋然性の程度を重視して，蓋然性を漸増概念と捉えるのであるから，「考えられない」は過多な要件である。Moos, (Fn. 41), § 75 Rn 28; ders., (Fn. 44), 140 Fn 31.
[46] Moos, (Fn. 41), § 75 Rn 28; Moos, (Fn. 44), 140; Burgstaller, (Fn. 42), 122; Kienapfel/Höpfel, (Fn. 41), Z 24 Rn 7, 10.
[47] Vgl. R. Bloy, Grob unverständiger Versuch, ZStW 113 (2001), 76 ff., 97 f.; W. Gropp, Strafrecht AT, 3. Aufl., 2005, § 9 Rn 43.
[48] Moos, (Fn. 41), § 75 Rn 17, 26, 28

三　不能未遂の原因

1　手段の不能と客体の不能

　不能未遂は一般に，手段の不能，客体の不能及び主体の不能の三種類に分けられる。行為の不能と客体の不能の区別は常に明確にできるというわけではないが，客観化された主観説からは，そのことによって問題が生ずるわけではない。行為者の視点からの事前の蓋然性判断を許容する経験的危険概念が重要な意味を有するからである[49]。

　①手段（行為）の不能　　行為の潜在的経験的危険が認められても，当該行為が社会的相当であるため，その規範的危険が否定されるとき，行為の客観的帰属が否定され，未遂の検証は不要であり，したがって又，不能性の検証も不要となる[50]。規範的危険が肯定され，行為の性質から既遂にいたりえない場合に行為の不能が問題となる。**手段を取り違えた場合**，例えば，殺害の意図で砂糖を三酸化砒素と誤信して盛るとか，**手段の作用について錯誤がある場合**，例えば，弾の装填されていないあるいは射程距離の十分でない拳銃で撃つとか，**手段の効果について錯誤がある場合**，例えば，致死量に足りない毒を盛るとか，高空を飛行する航空機を狙って空気銃で撃つといった場合，行為者の犯行計画を基礎として，第三者の下す事前判断からしても結果発生の危険があると思われるとき，この未遂は相対的不能である[51]。これに対して，魔術，呪術などの人知の及ばない超自然的力を利用する（例えば，丑の時参り）場合（非現実的未遂とか迷信的未遂と呼ばれる）とか，無害の下剤で殺そうとするのは絶対的不能である。ごく少量の睡眠薬や鎮痛剤で殺そうとするのも絶対的不能である。このような行為が法的安定性の意識を動揺させる

---

[49]　オーストリアの判例は，行為の不能についてはおおむね印象説に従い事前の判断によるが，客体の不能については客観説に従った判断が下されることもあることについて，批判的検討を加えているのが，*M. Burgstaller*, Strafbarer oder strafloser Versuch?, JBl 1986, 76 ff.; *Moos*, (Fn. 41), § 75 Rn 26.
[50]　*Moos*, (Fn. 41), § 75 Rn 29.
[51]　*Burgstaller*, (Fn. 42), 124; *Moos*, (Fn. 41), § 75 Rn 28.

ことはなく，行為者に対する「哀れみの情」を呼び起こすに過ぎない[52]。

②客体の不能　行為の対象の性質から既遂にいたりえない場合が客体の不能である。例えば，死体への射撃，つまり，客体の不能の場合，次のように判断される。行為者の行為は初めから結果の発生には繋がらないのであり，結果の不発生は初めから必然的結果として伴うのであるから，これは不能未遂である。次に，客観的観察者が，行為時点において行為者と同じく，行為客体は眠っているという印象をもつなら，未遂は相対的不能である。これに対して，客観的観察者が客体はどうやら既に死んでいると考えるなら，未遂は絶対的不能である。この場合，射撃行為は行為者に行為不法として帰属させることはできない[53]。殺害の意図で被害者の寝室に発砲したが，その時，たまたま被害者がそこにいなかった場合は相対的不能である[54]。行為の不能と客体の不能の組み合わさった場合もありうる。例えば，弾丸が装填されていると誤信して生きていると誤信された死体に発砲する場合である。

2　主体の不能

法が行為者において前提とする人的属性，状況が欠如しているために，所為が既遂になりえない場合が主体の不能と呼ばれる。主体の不能というのは

---

[52] *Kienapfel/Höpfel*, (Fn. 41), Z 24 Rn 13; *Kühl*, (Fn. 12), § 15 Rn 93. 非現実的未遂（迷信的未遂）の不処罰を根拠付けるのに印象説に代わって（*J. Wessels, W. Beulke*, Strafrecht AT, 41. Aufl., 2011, Rn 620）あるいは印象説とともに（*Jescheck/Weigend*, (Fn. 44), 532; *Eser*, (Fn. 11), § 23 Rn 13a）故意の不存在が指摘される。超自然的力を投入しようとする者は，単に「願望」を抱いているに過ぎず，犯罪実現意思を有していない，こういった力を呼び起こすことは人的行為不法たり得ないと。*H. Frister*, Strafrecht AT, 5. Aufl., 2011, 23. Kap Rn 22.; *G. Jakobs*, Strafrecht AT, 2. Aufl., 1991, 25. Abschn Rn 22.; *Hillenkamp*, (Fn. 1), § 22 Rn 190 u. § 23 Rn 50; Begr. zu 27 III E 1962; *Seelmann*, (Fn. 17), 121.

シュトラーテンヴェルト／クーレン（*Stratenwerth/Kuhlen*, (Fn. 12), § 11 Rn 61）は，ドイツ刑法第23条第3項の適用につき，超自然的，現実の存在界に属さない力を信用したことと，著しい無知から出たものであれ，存在法則を誤信した場合との間に微妙な区別をして，後者に適用を限定する通説に代わって，行為者が所為実行をするにあたって一般に知られている因果連関に関する全く的外れの表象から出立しているので，未遂が危険でないことが平均的経験認識を有する誰にでも明らかである，一目瞭然としか言いようがない場合に適用すべきと主張し，迷信犯にも適用があること，但し，刑は常に免除されるべきだとする。

[53] *Moos*, (Fn. 41), § 75 Rn 28.
[54] *Burgstaller*, (Fn. 42), 125.

特別犯（身分犯）においてのみ問題となる。先ず，構成要件の定める正犯者概念の誤った拡張解釈をして，自分もこれに包摂されると考える者（**裏返しの包摂の錯誤**），例えば，公官庁に派遣された民間清掃会社の清掃人が自分を公務員だと思って「公務員犯罪」を犯すとか，非事務処理者が自己を事務処理者と誤信し，「背任行為」を行なう場合である。これは不可罰である。かかる構成要件では，「内部の者」にのみ義務が課せられ，「外部の者」は規範の名宛人ではなく，この者には義務は課せられない。未遂の形態であっても，規範の侵害というのはありえない。したがって，外部の者は，その行為によって一般の法意識を腐敗させることも，法的平和を危殆化することもない[55]。

次に，主体の不能が客体の不能の反射に過ぎない場合は可罰的未遂である。例えば，他人の子を自分の子と誤信しながらこれを救助しない父親は，実際に危難に瀕している他人の子の生命を救う保障人ではないから，不作為による殺人に関して不能の主体である。しかし，この場合，保障人の地位の誤

---

[55] *Kienapfel/Höpfel*, (Fn. 41), Z 24 Rn 18; *C. Roxin*, Strafrecht AT, Bd. II, 2003, §29 Rn 351, 356.
　我が国では，主体の不能は一般に不処罰と解されている。塩見淳「主体の不能について（一）」法学論叢130巻6号（1992年）1頁以下，26頁「主体要素をとくに危殆化しやすい地位と理解し，未遂の処罰根拠を法益侵害の危険と捉える立場において最も整合性をもって基礎づけられうる。なぜなら，その場合には，主体要素は — 実行の着手と並んで — 立法者により先行して下される未遂の危険判断を示すところの構成要件要素と理解されるからである」。内藤（注22）1276頁。
　具体的危険説からは，身分犯の違法要素は法益侵害の危険性と義務違反性の両者に求めるべきであり，主体の欠缺の場合には，法益侵害の危険性は肯定されるが，義務違反性が否定されることにより，可罰的違法性が欠け，未遂犯は成立しないと論じられる。野村（注22，不能犯）15頁。中義勝「不能犯 — 具体的危険説の立場から」（中義勝編『論争刑法』1976年所収）114頁以下，127頁（主体の不能については，「構成要件的錯誤は故意を阻却し（原則として不可罰），その裏返された錯誤は未遂を基礎づける（原則として可罰的）という本来の可逆原理」は通用せず，「包摂の錯誤はなお可罰的，その裏返された錯誤は不可罰というルールの適用をみる」。しかし，具体的危険説の一部からは，背任罪（刑法第247条）における事務処理者でない者が自己を事務処理者と誤信して「任務違背」行為をした場合，「客体の不能および方法の不能の場合と同じように，一般人の立場から，その行為が特定の身分犯を実現する現実の危険があると感じられる以上は実行行為性を認めとめるべき」と主張される。大谷（注22）219頁。
　山中（注26）744頁は，実行の着手以前の状況から，仮定的には，主体の要件が備わっていた可能性があるから，原則として，他の構成要件要素の欠缺の場合と同じく，未遂が成立しうる，したがって，事後的・客観的にもこの仮定的可能性の蓋然性が高い場合には未遂が成立しうると論ずる。

信は**行為客体との人的関係**に由来する，つまり，主体の不能は危険に瀕している子が自分の子ではなく，したがって，不能の客体であることに由来する。したがって，客体の不能ともいえる。客観的観察者が，行為時点において行為者と同じく，行為が既遂に至りうると考えるとき，父親には不作為による殺人未遂罪が成立する[56]。

最後に，上記の裏返しの包摂の錯誤でもなく，又，客体の不能との関連での主体の不能でもないが，それでも主体の不能が問題となる場合がある[57]。これは二つの場合に区別されるべきである。危険源責任や先行行為に基づく保障人の地位の場合，一般に当該状況にある誰にでも結果回避義務（**一般義務**）が課せられる。例えば，通行人を襲っている犬が自分の飼い犬だと誤信する者が，殺意を抱いてそれを呼び戻さないとか，被害者を轢いて重傷を負わせたと誤信した者が殺意を抱いて救助行為に出ないとき，客観的観察者も行為主体が回避義務者であり，そのまま放置すれば既遂になると考えるだろうとき，殺人未遂罪が成立する。これに対して，公務員という地位にある者にだけ課せられる義務（**地位義務**）が問題となるとき，例えば，解雇された公務

---

[56] *Burgstaller*, (Fn. 42), 126; *Roxin*, (Fn. 55), § 29 Rn 353.
[57] 可罰的不能未遂肯定説。*H.-J. Bruns*, Der untaugliche Täter im Strafrecht, 1955, 18 ff.; *ders*., Die Strafbarkeit des Versuchs eines untauglichen Subjekts, GA 1979, 161 ff.（所為事情の中で行為者の表象によって補充できる要素とそうでない要素を区別することはできず，すべての構成要件要素は等しく重要であり，等価値である）。*Eser*, (Fn. 11), § 22 Rn 75 f. 可罰的不能未遂否定説。*J. Baumann, U. Weber*, Strafrecht AT, 9. Aufl., 1985, § 33 IV 3a（未遂処罰は行為者による規範違反を前提とするが，行為をする者がそもそも規範の名宛人でないとき，規範違反が欠如するので，主体の誤信は不可罰である）。*H. Foth*, Neuere Kontroveresen um den Begriff des Wahnverbrechens, JR 1965, 371（本来の特別犯罪では，錯誤に陥っていて可能と考える不能行為者の犯罪未遂は，いわゆる迷信的，非現実的未遂の事例におけると同様に，当罰的不法の領域から排除される）。*R. Zaczyk*, Das Unrecht der versuchten Tat, 1990, 68 ff.（人格的法益の場合，属性の具備により初めて法益侵害が可能な場合も，不真正不作為犯のように一定の状況において初めて行為者の属性が生ずる場合も，一定の関係の存在が法益の構成化の前提条件であるから，こういった属性の客観的欠如には未遂不法が欠如する）。*G. Stratenwerth*, Zum Versuch des untauglichen Subjekts, in: Bruns-FS, 1978, 59 ff., 68 f.（未遂も可罰的であるためには違法でなければならない，未遂が違法であるのは，行為者が侵害するつもりの命令又は禁止が現に存在する場合に限られる。例えば，交通事故が発生しなかったとき，その現場にとどまる義務は誰にも無い。事故を起こしたと誤信した者は第142条（事故現場離脱罪）の未遂で処罰されることは無い。如何なる未遂もその前提に，法律に対する，単に誤信したのではない，現実の違反行為に見られる行為無価値がある）。*Stratenwerth/Kuhlen*, (Fn. 12), § 11 Rn 66; *V. Krey*, Deutsches Strafrecht AT, Bd. 2, 3. Aufl., 2008, Rn 447.

員が解雇された事実を知らずに「公務員犯罪」を犯すとき，当該非公務員は公務員の義務を課せられていないのであり，公務員規範の名宛人たりえず，したがって，未遂の形態であっても当該規範を侵害することはできない。公務員という地位に基づく義務の誤信が何に基づくかとは関係なく常に幻覚犯である。その他，公官庁から送付されてきた文書を公務員採用辞令と誤信して，公務員犯罪を犯しても，不処罰の幻覚犯である[58]。

四 判 例

大審院の判例には**古い客観説**を採用したものが見られ（大判明治44・10・12刑録17輯1672頁〔放火未遂罪〕，大判大正6・9・10刑録23輯999頁〔硫黄殺人事件〕，大

---

[58] Vgl. *Th. Vogler*, Leipziger Kommentar StGB, 10. Aufl., 1985, §22 Rn 153 f.（公務員，医師等のように正犯者資格が法律行為を前提としているときは幻覚犯，先行行為から生ずる結果回避義務のように，正犯者資格が状況の具体化の帰結として発生する場合は可罰的不能未遂）。*B. Schünemann*, Die deutschsprachige Strafrechtswissenschaft nach der Strafrechtsreform im Spiegel des Leipziger Kommentars und des Wiener Kommentars, GA, 1986, 318（非公務員が自分を公務員と誤信するときは不処罰だが，通行人を襲っている犬が自分の飼い犬だと誤信しながら放置するとき，この者の行為によって一般の人々の安全感が動揺させられるので，不作為による危険傷害罪の可罰的未遂が成立する）。*Jakobs*, (Fn. 52), 25. Abschn Rn 43 ff.（特別犯罪では，行為をする者が自分が特別犯罪（身分犯）の有能主体であると誤信しても，それは常に幻覚犯である。行為をする者の錯誤によって，規範の名宛人の範囲が広がることは無いからである。特別犯罪か否かの区別は，「当該規範の義務により，行為者の攻撃客体との関係が完全に規定されているのか，それとも，義務が既に義務とは無関係に存在する関係を刑法上保障しているのにすぎないのか」によってなされ，後者の場合にのみ特別犯罪が肯認される。作為犯では，行為者の攻撃客体への関係は純粋に消極的であるとき（例えば，殺人罪では，他人を殺さないこと，これ以上のことは要求されない），特別犯罪ではないが，しかし，積極的関係が保障されるべきとき（公務犯罪の主体としての公務員は不可買収性によっては十分に定義されない），これは特別犯罪である。同じことは不作為犯についても云える。組織管轄に基づく保障人義務（例えば，先行行為）は，財の積極的維持に余すところなく尽きているが，制度管轄に基づく保障人義務では，財維持によって積極的関係を保障させようとする。例えば，両親は，未成年の子を飢え死にさせないということによっては十分に定義されない）。以上の学説の紹介・分析として，*Roxin*, (Fn. 55), §29 Rn 356 ff. 塩見（注55），同「主体の不能について（二）」法学論叢130巻2号（1991年）1頁以下。
　これに対して，行為者が真実を正しく認識しているが，特別の義務地位の法的評価に誤認があるとき，例えば，民間会社から役所に派遣された清掃人が自分を公務員だと誤信しているとき，その「涜職」行為は幻覚犯であるが，存在する場合には構成要件の要求する公務員等の主体の性質を基礎付ける事情が実際に存在すると誤信するとき，例えば，免職されたことをまだ知らされていない公務員の「涜職」行為は可罰的不能未遂であると論ずるのが，*Kühl*, (Fn. 12), §15 Rn 104 f. Vgl. *Hillenkamp*, (Fn. 1), §22 Rn 236 f.

判昭和12・12・22刑集16巻1690頁〔放火未遂罪〕等〕，最高裁判所もそれを踏襲しているようである（最判昭和23・8・5刑集2巻9号1134頁，最判昭和25・8・31刑集4巻9号1593頁〔被告人に被害者殺害の意思あることを熟知する被害者が，何とかしてその証拠を集めようとして自ら進んで被告人を誘導して犯行に及ばせたという事案。殺人未遂罪〕「いわゆる不能犯とは犯罪行為の性質上結果発生の危険を絶対に不能ならしめるものを指す」，最判昭和24・1・20刑集3巻1号47頁〔殺人の目的で青酸カリを米に仕込んだ炊飯釜中へ投入したという事案〕「青酸加里を入れて炊いた米飯が黄色を呈し臭気を放っているからといって何人もこれを食べることは絶対にないと断定することは実験則上これを首肯し得ない」，最判昭和24・1・20刑集3巻1号47頁〔鮒の味噌煮へストリキニーネを混入したという事案〕「苦味を呈しているから人がこれを食べる虞は少ないとしても，右行為は不能犯とはいえない」）。下級審にも古い客観説に立つ判例が見られる（高松高判昭和28・11・19判特36号25頁〔殺人未遂罪〕，東京高判昭和37・4・24高刑集15巻4号210頁「覚せい剤の主原料が真正の原料でなかったため，覚せい剤を製造することができなかった場合は，結果発生の危険は絶対に存しない」から，覚せい剤製造未遂罪は不成立）。

しかし，大審院時代に既に**具体的危険説**的説示をする判例が見られたし（大判大正3・7・24刑録20輯1546頁〔金員を強取する目的で通行中の被害者を引き倒してその懐中物を奪取しようとしたが，手を入れた箇所に懐中物が入っていなかったため，目的を遂げなかった行為につき，強盗未遂罪〕「通行人カ懐中物ヲ所持スルカ如キハ普通予想シ得ヘキ事実ナレハ之ヲ奪取セントスル行為ハ其結果ヲ発生スル可能性ヲ有スル」，大判大正11・2・24刑集1巻76頁〔懐中のがま口に入れて携帯する小さな小刀で人を殺そうとした行為につき殺人未遂罪が成立〕，大判昭和3・9・17刑集7巻578頁〔詐欺の目的で人を欺く行為をしたが，特殊の事情によって相手方がこれを看破して錯誤に陥らなかった場合でも詐欺未遂罪は成立する〕，大判昭和21・11・27刑集25巻55頁〔窃盗の目的で物置内を物色したが，目的物が存在しなかったため窃取に至らなかったという事案につき窃盗未遂罪〕），戦後の最高裁判所，下級審にも具体的危険説に立った判例が見られる（最判昭和51・3・16刑集30巻2号146頁[**ピース缶爆弾事件**][59]，東京高判昭和26・8・

---

[59] 本事案では，未遂犯の成否が問題となったのではなく，爆発物取締罰則第1条にいう「爆発物の使用」の意義が問題となった。被告人自ら製造したピース缶爆弾の1個の導火線に点火して，これを機動隊の庁舎正門前に投げつけたが不発に終わったという事案で，

14判特21号170頁〔詐欺未遂罪〕，広島高判昭和36・7・10高刑集14巻5号310頁〔**死体殺人事件**〕）。

（1）手段の不能

a　手段の効果について錯誤があった場合　　大判大正6・9・10刑録23巻999頁〔**硫黄殺人事件**〕は，被告人甲，乙が硫黄粉末五匁を汁鍋中に投じ，これを被害者丙に食べさせ，次いでその3日後，甲が硫黄粉末の混入した水薬を丙に飲ませたがいずれも予期に反して結果が生じなかったので，翌日，甲は丙を絞殺したという事案で，「被告両名ハ殺害ノ意思ヲ以テ二回硫黄粉末ヲ飲食物中ニ混和シコレヲ乙ノ内縁ノ夫タル丙ニ服用セシメコレヲ毒殺セント経シタルモ其ノ方法カ絶対ニ殺害ノ結果ヲ惹起スルニ足ラス目的ヲ達スル能ハサルニ因リ……原判決ニ於テ最初二回ニ連続シテ硫黄粉末ヲ施用シ丙ヲ殺害セントシタルモ其方法絶対不能ニ属シ単タコレヲ傷害シタルに止リタル事実ヲ認メ……殺人未遂罪ト為サス別ニ其ノ結果タル傷害罪ノ事実ニ対シテ刑法第二百四条……ヲ適用処断シタルハ相当」と判示して，行為者や一般人が危険と感じたか否かを問題とすることなく，**古い客観説**の見地から殺人未遂罪の成立を否定し，傷害罪の成立に止めた[60]。

最決昭和35・10・18刑集14巻12号1559頁〔**覚せい剤製造事件①**〕は，覚せい剤の製造に当たって触媒として使用したある薬品の量が不足したため成品を得るに至らなかったという事案で，「いやしくも覚せい剤の製造を企て，それに用いた方法が科学的根拠を有し，当該薬品を使用し，当該工程を実施す

導火線を雷管に接続するために用いた接着剤が導火線内の黒色火薬にしみ込み，その部分の黒色火薬が湿りあるいは固化して燃焼しなくなったため，点火しても燃焼が中断して雷管を起爆させることのできない手製爆弾につき，最高裁判所は，「爆発物の使用」に該当するかどうかは，「単に物理的な爆発可能性の観点のみから判断されるべきでなく，……本件爆弾の構造上，性質上の危険性と導火線に点火して投げつける行為の危険性の両面から，法的な意味において右構成要件を実現する危険性があったと評価できるかどうかが判断されなければならない」，その際，被告人は「導火線に点火すれば確実に爆発する構造，性質を有する爆弾であると信じており，また，一般人においてもそのように信ずるのが当然であると認められる状況にあった」と判示して,具体的危険説の危険判断方法を採用した。
[60]　木村（注19）358頁は，行為者の危険説の見地から，科学的一般人の判断を標準とすれば，硫黄を施用して人を殺そうとしたのは不能犯であると論ずる。

れば本来覚せい剤の製造が可能であるが，ただその工程中において使用せる或る種の薬品の量が必要量以下であったため成品を得るに至らず，もしこれを2倍量ないし3倍量用うれば覚せい剤の製造が可能であったと認められる場合には，被告人の所為は覚せい剤製造の未遂犯をもって論ずべく，不能犯と解すべきでない」と説示して，覚せい剤製造未遂罪の成立を肯定した。

東京高判昭和37・4・24高刑集15巻4号210頁［**覚せい剤製造事件②**］は，覚せい剤の主原料が真正なものでなかったため，その製造工程を施したが，覚せい剤を製造しえなかったという事案で，「右4個の事実については，一応所定の製造工程を経て製品を製造したけれども，これに用いた原末が真のフェニルメチルプロパン，又はフェニルメチルアミノプロパンを含有していなかったので，その製品全部を廃棄したことがうかがわれ，記録に現れた爾余の証拠をもってしても，覚せい剤を製造したとの事実を認めるに足りない。しかも右のように覚せい剤の主原料が真正の原料でなかったため，覚せい剤を製造することができなかった場合は，結果発生の危険は絶対に存在しないのであるから，覚せい剤製造の未遂罪をも構成しないものというべきである」と説示して，覚せい剤製造の未遂罪の成立を否定した。**古い客観説**の見地から，［覚せい剤製造事件①］は相対的不能が，［覚せい剤製造事件②］は絶対的不能と判断されたと解される。

最判昭和37・3・23刑集16巻3号305頁［**空気注射事件**］は，被告人甲が被告人乙に被害者丙の腕を持たせた上，注射器で丙の両腕の静脈内に1回ずつ蒸留水5ccとともに空気合計30ccないし40ccを注射したが，致死量に至らなかったため，殺害の目的を遂げなかったという事案において，「所論は，人体に空気を注射し，いわゆる空気栓塞による殺人は絶対に不可能であるというが，原判決並びにその是認する第一審判決は，本件のように注射された空気の量が致死量以下であっても被注射者の身体的条件その他の事情の如何によっては死の結果発生の危険が絶対にないとはいえないと判示しており，右判断は，原判示挙示の各鑑定書に照らし首肯するに十分」として，**古い客観説**に立って，原判決の結論を支持した（原審東京高判昭和36・7・18高刑集14巻4号250頁は，医学的には，空気を70ccないし300cc静脈に注射すれば空気栓塞による致死の結果が生ずるとしても，「医師ではない一般人は人の血管内に少しでも空気を注射

すればその人は死亡するに至るものと観念」していたと判示して，**具体的危険説**を採用した）[61]。

東京高判昭和58・8・23判時1106号158頁［**懐炉灰放火事件**］は，懐炉灰3本を針金に結わえて，これに点火したうえ，喫茶店の便所の内壁の壁穴から外壁との間の隙間に差し入れて吊るしたという事案で，「喫茶店『ルミエール』の便所の内壁と外壁の間は，密閉された状態で，通風の悪い構造であったため，同判示の方法で火を放っても，これらの壁の内側を構成する木材等の可燃物に延焼する可能性が殆んど存在しなかったことは……明らかなところである。しかしながら，被告人は同判示の行為に及ぶ際，右の事情には気づかず，懐炉灰の火が可燃物に延焼して焼燬の結果を発生させうるものと信じており，また，一般人を被告人が同判示行為の際におかれた立場に立たせてみても，やはり，右の事情の存在には気づかず，同判示の方法によって，懐炉灰の火が右の壁の内側を構成する木材等の可燃物に延焼し，焼燬の結果を発生する危険性があるものと認識するのが当然，と考えられる状況にあったと認められる。このような事情をを前提として考えると，同判示の行為は，現住建造物焼燬の結果を発生する危険性があるものというべきである。したがって，被告人がいやしくも同判示の行為に及んだ以上，それは，現住建造物等放火罪の実行の着手に当たるといわざるをえず，たとえ，同所がたまたま前記のように密閉された状態で，通風の悪い構造となっていたことから，懐炉灰の火が，右の壁の内側を構成する木材等の可燃物に延焼する可能性がなかったことから，焼燬の結果を生じなかったとしても，それは同未遂罪の成立を否定すべき事由とはならない」と判示して，**具体的危険説**を採用した。

b　手段の作用について錯誤がある場合　　福岡高判昭和28・11・10高裁刑判特26号58頁［**空拳銃事件**］は，甲が，警察官乙により緊急逮捕されるに際し，乙が腰に着装していた拳銃を奪取し，乙の脇腹に銃口を当て引鉄を引い

---

[61] 中山（注31）257頁は，客観的危険説の見地から，致死量以下であっても身体的状況の如何では致死の危険性があるという形での量的な「相対化」という意味で相対的不能と云えようが，致死量（70ccないし300cc）よりははるかに低く，まして空気血栓による殺人が絶対に不可能というのであれば，不能犯になると論ずる。

たが，偶々弾丸が装填されていなかったため，殺害の目的を達しなかったという事案において，「案ずるに，制服を着用した警察官が勤務中，右腰に着装している拳銃には，常時たまが装填されているべきものであることは一般社会に認められていることであるから，勤務中の警察官から右拳銃を奪取し，苟しくも殺害の目的で，これを人に向けて発射するためその引鉄を引く行為は，その殺害の結果を発生する可能性を有するものであって，実害を生ずる危険があるので右行為の当時，たまたまその拳銃にたまが装填されていなかったとしても，殺人未遂罪の成立に影響なく，これを以って不能犯ということはできない」と判示して，**具体的危険説**に立っている。

東京高判昭和29・6・16東時5巻6号236頁［**手榴弾投擲事件**］は，手榴弾の中に爆発可能な爆薬は入っていたが，地中に埋没させておいたために雷管と導火線の結合が悪くなっていたものを，殺人の目的で投げつけたという事案で，「右記録によれば右手榴弾なるものは元陸軍の兵器で九一式曳火手榴弾と称せられるもので原審相被告人甲が昭和20年12月頃横浜市内に於いて4個買い受けたが，その後人に見られるのを恐れ箱につめて永らく地中に埋没しておいたところ，偶々本件乙との間の険悪な空気に備え，昭和24年12月20日頃地中より掘り出していたのであるが……その円筒内主爆薬たるピクリン酸は格別変質してはいなかったけれど点火雷管と導火線との結合も悪く又導火線自体が湿気を吸収して質的変化を起しそのため手榴弾本来の性能を欠いており，たとえ安全装置を外して撃針に衝撃を与えても爆発力を誘起し得ないもので，これを爆発せしめるは工場用の巨大なハンマーを使用し急激な摩擦を与えるか或は摂氏200度以上の熱を加えるに非ざれば到底不可能であると認められる。してみればそれは鉄筒の内部にピクリン酸を包蔵し，強烈な爆発力を秘めている一個の爆発物には相違ないが，本来の手榴弾としての構造を失っている以上，人力で投げたりした位では，これを爆発させることはできない」と判示して，爆発物取締罰則第1条〔爆発物使用罪〕及び殺人未遂罪は成立せず，爆発物所持罪の成立だけを認めた。本判決は，行為者や一般人の危険感に全く言及していないので，**古い客観説**に立ったものと見られる。しかし，手榴弾がぼろぼろになってもはや爆発をしない印象を与える場合，未遂罪は否定されるが，本件のように外見上通常の手榴弾の形をしてい

る以上，未遂罪の成立を認めるべきだった。

(2) 客体の不能

大判大正3・7・24刑録20輯1546頁［**懐中無一物事件**］は，通行中の被害者から金員を強奪しようとしたが，手を入れた箇所に懐中物が入ってなかったという事案で，「通行人カ懐中物ヲ所持スルカ如キハ普通予想シ得ヘキ事実ナレハ之ヲ奪取セントスル行為ハ其結果ヲ発生スル可能性ヲ有スルモノニシテ実害ヲ生スル危険アルヲ以テ行為ノ当時偶々被害者カ懐中物ヲ所持セサリシカ為メ犯人カ其奪取ノ目的ヲ達スル能ハサリシトスルモ是ハ犯人意外ノ障害ニ因リ其着手シタル行為カ予想ノ結果ヲ生セサリシニ過キスシテ未遂犯ヲ以テ処断スルニ妨ケナキモノナルヲ以テ本件ニ於テ被害者甲カ懐中物ヲ所持シ居リタルト否トハ強盗未遂罪ノ構成ニ何等影響ヲ及ホスモノニ非ス」と判示して，行為者も一般人も懐中物が存在すると予想しうる場合には未遂罪の成立を肯定している。本判決は**具体的危険説**を採用したものと解される。

大判昭和7・3・25新聞3402号10頁［**ポケット無一物事件**］も，現金を窃取する目的で，被害者の着用する洋服のポケット内に手を差し入れたが，現金がなかったという事案で，「洋服着用者カポケット内ニ金銭ヲ所持スルコトハ通常の事例ナレハ」と判示して，**具体的危険説**的見地から窃盗未遂罪の成立を認めた。

広島高判昭和36・7・10高刑集14巻5号310頁［**死体殺人事件**］は，拳銃で撃たれた被害者をその場で殺意をもって日本刀で突き刺したという事案で，被害者の「生死については専門家の間においても見解が岐かれる程医学的にも生死の限界が微妙な案件であるから，単に被告人甲が加害当時被害者の生存を信じていたというだけでなく，一般人も亦当時その死亡を知り得なかったであろうこと，したがってまた被告人甲の前記のような加害行為により乙が死亡するであろうとの危険を感ずるであろうことはいづれも極めて当然というべく，かかる場合において被告人甲の加害行為の寸前に乙が死亡していたとしても，それは意外の障害により予期の結果を生ぜしめ得なかったに止り，行為の性質上結果発生の危険がないとは言えないから，同被告人の所為は殺人の不能犯と解すべきでなく，その未遂罪を以て論ずるのが相当」と判

示して，**具体的危険説**に立っている[62]。

五　幻　覚　犯

不能未遂から区別されるべきなのがいわゆる不処罰の**幻覚犯**（誤想犯）（Wahndelikt）である。これは罪刑法定主義と密接な関連のある，又，ある程度まで禁止の錯誤に似ている独自の錯誤である。禁止の錯誤は不法に影響を与えることはないが，行為者の法的状況判断に誤りがあったため，責任減少事由となる。幻覚犯では，行為者は，空をつかむ，つまり，法的判断を誤って禁止されていると思っており，もしその判断が正しいならば，この判断は行為者に不利益な影響を与えるところだったが，しかし，そもそも不法が存在せず，したがって，「不法」の意識の存在というものは重要な意味をもたない。「不法」という思い込みだけで「不法」が生ずるものではない。行為者は不能未遂を犯しているわけではない。換言すると，禁止の錯誤では「過少の」不法意識，幻覚犯では「過剰の」不法意識（いわば**禁止の錯誤の裏返し**）がある。誤った不法の意識が如何なる「裏返しの禁止の錯誤」に起因するかは重要でない。行為者の表象した事象が実現しなかったときは「未遂」の幻覚犯，実現したときは「既遂」の幻覚犯であるが，いずれの場合も不処罰である[63]。三種類の幻覚犯が考えられる[64]。

①存在しない構成要件（禁止規範）の違反　　行為者が，自分の行為が実際には存在しないあるいは過去には存在したが，今は廃止された構成要件を充足していると思っている場合。例えば，既婚女性が夫以外の愛人男性と性的関係を結ぶ場合（姦通罪は廃止されている）とか禁止規範の存在しない同性愛行為。これらの場合，構成要件がそもそも存在しないのであるから，誤った

---

[62] 中山（注32）429頁注1は，死体への殺人は，事前の一般的危険感からすればきわめて高度の場合であるが，事後的な客観的判断としては，結果発生の絶対的不可能な場合であると論ずる。

[63] *Triffterer*, (Fn. 42), 15. Kap Rn 32; *R. Moos*, Die Irrtumsproblematik im Finanzstrafrecht, in: Hrsg. v. *R. Leitner*, Aktuelles zum Finanzstrafrecht, 1997, 101 ff., 118 f.; *Kienapfel/Höpfel*, (Fn. 41), Z 24 Rn 20.

[64] *Roxin*, (Fn. 55), § 29 Rn 380 ff.; *Kienapfel/Höpfel*, (Fn. 41), Z 24 Rn 20-20c; *Triffterer*, (Fn. 42), Kap 15. Rn 34; *Gropp*, (Fn. 47), § 9 Rn 25.

表象をもった「行為者」を処罰することは罪刑法定主義に反する[65]。

　②**存在する構成要件（禁止規範）の拡張**（包摂の錯誤の裏返し）　これは規範的構成要件要素との関連で生ずることが多いが，記述的構成要件要素や特別犯との関連でも生じうる（上記，主体の不能参照）。例えば，匿名の書面を作成する者が，自分の行為が文書偽造罪に該当すると思っている場合（名義人の特定できない書面は文書とはいえない）[66]とか，不真正不作為犯において，行為者が自分の把握している事情からは保障人義務が生じないのに，生ずると誤信した場合がある[67]。こういった錯誤によって，直接的に，相応の構成要件要素が過度に伸ばされるだけでなく，間接的に，規範の範囲も突破され，その限界が超えられ，不処罰となるのである。これらの場合，未遂犯の構成要件該当性が否定される。すなわち，可罰行為の範囲は常に規範の客観的射程距離によって定まる。その際，故意は規範が禁止している範囲内になければならない[68]。

　③**正当化事由の誤解**（正当化事由の錯誤の裏返し）　これは，行為者が，正当化事由があるにもかかわらず，誤解して自分の防衛行為を不法だと考える場合である。例えば，酔っ払いに突然襲われた者が防衛行為に出たが，酔っ払いに反撃することは許されないと思っていた場合とか，財物に対する侵害には正当防衛は許されていないと思っていた場合である。この場合は違法性が阻却される[69]。なお，その他の処罰障害事由（免責事由，一身的処罰阻却事由，客観的処罰条件）の誤認も幻覚犯である[70]。

---

[65] *Kienapfel/Höpfel*, (Fn. 41), Z 24 Rn 20a; *Triffterer*, (Fn. 42), 15. Kap Rn 34; *Wessels/Beulke*, (Fn. 52), Rn 622; *Roxin*, (Fn. 55), § 29 Rn 381; *Eser*, (Fn. 11), § 22 Rn 79.
[66] *Kienapfel/Höpfel*, (Fn. 41), Z 24 Rn 20b; *Triffterer*, (Fn. 42), 15. Kap Rn 34; *Wessels/Beulke*, (Fn. 52), Rn 622; *Roxin*, (Fn. 55), § 29 Rn 383「被告人が表象したものは客観的に見て文書偽造を基礎付けない。それ故，客観的構成要件に相応する故意が欠如している。自己の表象内容に基づくと文書偽造でないものを文書偽造だと思う者は不処罰たらざるをえない」。BGHSt 13, 235.
[67] BGHSt 16, 155, 160.
[68] *E. Steininger*, Salzburger Kommentar zum Strafgesetzbuch, § 1 Rn 152; *ders.*, Der Irrtum über normative Tatbestandsmerkmale, JBl 1987, 287 ff., 303.
[69] *Kienapfel/Höpfel*, (Fn. 41), Z 24 Rn 20c; *Triffterer*, (Fn. 42), 15. Kap Rn 34; *Wessls/Beulke*, (Fn. 52), Rn 622; *Eser*, (Fn. 11), § 22 Rn 80.
[70] *Roxin*, (Fn. 55), § 29 Rn 382; *Wessels/Beulke*, (Fn. 52), Rn 623.

第三章 中 止 犯

一 中止犯の根拠

　刑法第43条但し書きは中止未遂（中止犯）を定めるのであるが，その刑法理論的根拠については長く争われてきたし，現在も争われている。この論争が重要な意味を有するのは，その刑法理論的根拠が単に純理論的な事柄に過ぎないというのではなく，中止未遂の成立要件の解釈に指針を与えるからである。

（1）ドイツ語圏刑法の法規定

1975年のドイツ刑法はその第24条において中止犯を定めている。
　第24条（中止犯）
　① 任意に行為の以後の遂行を放棄し，又はその既遂を妨げた者は，未遂犯としては罰しない。行為が中止者の関与がなくても既遂に達しなかった場合，中止者が任意に且つ真摯に所為の既遂を妨げるように努めたときは不処罰である。
　② 数人の者が所為に関与しているときは，任意に既遂を妨げた者は，未遂犯としては罰しない。ただし，行為が，その者の関与がなくとも既遂に達しなかったとき，又はその者の以前の行為への加功とは関係なく遂行されたときは，所為の既遂を妨げるための任意且つ真摯な努力があればその不処罰にとって充分である。

　ドイツ刑法第24条第1項第1文は中止未遂の基本形態である未終了未遂の中止と終了未遂の中止を定め，前者には「放棄」を，後者には「妨げ」を要

求し，いずれの場合も「任意性」が必要である。ドイツ刑法では「未遂犯としては罰しない」と規定されているので，未遂に含まれている他の既遂罪，例えば，殺人の故意で行為に出たが，任意で中止したとき，殺人罪について中止未遂が成立するが，傷害が生じているとき，傷害罪で処罰されうる（加重的未遂。Qualifizierter Versuch）。わが国の刑法では，傷害は殺人未遂に吸収されて，傷害罪が別個に成立するわけではない。ドイツでは，わが国とは異なり，中止未遂は必要的不処罰とされており，その根拠について以前から様々な見解が出されていたが，1975年の刑法全面改正後も，その状況に変化はないが，法律説は過去のものになったといってよいだろう[1]。通説によれば，中止未遂は体系的には一身的刑罰消滅事由と位置づけられる。中止行為によって，未遂行為の構成要件該当性，違法性，責任に変化が生ずるものでないと理解されているのである[2]。

オーストリア刑法はその第16条において中止犯を定めている。
　第16条（中止犯）
　　① 行為者が任意に実行を放棄した場合，又は，数人がこれに関与したときは任意に実行を阻止した場合，又は行為者が任意に結果を回避した場合には，行為者は，未遂犯又は未遂への関与行為の故をもっては罰しない。
　　② 行為者の関与なしに実行行為又は結果が生じなかったにもかかわらず，行為者がこのことを知らずに任意に且つ真摯に実行行為を阻止し又は回避するよう努力した場合にも，行為者は罰しない。

オーストリア刑法第16条第1項は未終了未遂と終了未遂の単独正犯が不処罰になる場合と複数の行為者の未遂関与が不処罰になる場合の三種類の中止犯を定めている。中止犯は必要的不処罰であり，通説はこれを一身的刑罰消滅事由と解している。同第2項は不能未遂の場合にも中止犯の成立を認める。ドイツ刑法と同じく，いわゆる加重未遂は処罰されうる。中止犯を不処罰とする根拠としては，褒賞説や犯罪エネルギー減少説も主張されているが，法

---

[1] H.-H. Jescheck, Th. Weigend, Lehrbuch des Strafrechts AT, 5. Aufl., 1996, § 51 II.
[2] K. Kühl, Strafrecht AT, 7. Aufl., 2012, § 16 Rn 1 ff.

的平和の攪乱が行為者自身によって除去されたので,一般予防,特別予防の理由から処罰する理由はないと説く刑罰目的説が通説である[3]。

スイス刑法はその第23条において中止犯を定めている。
第23条（中止犯と行為による悔悟）
① 行為者が自発的に（aus eigenem Antrieb）可罰的行為を終了させないか,所為の既遂を阻止するための寄与をするとき,裁判所は刑を減軽又は刑を免除できる。
② 複数の正犯者又は共犯者が一個の所為に関与するとき,裁判所は,所為が既遂に至るのを阻止するために自発的に寄与する者に対する刑を減軽又は刑を免除できる。
③ 正犯者又は共犯者の中止が所為の既遂を阻止するところだったが,別の理由から既遂に至らなかったときも,裁判所は刑を減軽又は刑を免除できる。
④ 複数の正犯者又は共犯者の一人が,自発的に,所為が既遂に至るのを阻止する真摯な努力をするとき,所為がこの者の所為寄与と関係なく行われるとき,裁判所は刑を減軽又は刑を免除することができる。

スイス刑法は,未終了未遂の中止を中止犯,終了未遂の中止を行為による悔悟（Tätige Reue）と表現している。スイス刑法では,いずれの場合も,ドイツ刑法やオーストリア刑法とは異なり,刑罰の任意的減軽又は免除が認められるに過ぎないので,その実践的意義がかなり失われていると指摘される[4]。中止犯の根拠としては,法律説はもはや今日的意味を失い,事例ごとに黄金の架け橋説を含めた諸説が柔軟に用いられている[5]。通説・判例によれば,「自発的に」という要件では,動機の質が問題とされることはなく,し

---

[3] *M. Brockaus*, Die strafrechtliche Dogmatik von Vorbereitung, Versuch und Rücktritt im europäischen Vergleich, 2006, 252 f.; *G. Hager, W. Massauer*, Wiener Kommentar zum Strafgesetzbuch, 2. Aufl., 1999, §§ 15, 16 Rn 126. なお,オーストリアの1971年政府刑法草案第16条の説明書は,不処罰の根拠として黄金の架け橋説と虚弱説を併記している。EBRV 1971, 86 r Sp. フォレッガーは黄金の架け橋説を支持する。*E. Foregger*, Allgemeine Bestimmungen (§§ 1 bis 17 RV), in: Zum neuen Strafrecht, 1973, 19 ff., 34.
[4] *G. Stratenwerth*, Schweizerisches Strafrecht AT I, 4. Aufl. 2011, § 12 Rn 51.
[5] *Stratenwerth*, (Fn. 4), § 12 Rn 52.

たがって，刑罰を恐れてやめるという場合でも認められるが，刑の減軽（一身的刑罰減軽事由）か刑の免除（一身的刑罰消滅事由）かの選択に当たっては，中止動機の倫理的性質が尊敬に値するか否かが重要な意味を有する[6]。

（2）ドイツ語圏刑法学における議論状況

中止未遂が障害未遂に比して寛大な扱いをされる根拠については様々な見解が披瀝されている。大雑把に見ると，次のとおりである[7]。

a 法律説 (Rechtstheorien)

最も古く，中止犯に特典を賦与する根拠として主張されたいわゆる法律説は，未遂犯として処罰することにつき法的障害があること，すなわち，任意の中止によって所為自体（今日の用語では構成要件該当性と違法性）が消滅し，当然，法的処罰障害が生ずると説く。ドイツ刑法学では，任意の中止によって，法律に外面的に矛盾する行為も行為者の犯罪既遂に向けられた悪意も「遡って」消滅するとか（ツァハリエ）[8]，ましてや，未遂と中止は一体をなすという観点からは，任意に既遂を思いとどまることで，「害悪のある結果への原因」が，したがって，違法性が除去される（ビンディング）[9]と論じられることになる。オーストリア刑法学でも，改正前刑法について，刑罰消滅事由説が支配的であったが，任意の中止を「未遂の消極的概念要素」と解する説もあった。任意の中止の場合，可罰的未遂がはじめから存在しない，未遂は遡って取り消されるとされたのである。それは，旧刑法には中止未遂の明文の規定がなく，その第8条第1項が未遂犯について，「犯罪の完遂が無力，他人による妨害

---

[6] *G. Stratenwerth, W. Wohlers*, Schweizerisches Strafgesetzbuch. Handkommentar, 2007, Art. 23, Rn 1 ff.; *Stratenwerth*, (Fn. 4), § 12 Rn 70; *A. Donatsch, S. Flachsmann, M. Hug u. U. Weber*, Schweizerisches Strafgesetzbuch. Kommentar, 18. Aufl., 2010, Art. 23 Rn 1 ff.; *K. Seelmann*, Strafrecht AT, 4. Aufl., 2009, 125.

[7] 参照，香川達夫『中止未遂の法的性格』1984年，山中敬一『中止未遂の研究』2001年，町田行男『中止未遂の理論』2005年，金澤真理『中止未遂の本質』2006年，野澤充『中止犯の理論的構造』2012年。

[8] *H. A. Zachariä*, Die Lehre vom Versuche der Verbrechen, Teil II, 1839, 239. 近時は，ヒッペルが任意の中止を「消極的構成要件要素」として，構成要件不該当事由と理解する。*R. v. Hippel*, Untersuchungen über den Rücktritt vom Versuch, 1966, 66.

[9] *K. Binding*, Strafrechtliche und strafprozessuale Abhandlungen, 1915, 125 ff.

の発生又は偶然によって生じなかった」[10]と規定しているところから，その裏返しとして形式論理的にそれ以外の場合には未遂はおよそ存在しないと推論されたのである[11]。

たしかに，法律説は適切にも未遂と中止の相互依存関係を指摘するが，しかし，そのことから未遂犯と中止犯が一体をなすとまではいえない。外的及び内的事象それ自体を「遡って消滅させる」とか世界から払拭できるとか云うことはありえないと批判される。未遂に中止が後続するにせよ，未遂は未遂であり。勿論，「全体的考察」からすると，ビンデイングが説くように，法律論理として，違法性が阻却されるとすることも可能である。しかし，例えば，行為者が傷ついた被害者を犯行後救う場合，まったく違法な殺人未遂と見るべきでないというようなことは規範的に見て説得力に乏しい。とりわけ，共犯に及ぼす不公平な影響といった点からも不法を否定することはできない。というのは，行為者が任意に中止した場合，正犯に不法が欠如しているため，教唆犯や幇助犯も不処罰とならざるを得なくなるという不当な帰結が導かれるのである。直接行為者の不処罰が，自らは中止しなかったし，そのつもりも無かった外部の者の有利に働くべきなのか，その理由が分からないし，さらに，一人の共同加担者の中止が他の共犯者の関与を不処罰にしうるなら，それは刑法第24条第2項に反すると批判されるのである[12]。

---

[10] ここに「偶然」とは行為者の意思とは無関係の事情のことであり，「無力」には驚愕，恐怖心，嫌悪感といった精神的なものを含むと理解されている。*F. Nowakowski*, Das österreichische Strafrecht in seinen Grundzügen, 1955, 93.

[11] *A. Finger*, Österreichsches Strafrecht I, 3. Aufl., 1912, 548; *C. Stooß*, Lehrbuch des österreichschen Strafrechts, 2. Aufl., 1913, 131は本説を徹底させて幇助犯も不処罰とするが，*W. Malaniuk*, Lehbuch des Strafrechts I, 1947, 221は幇助犯を処罰する。なお，OGH EvBl 1965/11「中止未遂は構成要件不該当事由でもなく，刑罰消滅事由でもなく，構成要件それ自体に関係する」。しかし，プラッツグマーは，「未遂の消極的概念要素論」に対して，未遂構成要件は未遂段階に入るとともに肯定するのであって，事後的に未遂でなくなることはないと批判した。*W. Platzgummer*, Der freiwillige Rücktritt vom Versuch und seine Behandlung in der Fragestellung an die Geschworenen, JBl 1957, 1 ff.

[12] *C. Roxin*, Strafrecht AT, Bd. II, 2003, § 30 Rn 12; *H. Lilie, D. Albrecht*, Leipziger Kommentar StGB, Band 1, 12. Aufl., 2007, § 24 Rn 6. 参照，木村静子「中止犯」（日本刑法学会編『刑法講座4』所収）1963年・21頁以下，22頁。

最近でも，フォン・ヒッペル（Fn. 8), 66が法律説を採用し，任意の中止を「消極的構成要件要素」（つまり，構成要件不該当事由）と捉えるが，共犯への不都合な帰結を避けるため，共犯従属性を放棄するという考えは，現行法にそぐわない，正犯に中止犯を認め不

b 黄金の架け橋説 (Theorie der „goldenen Brücke")

フォイエルバッハに遡り[13], 1871年のライヒ刑法典施行後, リストによって展開された[14]「撤退のための黄金の橋を架ける」という黄金の架け橋説は,**「刑事政策説 (die kriminalpolitische Theorie)」**とも呼ばれるが, その基本思想は, 犯罪を既遂を前にして思いとどまらせるためには行為者に刺激を与えなければならないというものである。「黄金の架け橋」という刺激は, 任意に中止すれば未遂は処罰されないという約束である。未遂の可罰性を「遡って消滅させることはできない」し, 世界からなくすこともできないが,「それでも, 立法者は刑事政策的根拠から既に犯罪を犯した行為者に退却のための黄金の架け橋を建てることはできる」と[15]。

ライヒ裁判所の判例では, 刑罰目的説や褒賞説ないし恩恵説の思考も混じっているが, 黄金の架け橋説が支配的だった。行為者に「できるだけ長く……放棄へ向けての刺激を与え, この途上で犯行の既遂に伴う危険を防止する」ことが中止犯規定の目的であるとか[16],「犯罪計画から撤退するためにいわば『黄金の橋を建てる』」と説示されている[17]。連邦通常裁判所も, その初期の判例において, 任意の中止にあっては贖罪の必要がなくなることと並んで,「切迫する損害を回避することに役立つ行為者の行為が促進される」と説示している[18]。

黄金の架け橋説は, 今日でも主張されるが, しかし, それはフォイエルバッハが説いていたように,「消極的」形での主張である。すなわち, フォイエルバッハは,「国が人にその既に開始された犯行について処罰を免れることなく後悔させるなら, 国はいわば犯罪を既遂へと強要することになる。と

処罰とし, 共犯を未遂の共犯として処罰しながら, 同時に, 共犯のかかわるものが存在しなくなるというようなことは主張できないと批判される。*Roxin*, (Fn. 12), § 30 Rn 13.
[13] *J. P. A. v. Feuerbach*, Kritik des Kleinschrodischen Entwurfs, 1804, 102 ff.
[14] *F. v. Liszt*, Lehrbuch des deutschen Strafrechts, 1. Aufl., 1881, 143; *F. v. Liszt, E. Schmidt*, Lehrbuch des deutschen Strafrechts, 25. Aufl., 1927, 315. 本説は, それ以前にも他の論者によって主張されていたことにつき, *K. Ulsenheimer*, Grundfragen des Rücktritts vom Versuch in Theorie und Praxis, 1976, 42, Fn. 60.
[15] *F. v. Liszt*, Lehrbuch des deutschen Strafrechts, 21/22. Aufl., 1919, 201.
[16] RGRspr. VIII, 13.
[17] RGSt 73, 52, 60.
[18] BGHSt 6, 87.

いうのは，未遂へと駆り立てられた不幸者は，悔悟によって得るべき何も大きなものももっていないし，所為を終了させることによって失うべき何も重要なものももっていないことをどの道知っているからである」と論じていた[19]。今日，本説は**被害者保護**の思想と結合されて根拠付けられることがある。プッペは，「被害者救済のために……行為者に結果を回避するための『黄金の架け橋』を建て，できるだけ長く維持することが重要である。不処罰にするという制度が行為者を結果阻止へと動機付ける適切な手段とはほとんどいえないとしても，それでも，さもなければ，未遂によって行為者の可罰性が終局的に確定するというところから生ずる心理的障害がこの制度によって除去される」と論ずる[20]。その弟子のヴァインホルトは被害者保護の観点を徹底させて，次のように論ずる。行為者の側面と被害者の側面が異なった結果を導く場合，被害者思想が優先されるべきである。中止を評価し，資格を認める基礎として行為者の行為を捉えるのは「行き詰まり」になっているから，被害者論拠が援用されねばならない。国の刑罰請求権が被害者の利益に反する限り，この刑罰請求権は引っ込められるべきである。個別の事件の被害者の利益，必要事という観点から，「どのようにして行為者は侵害される法益に対する危険を取り除くことができるのか」が問われるべきである。「行為者のために建てられるべき『黄金の架け橋』という観念は，行為者が決して重要なのではないという点で，構想の歪曲である」と[21]。

　ドイツ連邦通常裁判所にも被害者保護の観点を考慮する判例がある。但し，それは，被害者とのかかわりを止めるだけで不処罰とされる可能性を認めることが被害者保護の観点から意味があると説示しているので，被害者保護の観点を未終了未遂の中止に限定して，しかも中止犯規定を基礎付ける部分側面として論じているのである[22]。

19　*Feuerbach*, (Fn. 13), 102.
20　*I. Puppe*, Der halbherzige Rücktritt, NStZ 1984, 488, 490. プッペは，その後の論文では中止犯の不処罰を「退却行為に報いる」ことに帰しているので，現在では，褒賞説に分類できよう。Zur Untrscheidung von unbendedetem und bedendetem Versuch beim Rücktritt, NStZ 1986, 14, 18; *dies.*, Rücktritt vom Versuch des Totschlags, NStZ 1990, 433, 434.
21　*I. E. Weinhold*, Rettungsverhalten und Rettungsvorsatz beim Rücktritt vom Versuch, 1990, 30 ff.
22　BGHHSt〔GS〕39, 221, 232（行為者がなお法益侵害を回避できる限り，被害者保護へ

たしかに，中止によって不処罰とされることが行為者の判断に影響を及ぼすことのあることは否定できない。しかし，黄金の架け橋説には，様々な欠点が指摘される。先ず，中止の基礎となるべき動機が実際には生じないという批判である[23]。ライヒ裁判所や連邦通常裁判所の判例を見ても，行為者が不処罰にしてもらいたいと思って未遂を中止した例は見当たらない[24]。連邦通常裁判所も，たいていの場合，行為者は未遂にあって法律効果のことを必ずしも考えていないと説示して黄金の架け橋説から離れたのである[25]。黄金の架け橋説が前提とする，比較衡量する合理的行為者というのはほとんどいないということである。さらに，発見の虞なく犯行を危険を冒すことなく既遂まで敢行しうるが，任意に中止するという模範的行為者について云えば，この者にそもそも不処罰にしてもらうための誘因というものがないと云えよう。というのは，例えば，殺人の禁止規範に違反して敢えて殺人行為に出た者が，中止未遂が不処罰であることを見越して行為を止めるというようなことはあまり考えられないし，又，既遂にいたっても発見されることはなく，したがって処罰されることもないと考えるからである[26]。

そもそも未遂の可罰性や着手時期，中止の効果に関する知識が素人にあるのかという疑問がある[27]。この点につき，行為者－被害者－和解による被害者保護，原状回復の諸規定（刑法第46条ａ，刑訴法第153条ａ第１項第５号，少年裁判所法第10条第１項第７号）とか行為による悔悟の諸規定（刑法第83条ａ，第149条第２項，第３項等）が呼びかけ機能を有しており，同様に，刑法第24条は損害を防ぎ，原状回復をする行為態様を促す積極的規定として社会倫理的に定着

と動機付けられるべきである）。Vgl. *Lilie/Albrecht*, (Fn. 12), § 24 Rn 10 FN 24.
[23] O. *Triffterer*, Österreichisches Strafrecht AT, 2. Aufl., 1972, § 16 Rn 49; *Lilie/Albrecht*, (Fn. 12), § 24 Rn 8; H. J. *Rudolphi*, Systematischer Kommentar zum Strafgesetzbuch, Bd. 1, 6. Aufl., 1993, § 24 Rn 2.
[24] P. *Bockelmann*, Wann ist der Rücktritt vom Versuch freiwillig?, NJW 1955, 1417 ff., 1420, Fn. 41; *Ulsenheimer*, (Fn. 14), 70.
[25] BGHSt 9, 48, 52（たいていの場合，行為者は未遂に際して刑法上の効果のことを考えることはない。こういったことを考慮してほしいときですら，かならずしもこういった考慮によって中止の決意をすることにはならない）。BGHSt 14, 75, 80.
[26] *Roxin*, (Fn. 12), § 39 Rn 18; W. *Gropp*, Strafrecht AT. 3. Aufl., 2005, § 9 Rn 82.
[27] J. *Baumann*, U. *Weber* u. W. *Mitsch*, Strafrecht AT. 11. Aufl., 2003, § 27 Rn 7.

していると指摘されることがある[28]。しかし，行為者－被害者－和解は結果発生後の被害者への行為が問題となっており，行為による悔悟でも既遂後の行為者の行為が問題となっているのであって，これらと中止犯規定を対比するのは適当でないことが指摘される[29]。もっとも，一般に，適宜に犯罪行為を中止すれば寛大に扱ってくれるという素人的感覚があるとは云えようが，そういう説明だけでは十分でない。というのは，それではせいぜい減軽は説明できるが，不処罰の説明ができないからである。しかも，発見の虞なく任意に中止し，したがって，刑事訴追の可能性をまったく考慮しない者は寛大さを当てにする必要はない[30]。

本説は，仮にその心理学的前提要件が仮に正しいとしても，任意性規準を十分に説明できないとも批判される。というのは，他でもなく，行為者が，発見されたと気づいたが，それでも既遂に至らしめることはできるが，後に逮捕されるのを覚悟しなければならないと考える場合，不処罰が約束されていることによって構成要件の実現を思いとどまる強力な動機が生じうるが，他方，いずれにしても処罰されるということになれば既遂への動機付けが生じよう。しかし，このような未遂については今日一般に中止の任意性が否定されることから，被害者を大事にする黄金の架け橋を行為者の中止のため建設しようとするなら，非任意的中止も不処罰とせざるを得なくなろう。しかし，そういうわけには行かない。さらに，黄金の架け橋説は両面価値的であることも指摘される。たしかに，行為者に約束される不処罰によって被害者は大事にされることになる。しかし，いつでも不処罰という効果を伴って窮地を脱することができることにでもなれば，行為者を未遂，場合によっては既遂へと刺激しかねないことになる[31]。

最後に，橋を架けて退却の道を設けなくとも結果の発生しない不能未遂について，黄金の架け橋説ではその可罰性が説明できないことも指摘される[32]。

---

[28] *G. Greeve*, Zielerreichung im Eventualvorsatz und in anderen Versuchsformen: über Porosität und Bestimmtheit der Rücktrittsvoraussetzungen (§ 24 Abs. 1 StGB), 2000, 186 f.
[29] *Lilie/Albrecht*, (Fn. 12), § 24 Rn 9.
[30] *Roxin*, (Fn. 12), § 30 Rn 19.
[31] *Roxin*, (Fn. 12), § 30 Rn 20.
[32] *B. v. Heintschel-Henegg*, Versuch und Rücktritt, ZStW 109, 1997, 29, 40; *Lilie/*

結局, 黄金の架け橋説は, フォイエルバッハの主張の限度で, つまり, いずれにしても処罰されると考えることで行為者に退却への道を遮断してはならないという限度で適切であると云えよう[33]。

c 褒賞, 恩恵ないし称賛説 (Die Prämien-, Gnaden- bzw. Verdienstlichkeitstheorie)

褒賞説は, 恩恵説とも称賛説とも呼ばれるのであるが, 黄金の架け橋説とは異なり, 心理学的仮定や擬制を避けることから出立する[34]。ボッケルマンは, プロイセン一般ラント法に遡る伝統を引き合いに出し, 行為者は自分に向けられる責任非難の重さを一定程度まで少なくとも称賛に値する行為によって釣り合いを取ることで相殺する, したがって, 「行為者を刑罰で煩わせないこと, つまり, 恩恵を与える」のが適切である, 行為者の称賛に値する, 報いられるべき行為というのは, 未終了未遂では可罰的行為の実行の任意の放棄であり, 終了未遂では結果発生の任意の阻止であると論ずる[35]。イェシェック／ヴァイゲントは, 任意の中止にあっては, 「社会において行為者の所為が与える法を動揺させる印象が部分的に消滅するので, 寛大な処置がふさわしい。これに加えて, 行為者は未遂の不法を称賛に値する行為というつりあい錘によってある程度まで調整しているといえる」[36]と論ずる。ヴェッセルスも, 「法律は任意に選択された中止が称賛に値することを不処罰で報いる」と表現している[37]。

Albrecht, (Fn. 12) , § 24 Rn 11.
[33] *Jescheck/Weigend*, (Fn. 1), § 51 I.2; *Th. Vogler*, Leipziger Kommentar zum StGB, 10. Aufl., 1985, § 24 Rn 9.
[34] わが国では, 刑事政策説と褒賞説は組み合わされて主張されることが多いので, 同じものと認識されているようであるが(西田典之『刑法総論』2006年・295頁), 今日, ドイツ刑法学では両者は明確に区別されている。
RGSt 6, 341; 17, 244; 39, 39; 63, 159; 72, 350; 73, 52, 60.
[35] *Bockelmann*, (Fn. 24), 1421; *P. Bockelmann, K. Volk*, Strafrecht AT, 4. Aufl., § 27 V 3. Vgl. *R. Schmidt*, Grundriß des deutschen Strafrechts AT, 2. Aufl., 1930, 158.
[36] *Jescheck/Weigend*, (Fn. 1), § 51 I3.
[37] *J. Wessels, W. Beulke*, Strafrecht AT, 42. Aufl., 2012, § 14 Rn 626. ドイツ連邦通常裁判所にも報奨に言及する判例が散見される。BGHSt (GS) 39, 221, 231; BGH NStZ 1993, 279; BGH NStZ 1986, 264, 265; BGHSt 35, 90, 93. オーストリアでは, *D. Kienapfel, F. Höpfel*, Strafrecht AT, 12. Aufl., 2007, Z 23 Rn 6; *W. Platzgummer*, Die „Allgemeinen Bestimmungen" des Strafgesetzentwurfes im Lichte der neueren Strafrechtsdogmatik, JBl 1971, 236 ff., 246.

本説は，たしかに，失効未遂が初めから中止犯適用から除外されること，中止犯規定が任意の行為を前提としていることを説明できるものの[38]，しかし，任意の中止が不処罰で「報われる」というのは，法文の言い換えに過ぎないとして批判される。本来の問いは任意の中止が不処罰で報われる理由は何かという点にある。褒賞説は不処罰の正当化根拠を挙げていない[39]。そもそも寛大な処置をとり，それ自体可罰的行為に初めから恩恵を与えるというようなことは立法者の任務でない[40]。さらに，刑法の目的は犯罪者に褒賞を与えることにあるわけではないから，犯罪者が法的に当然果たすべき責任を果たすという点に関して，何が称賛に値するのかという問いは立てられようがない[41]。「恩恵」という観点は，未遂行為が違法，有責であることを否定できないことの証明であり，犯罪成立要件を充足しているにもかかわらず不処罰とするには，それなりの理由が必要であるが，その理由が欠如している[42]。実際，褒賞説論者も多かれ少なかれ刑罰理論に依拠している。ボッケルマンは責任非難の減少を指摘し，行為者の再犯を予期するに及ばないとの希望を指摘する[43]。イエシェック／ヴァイゲントは，任意の中止者は犯行の「法を動揺させる印象」を消滅させていると論ずる[44]。ヴェッセルス／ボイルケは，「結果発生の阻止を伴う合法性への復帰が未遂の不法と一般の人々の法意識に与える行為者の消極的影響を部分的に相殺し，したがって，要罰性が否定されうる」と論ずる[45]。結局，褒賞説は刑罰目的説の痕跡を有する説であって，独立の意義を有するものではないではないかという疑問が生ずる[46]。

褒賞説類似の説にイエガーの**行為者に帰属可能な法益危殆化の反転説**（Die dem Täter zurechenbare Umkehr der Rechtsgutsgefährdung）がある。それによれば，

---

[38] H. Kudlich, Grundfälle zum Rücktritt vom Versuch, JuS 1999, 240, 241; Lilie/Albrecht, (Fn. 12), § 24 Rn 13.
[39] Baumann/Weber/Mitsch, (Fn. 27), § 27 Rn 7; Lilie/Albrecht, (Fn. 12), § 24 Rn 13.
[40] Roxin, (Fn. 12), § 30 Rn 23.
[41] R. D. Herzberg, Grund und Grenzen der Strafbefreiung beim Rücktritt vom Versuch, in: Lackner-FS, 1987, 325 ff., 343.
[42] Ulsenheimer, (Fn. 14), 76 f.
[43] Bockelmann, (Fn. 24), 1420.
[44] Jescheck/Weigend, (Fn. 1), § 51 I 3.
[45] Wessels/Beulke, (Fn. 37), Rn 626.
[46] Roxin, (Fn. 12), § 30 Rn 23.

中止犯というのは，先行した未遂の不法，責任とは関係のない独自の「不処罰構成要件」であって，これは積極的事後行為に基づくのである。積極的事後行為は帰属可能な，危殆化を反転させる試みである。行為者はこの行為によって危殆化を除去する。危殆化からの反転に必要な要件は，危殆化が現実に存在するのか行為者の観念にのみ存在するかによって異なる。中止によって，未遂から惹起された危殆化が除去されるのであり，未遂からその効果を奪った事は行為者の功績である。したがって，必要とされる中止行為はそれぞれの危殆化に応じたものでなければならない。立法者は，刑法第24条第1項第2文を定めることで，行為者に帰属可能な危殆化の反転に報いている。刑罰を免れさせる行為には基本的に刑罰を基礎付ける行為と異なったことが妥当しうるものでなく，中止は一般的未遂理論のあらゆる帰属要素を含むのであるから，「危殆化の反転 – 結果」は中止者に客観的にも主観的にも帰属可能でなければならない。主観的帰属可能性は中止の任意性を通って現れると[47]。本説には，先ず，「不処罰構成要件」なるものは未遂の可罰性を消滅させるのであるから，未遂に位置づけられねばならないのではないかという疑問が生ずる[48]。さらに，危殆化の反転というものが，この規準がどのように理解されようと，たしかに，中止者の功績である。しかし，なぜこの功績が不処罰に繋がるのかという問いには，イエーガーも刑罰理論に依拠する。行為者は，具体的に生じている危殆化を引き返させることによって，又は，危殆化が実際には生じていない限り，引き返しを試みることによって，自分が信用できることを実証していると[49]。

d　刑罰目的指向説（Strafzweckorientierte Theorien）

本説は，一般予防や特別予防，責任調整が処罰を要求しないと説明する。ドイツ連邦通常裁判所は次のように説示している。「行為者が開始された未

---

[47] Ch. *Jäger*, Der Rücktritt vom Versuch als zurechenbare Gefährdungsumkehr, 1996, 63 f, 93 ff, 126, 129 f.; *ders.*, Anmerkung zum BGH, Urt.v.18.8.1998, NStZ 1999, 608 f.; *ders.*, Das Freiwilligkeitsmerkmal beim Rücktritt vom Versuch, ZStW 112 (2000), 783 ff, 800 ff.

[48] *Roxin*, (Fn. 12), § 30 Rn 32.

[49] *Jäger*, (Fn. 47. Der Rücktritt), 126. Vgl. *Roxin*, (Fn. 12), § 30 Rn 24.

遂を任意に止めるとき，そこに，犯罪意思が，所為の実行に必要とされるほど強くは無かったことが分かる。未遂に当初現れた行為者の危険性が，後になって，かなり弱かったことが分かる。この理由から，刑法は『未遂それ自体』を処罰しないことにした。というのは，行為者の再犯を防止したり，他人を威嚇したり，侵害された法秩序を恢復するために，刑を科する必要はもはやないように思えるからである」。刑法は，行為者が適時に放棄したその犯罪の決意を行為者に帰属させず，未遂行為によって他の可罰的行為の構成要件を完全に充足した場合にのみ行為者を罰するときの方が，刑法はとりわけ特別予防の目的と正義の思想がよく維持されていると考えていると[50]。中止行為が処罰の不要であることを徴表するという点で，**兆候説**（Indiztheorie）とも呼ばれる。行為者の犯罪エネルギーが既遂に至るほどではなかったことが証明されるという説は**虚弱説**（Infirmitätstheorie）と呼ばれる。

しかし，この刑罰目的説によれば，一方で，具体的事案において，なぜ行為者が結果の発生を阻止することに失敗したときにも処罰されねばならないのかの説明がつかないと批判される。というのは，この場合，行為者にはそれほど多量の犯罪エネルギーがあることの証明がないからである[51]。他方で，中止行為者の危険性の極小化が概括的にすぎ，もっぱらここから科刑の必要性の無いことを導出するものとして批判される。未遂の段階に入り，それから中止する行為者は刑法の要請という点からは不安定な人なのである[52]。心理的抑制を完全には抑制できない者は，犯罪に向かっており，次回は犯罪を完遂するかもしれないからである。したがって，行為者への特別予防の働きかけを必要としないというのは「極めて大胆な犯罪学的予測」[53]であるとか

---

[50] BGHSt 9, 48, 52; 14, 75, 80. なお，学説には，一方で，中止犯を一面的に「規範遵守用意」という意味での**確証モデル**（Bewährungsmodell）で特別予防指向的に基礎付ける試み（*M. Walter*, Der Rücktritt vom Versuch als Ausdruck des Bewährungsgedankens im zurechnenden Strafrecht, 1980)，他方で，一面的に一般予防で基礎付ける試みがある（*E. Schmidhäuser*, Strafrecht AT, Studienbuch, 2. Aufl., 1984, 11. Kap Rn 60)。

[51] *F. Nowakowski*, Das österreichische Strafrecht in seinen Grundzügen, 1955, 93; *M. Burgstaller*, Versuch und Rücktritt vom Versuch, StPdG 3 (1975), 7 ff., 30; *Triffterer*, (Fn. 23), § 16 Rn 49.

[52] *Roxin*, (Fn. 12), § 30 Rn 5; *Jescheck/Weigend*, (Fn. 1), § 51 I4.

[53] *D. Lang-Hinrichsen*, Bemerkungen zum Begriff der „Tat" im Strafrecht unter besonderer Berücksichtigung der Strafzumessung, des Rücktritts und der tätigen

「たんなる願望的思考で根拠のない推測」にすぎない[54]として経験的実証性の欠けていることが指摘されるのである。

ロクスィーンは、これが誇張な指摘であるとしても、中止者の犯罪性向の治癒の存否、程度は個別事例ごとに異なることは確かであるものの、だからと言って刑罰目的説そのものへの批判にはなりえないとして、次のような**修正刑罰目的説**（Die modifizierte Strafzwecktheorie）を展開する[55]。「害悪を与える性向」だけでは行為刑法における刑法介入の正当化はできない。犯罪者の具体的行為から、犯罪者には犯罪を実行する意思と能力のあること、犯罪者はその決意を保持し、外的状況によってしか所為の実現を阻止されなかったことが判明したという点にこそ、刑法介入の正当性がある。すなわち、特別予防の働きかけの必要性は現実の出来事、現にある「所為」から生じなければならない。任意に中止する者にはこの前提条件が欠如している。行為者は未遂の所為に関して合法性へ復帰したのであり、犯罪者にまだ残っているかもしれない犯罪性向は、他の犯罪行為に出る虞のある人にとってと同じく、処罰のきっかけを与えることにはならない[56]。

一般予防の観点からも処罰の必要性が無くなることについては次のように説明される。未遂の第一次的処罰根拠である危険性を中止行為者自身が除去したのであり、同じく、危険でない未遂の可罰性も担う法に動揺を与える印象というものも中止の任意性によって消滅する。適時且つ任意に中止した者は一般の人々に悪例を残さないのであり、行為者の行為において最終的に貫徹された法をある程度確認しているのである。行為者が努力したが、行為者

Reue beim Versuch und der Teilnahme, in: Engisch-FS, 1969, 353 ff, 370.
[54] *R.D. Herzberg*, Zum Grundgedanken des § 24 StGB, NStZ 1989, 49 ff, 56.
[55] *Roxin*, (Fn. 12), § 30 Rn 6 f. Vgl. *K. Ambos*, Gesamtes Strafrecht. Handkommentar, 2. Aufl., § 24 Rn 1.
　修正刑罰目的説は既にブロイによって展開されていた。中止未遂は特別予防の観点からも一般予防の観点からも処罰の必要がない。行為者は、一方で、処罰されることなしに合法性に復帰しているし、他方で、法共同体が未遂によって動揺させられた印象と法秩序と法の有効性への法共同体の信頼が任意の中止によって強化され、恢復され、その結果、行為者の処罰は放棄されうる。法的に重要な危険はもはや存在しないのであるから、処罰を支える一般予防の根拠も欠如する *R. Bloy*, Die dogmatische Bedeutung der Strafausschließungs- und Strafaufhebungsgründe, 1976, 158 ff.
[56] *Roxin*, (Fn. 12), § 30 Rn 6.

の関与なしに既遂に達しなかった場合でも，行為者が不処罰にとどまるのは，結果が生じていないので一般予防からの処罰の必要性が著しく低下し，特別予防上重要な行為者の「反転」を不処罰で報いることができるからであると[57]。ロクスィーンはその説く機能的責任論から，中止未遂を答責阻却事由と位置づける[58]。

修正刑罰目的説に対する批判，例えば，予防上の必要性というのは不確かであり，経験的には十分に証明できないという主要な批判に対して，ロクスィーンは，こういった批判が連邦通常裁判所の予防的予測の開示には当てはまるが，行為刑法という規範的与件に基づく修正刑罰目的説には当てはまらないと反論する。一般予防についても，その経験的実証は困難であるが，立法というのは個別事例の所見に基づくのではなく，犯罪学の一般的予測に反しない限り，一般的仮定に基づくことは許されると反論する[59]。

e 責任履行説 (Schulderfüllungstheorie)

ヘルツベルクは，刑罰目的論は誤った取り組み方から出立している。すなわち，刑罰を科することに意味がないという否定の主張は，中止未遂の不処罰効果の積極的側面を見失っていると主張して，刑法外，つまり，民事法や公法で定立された「履行による処理」という原則から出立する。すなわち，中止犯の不処罰の法的根拠は「警告の原因となった不法行為を終了及び修復する自分の義務を，自分に帰属可能な行為によって履行するとき，強制警告（この場合，刑罰警告）は無くて済まされるという一般的法原則の遵守」という命題に見出される。中止者が「未遂によって基礎付けられた修復責任を果たす点までは責任がなくなる」[60]。

本説には，「処理原則」が直ちに刑法へ導入できるものではないと批判される。刑法以外の法領域では，適法状態の回復（債務履行，障害の除去等）が重

---

[57] Roxin, (Fn. 12), §30 Rn 7. なお，中止犯を積極的一般予防の観点からだけで基礎付けるのが，M. Bergmann, Einzelakts- oder Gesamtbetrachtung beim Rücktritt vom Versuch, ZStW 100 (1988), 329 ff., 334 ff.
[58] Roxin, (Fn. 12), §30 Rn 29.
[59] Roxin, (Fn. 12), §30 Rn 9.
[60] Herzberg, (Fn. 54), 49 ff.; ders., (Fn. 41), 349 f.

要である。それが実現すると，法的問題は実際に処理されることとなる。ヘルツベルクは，責任という概念の下で，「刑法の非難可能性に代わって，自分に向けられた請求権を履行する債務者の義務」と理解するが，未遂の刑法上の責任が中止によって消滅する理由が明らかでない。なるほど，行為者は違法，有責な未遂行為をした後，それを既遂に至らせない義務を果たしている。しかし，ここに，未遂行為の責任（債務）を履行した，つまり，除去したということはできない。事後的「修復」が一旦基礎付けられた可罰性を抹消（処理）するという刑法の原則は存在しないのである。1994年にようやく導入された刑法第46条ａですら，軽い犯罪においてだけ修復に対して極めて例外的に任意的刑の免除を定めているに過ぎない。刑法第24条が任意の中止に完全な不処罰を命令しているとき，これ以上の説明が必要となる。ヘルツベルクが「立法者は，中止が不処罰の働きを有する限りで，処理原則を採用した」[61]というのは，法文を敷衍したに過ぎず，答えになっていない[62]。

　本説には，さらに，中止犯の成立要件である任意性原則を説明できないと批判される。というのは，非任意の未遂，それどころか失効未遂も犯行を「処理している」のであるが，不処罰とはならないからである。この点について，ヘルツベルクは，立法者は処理原則と予防の観点を併用していると論ずる。「家の者に捕らえられ，すぐに盗品を捨てる泥棒は他人の所有権に敬意を払う義務を果たしているが，しかし，これにより民事上の事柄しか片をつけていない。未遂の自然緩和（失効）とか非自発的中止の自然緩和の事例に刑法は既遂後の修復の事例とまさに同じように絶対的予防刑という刑法原則を適用する！」[63]。したがって，ヘルツベルクは処理原則と予防の必要性という両者の「緊張関係」から中止規定を説明していることになる。このことは，現実には，予防的観点が未遂の可罰性を決定すること，「処理」ではなく，予

---

[61] *Herzberg*, (Fn. 41), 349.
[62] *Roxin*, (Fn. 12), § 30 Rn 26; *H. J. Rudolphi*, Rücktritt vom beendeteten Versuch durch erfolgreiches, wenngleich nicht optimales Rettungsbemühen, NStZ 1989, 508 ff, 511; *ders.*, (Fn. 23), 3a; *A. Eser*, Schönke/Schröder Strafgesetzbuch Kommentar, 27. Aufl., 2006, § 24 Rn 2c; *Lilie/Albrecht*, (Fn. 12), § 24 Rn 40; *W. Bauer*, Der strafbefreiende Rücktritt vom unbeendeten Versuch – ein Problem der subjektiven „Geschäftsgrundlage" (Tatgrundlage), wistra 1992, 201 ff., 203.
[63] *Herzberg*, (Fn. 54), 351.

防の必要性の欠如が不処罰を基礎付けることを意味する[64]。

責任履行説には，さらに，任意性がある場合にも，必ずしも中止犯の成立を説明できないと批判される。例えば，当初から危険の存在しない不能未遂では，処理すべきものは何もないが，それでも，任意の中止は可能である。又，刑法第24条第2項は「任意且つ真摯な」，しかし，成果の上がらず，それ故何も処理しない作為であっても不処罰に繋がることを定めるが，これも責任履行説では説明できないと[65]。

f 相殺説

相殺説（Kompensationstheorie）は，中止犯の不処罰効果を未遂の処罰根拠要素が相殺されるという事実から導出し，刑罰目的を考慮しない。「行為者の行為全体を事後的に全体として考察すると，未遂の処罰根拠が無くなる」。行為者は，事後的視点からすると，未遂の処罰根拠の主観的側面としての「法敵対的意思傾向」を中性化し，客観的観点でも「結果不法に注意を払うことで抽象的法益によって規定された規範有効性への攻撃を中性化する」。行為者が未遂行為を調整するときにのみ，当然に中止に不処罰効果が認められる。相殺説によって，中止犯の不処罰根拠が説明できるばかりか，中止犯成立の具体的要件も導かれると[66]。

本説に対しても，未遂の不法が中止意思に担われた事後的命令充足によって中性化されるという説明には説得力がないと批判されるのである。この点で，刑罰目的を援用することが必要と思われるが，それがなされていない。本説は，不能未遂の中止も刑法第24条第1項第2文により可能であることの説明ができない[67]。

(3) 日本刑法学における議論状況

旧刑法第112条はフランス刑法の例にならい，「罪ヲ犯サントシテ己ニ其事

---

64 *Roxin*, (Fn. 12), § 30 Rn 27; *Bergmann*, (Fn. 57), 337.
65 *Roxin*, (Fn. 12), § 30 Rn 28.
66 H. *Kolster*, Die Qualität der Rücktrittsbemühungen des Täters beim beendeten Versuch, 1993, 41 ff.
67 *Lilie/Albrecht*, (Fn. 12), § 24 Rn 30; *Bloy*, (Fn. 55), 170.

ヲ行フト雖モ犯人意外ノ障碍若クハ舛錯ニ因リ未タ遂ケサルトキハ已ニ遂ケタル者ノ刑ニ一等又ハ二等ヲ減ス」と規定し，中止未遂は未遂にも当たらないとしていたが，現行刑法第43条但し書きは「自己の意思により犯罪を中止したときは，その刑を減軽し，または免除する」と定めて，中止未遂に関する特別の規定を設け，刑の必要的減軽・免除を定めている。したがって，旧刑法では中止未遂は未遂罪の要件に欠け，そもそも未遂罪の構成要件該当性を否定されたのであるが，現行刑法では中止は未遂の一形態である[68]。未遂犯は成立している以上，そこに含まれる犯罪が別途成立することはない（法条競合）。刑の必要的減軽・免除の根拠（法的性格）については，諸説が競合しているが，ドイツ語圏刑法学とは対照的に未遂罪の成立とその事後の事情を一体として捉える法律説が支配的である。

a 黄金の架け橋説

現行刑法の立法者意思は本説に立っていたと理解される。「犯罪ノ実行ニ著手シタル後自己ノ意思ニ因リ之ヲ止メタル者ハ社会ニ及ホス害悪少ナク且犯情モ亦憫察ス可キ所アルヲ以テ之ヲ罰スル場合ニモ一般ニ減軽スルモノトシ情状ニ因リ其刑ヲ免除スルコトヲ得セシメ以テ刑ノ適用ニ不権衡ナカラシメタリ若シ此ノ但書ヲ缺クトキハ啻ニ刑ノ不権衡ヲ来タスノミナラス一旦犯罪ノ実行ニ著手シタル後ハ自己ノ意思ニ因リ之ヲ中止シタルトキト雖モ尚ホ未遂罪トヲルヲ以テ或ハ既ニ犯罪ノ実行ニ著手シタル者ハ決シテ中止スルコトナク常ニ遂行スル虞ナシトセス是改正案ニ於テ此但書ヲ設ケタル所以ナリ」[69]と。学説でも，刑の必要的減軽・免除は，「すでになされた違法・有責な行為に対する可罰評価が中止行為に対する恩賞的評価によって減殺されるからであるが，この後者の積極的評価は，結局は中止行為を奨励するための政策的考慮（リストのいわゆる『撤退のための黄金の橋』）に基づくものとみるべき」[70]とか，「刑事政策的見地から，行為者に対して，『退却のための黄金の橋』

---

[68] 参照，牧野英一『刑法総論下巻』[第15版] 1959年・626頁以下。
[69] 倉富勇三郎他監修，松尾浩也増補改題『増補刑法沿革綜覧』1990年・2147頁。
[70] 中野次雄『刑法総論概要』[第3版補訂版] 1997年・132頁。

を構築」[71]したとか説かれる。本説に対しては，上記の批判（(1) b）がそのまま妥当する。さらに，本説からは，わが国の刑法が刑の必要的減軽・免除しか認めていないこと，減軽にするか免除にするかは裁判官の事後的裁量にゆだねられていることの説明ができないことも指摘できる[72]。

b 法律説

犯罪の成立要件（違法性・責任）との関係において中止未遂を捉える見解が法律説である。これは違法性減少説と責任減少説に分けられるが，いずれも刑事政策説によって補充されるのが一般である。

aa　違法性減少説　人的不法論の立場から，「『自己の意思によ』る中止という主観的要素は，違法性の評価に影響をあたえるものであるから，違法性減少説が妥当であろう。そこで，刑の減軽・免除をみとめるわが刑法のもとでは，違法性の減少と政策的理由の二元的な説明をするほかなかろう」[73]とか，刑の必要的減免の根拠は，違法性の減少，つまり，「実害が発生しなかったことに加えて，反規範的意思を撤回し合規範的意思を中止行為という外界に表動させたことによる違法性の減少の点に求めるべき」であり，これに刑事政策的理由を加味したものに求めるべきだ[74]とか，「未遂犯の処罰根拠は結果発生の現実的危険の惹起にあり，いったん故意を生じ実行に着手した以上はこの危険を惹起したのであるが，事後に故意を放棄し，あるいはみずから結果の発生を防止した場合は，結果発生の現実的危険および行為の反社会的相当性を事後的に減少させるものとして，違法性を減少させるものと

71　木村亀二『刑法総論』［増補版］1978年・369頁。その他,松宮孝明『刑法総論講義』［第4版］2009年・45頁。参照，和歌山地判昭38・7・22下刑集5＝8・756「中止犯奨励の法の精神を汲み刑を免除するを相当と認め」る。
72　福田平『全訂刑法総論』［第5版］2011年・234頁，川端博『刑法総論講義』［第2版］2006年・472頁。
73　福田（注72）235頁。その他，阿部純二『刑法総論』1997年・209頁「自己の意思によって結果の不発生を確保したことは，いったん着手された行為の違法性を，消滅はさせないが減少させると考えられる。ただ，違法性の減少は刑の減軽をもたらすだけなので，刑の免除は政策的理由（刑事政策説および褒賞説）から説明するほかない」，平場安治『刑法総論講義』1952年・104頁「主観的違法要素の消滅による計画の危険性の喪失およびすでに発生した危険状態の消滅による現実の危険性の喪失」。
74　西原春夫『刑法総論上巻』［改訂版］1997年・332頁以下。

解すべきであり，違法性減少説が基本的に妥当であると解する。しかし，……寛大な取扱いをすることによって犯罪の完成を未然に防止する一般予防効果は皆無ではないから，違法性減少説に刑事政策説を結合させる結合説が妥当」[75]と説かれる。**物的違法論**の立場からも，未遂犯にかぎって故意を主観的違法要素と捉えた上で，違法減少説は刑事政策説を理論的に表現したものであり，「未遂犯の場合，故意は主観的違法要素である。一度故意を生じた後にこれを放棄し，あるいは自ら結果の発生を防止した場合は，違法性の減少を認めることができる」，責任減少説によると，「『自己の意思による』といっても，ただ自分の意思だというだけでなく，悔悟その他の倫理的に是認すべき動機によった場合に限るのが自然であろう」が，これは単に「自己の意思によった」ことだけを要件としている現行法に合わないと説かれる[76]。しかし，**主観的違法要素否定説**からも，「既遂の可能性が残されている限りでは，中止未遂による結果防止行為は，障碍未遂の場合の結果発生の危険性を確実に『減少』させたということができる」ので，中止未遂の法的性格は違法減少に求められるが，違法減少に伴う責任減少とは別個に，責任減少がさらに生じうる場合，特に，後悔の念が強かった場合は，違法減少と責任減少に求められると説かれる[77]。

bb 責任減少説 責任減少説は刑の必要的減免の根拠を責任減少に求めるのであるが，その理由付けは様々である。「犯罪実行の動機たる事情が具わるも，行為者の性情が内部的障害（悔改，慙愧，恐懼，同情，憐愍，その他これに類する感情）として作用したことによる中止の場合」の「行為者の性情は，結局自己の犯罪の実行の着手を不可なりとする感情即ち自己の行為の価値を否定する意識（規範意識）として働いた訳であるから，斯かる場合こそ犯人

---

[75] 大谷實『刑法講義総論』〔第4版〕1996年・394頁。なお，野村稔『未遂犯の研究』1984年・453頁は，中止未遂を違法減少と捉えるが，その論理は，「中止未遂は犯罪中止義務，結果発生義務を尽し，それぞれの義務違反性が欠ける」のに対し，障害未遂では，「その違法性のメルクマールは危険犯であることのほかにこれらの義務違反性が加わ」り，両者は違法性の構造に違いがあるというものである。
[76] 平野龍一『刑法総論II』1975年・332頁以下，同「中止犯」（日本刑法学会編『刑事法講座2』所収）1952年・402頁以下，405頁。
[77] 内田文昭『刑法概要中巻〔犯罪論(2)〕』1999年・391頁。その他，堀内捷三『刑法総論』〔第2版〕2004年・242頁。

の反規範性は通常の未遂罪の場合に比して軽微なものとして，刑の減軽または免除を与えることが相当であって，任意の中止とは畢竟斯かる事情のもとに於ける中止のみをいふものと解すべきであると思ふ。而して斯かる意識は或はこれを広義の後悔といっても差支へない」[78]と論じて，反規範性の軽微を理由にするものとか，「広義の後悔」によってやめた場合，つまり，「行為者の規範意識が多少とも犯罪に対する障害観念として作用した場合，たとえば，悔悟・慙愧，被害者の受ける災厄に対する斟酌・同情，犯罪の結果の重大性からくる恐怖感などによってやめた場合には」，「行為者はみずから正道に立ち戻るための努力を示しているのであって，法的には，著手によって一度は生じた違法（法益侵害の危険）および責任が中止行為によって減少または消滅させられることになり，また主観主義的に考えても行為者の反社会的性格（悪性）が消滅または減少するとみうるからである」[79]とか，人格責任論の立場から，「中止犯について刑の必要的減免がみとめられるのは，おそらく，中止行為に示される行為者の人格態度が責任を減少させるからである。かような責任の事後的減少という考え方は，人格形成責任を中核とする動的な犯罪理論の構成を前提として，はじめて成り立つであろう。かような立場をとるときは，立法論としては，第一に，中止の動機が道徳的な悔悟にあるときは責任の消滅によって罪とならないものとするべきであるし（……），第二に，真摯な中止行為があった以上，犯罪が既遂に達しても，少なくとも刑の任意的減軽を認めるべきである」[80]とか，「違法性の消滅とするとき，それは共犯の中止との関連で難点をもたらす。その意味では，一度は法に違反しはしたものの，要求される法的義務に合致しようとする意欲それを規範的意識と名づけるならば，そうした規範意識の具体化としてなされた中止であって，はじめて責任の消滅減少事由として作用するとみるのが妥当」[81]とか，さらには，「適法行為の期待可能性が困難な状況で（中止行為は犯罪を実現しようとして実行に着手した行為者自身によって行われる），あえて適法行為（中止行為）を選択

---

78 宮本英脩『刑法大綱』1935年・184頁。
79 佐伯千仭『刑法講義総論』[3訂版]1977年・322頁以下。
80 團藤重光『刑法綱要総論』[第3版]1990年・362頁。
81 香川達夫『刑法講義総論』[第3版]1995年・306頁以下，同（注7）97頁以下。その他，木村静子（注12）25頁。

したことによる非難の減少に求められるべき」[82]と論じて非難可能性の減少に求めるものがある。

責任減少説の亜型として，可罰的責任減少説と法定量刑事由説がある。**可罰的責任減少説**によれば，中止犯は可罰的責任という要件に位置づけられる，すなわち，「実行の着手に至った行為者には，結果の発生を回避するよう勧奨する規範が与えられる。このとき，すでに不法な危険状態は発生しているので，勧奨規範に従って中止したとしても違法評価は変わることはない。実行行為によって変化するのは，事後行為責任としての可罰的責任である。……実行行為後の事後行為としての中止行為は，合法性への帰還を果たすことにより事後的に責任を果たし，それによって可罰的責任を減少させる」[83]とか，故意は責任要素であることを前提として，「途中で放棄されるような故意は（事後的に無くなったり減少したりするわけではないが）当初から強力なものでなかった，という評価が可能であり，それによって非難可能性が減少し，それが可罰的な量と質を有しない場合には刑の免除（実質的には無罪）に至る……故意の強度の点は，可罰的責任の量の問題であるが，中止犯の場合には，行為時点ですでに，特別予防の必要性に欠けるという判断が可能であり，このことが，可罰的責任の質の問題として考慮される」[84]と説明される。**法定量刑事由説**によれば，「自己の意思による中止行為という事後の情状が**量刑責任**を減少させる」，「刑法は，政策的な見地から，この量刑事

---

[82] 曽根威彦『刑法総論』[第4版] 2011年・227頁。同旨，植松正『再訂刑法概論Ⅰ 総論』[第8版] 1974年・324頁「これらの各説〔違法性減少説，責任減少説，政策説 — 筆者〕の挙げる根拠は必ずしも相互排斥的なものではない……そこに政策が考慮されていることは疑いを容れない。……しかし，中止犯立法の重点は責任の減少を認めたところにあるように思われる。自発的な中止行為の存在は，違法性の点ではどうあろうとも，少なくとも行為者に対する非難可能性を減少せしめるものと言える……障害によりやむをえず未遂となった場合に比し，自己の意志によりみずから既遂となることを阻止した場合の方が軽い倫理的非難にしか値しないことは自明である。両者はいずれも客観的に発生した違法事実としては同一であるが，行為者の責任という主体的事情において異なる」。その他，前田雅英『刑法総論講義』[第5版] 2011年・168頁「自らの意思により思いとどまった行為者については，国民の規範意識からみて非難は弱まる」，内田文昭『刑法Ⅰ 総論』[改訂版] 1986年・271頁（旧説）「中止未遂は，自発的『意思』による犯罪完成阻止という面で，責任減少を招来する」，中山研一『刑法総論』1982年・432頁注4。
[83] 山中敬一『刑法総論』[第2版] 2008年・754頁，同（注7）47頁以下。同旨，中山研一『概説刑法Ⅰ』2011年・202頁。
[84] 浅田和茂『刑法総論』2005年・391頁。

情を未遂犯の刑の必要的減軽または免除というかたちで法定化したと考えることができる」[85]。可罰的責任減少説は，違法性の枠内で責任の存否が問題となることを看過していること，その「可罰的責任」というものの実質は科刑の必要性の存否・程度に関係しているのであって，これを可罰的「責任」と表現するのは適切でないところに問題がある。法定量刑事由説も，刑罰基礎付け責任と量刑責任を別個のものと捉えているが，そこに問題がある。刑罰基礎付け責任においては行為不法・結果不法が個人的に非難されうるか否かが問題とされ，量刑責任ではその正確な程度が問題とされるのであって，両者はその核において同一なのである。

cc 違法性・責任減少説 人的不法論の立場から，中止行為は，「主観的違法要素としての故意の実効性を失なわせ，法益侵害の現実的危険を決定的に除去するものであるから，つねに違法性を減少させる。……責任非難の段階では，『行為』ではなくて『行為の決意』が問題とされる……中止行為が行為者の自由な，つまり，自発的な意思に基づいて決意された場合には……法にふたたび合致しようとする行為者の人格的態度が明らかに『法敵対性』を弱めるので，その分だけ責任非難の量が減少し，つねに責任減少をもたらす」[86]と説かれたり，中止行為（行為意思に基づく中止行為）および結果の不発生」を違法性減少に，「任意性」を責任減少に相応させる見解もある[87]。

物的違法論の立場からは，「中止犯は，未遂犯の成立により危険にさらされた具体的被害法益を侵害の間際で救助するために，既遂の具体的危険の消滅を行為者自身に奨励すべく定められた純然たる政策的なもの」である，つまり，「『自己の意思による』中止により，既遂の具体的危険が消滅したときに，そのことに対する褒賞として，刑の必要的減免という特典を与えることによって，犯罪の中止による具体的被害法益の救助を図」るものであるが，「ただし，自己の行為により危険を消滅させることの認識（中止の認識）が欠ける場合には，特典に値しないため，中止犯の成立を肯定することはできな

---

85 西田（注34）294頁以下。
86 川端博（注71）476頁。
87 井田良『講義刑法学・総論』2008年・424頁。

い」(意識的危険消滅説)，これを「法的に表現すれば，一時的には違法減少に着目」し，「また，褒賞・特典を与えるに値する心理状態が必要となるという観点から責任減少も考慮される」と説かれる[88]。本説は論者によって違法性・責任減少説と位置づけられているのであるが，実際には，刑事政策説と褒賞説を結合するものであり，それぞれの欠陥がそのまま現れている。すなわち，刑事政策説は行為者の心理的実態に合わないこと，褒賞説には，一旦未遂が成立しているにもかかわらず，既遂の具体的危険を消滅させたことが褒賞に値することの説明がないのである（参照，上記（1）b, c）。

c　総合説（併合説）

本説は刑事政策説と法律説の主張をすべて総合して理解する説である。法律説を基調とするが，刑法第43条但し書きは，中止犯の効果として単に刑の必要的減免を認めるに過ぎないから，違法性又は責任は減少するにとどまる。「違法性又は責任の減少は，そのどちらか一方だけと割り切ることは困難であり，具体的事態に応じて，違法性又は責任のどちらかの面に重点がおかれつつも，基本的には，両者がともに減少するものと解するのが適当である。たとえば，行為者の悔悟によらない中止行為については，違法性の減少が主とされるのに対して，悔悟にもとづく中止の場合には，責任の減少も重視されるべきである。なお，刑の減免が一般予防および特別予防を併せ考慮して行われなければならないことは当然である」[89]と論じられる。本説は，単独

---

[88] 山口厚『刑法総論』[第2版] 2007年・279頁以下。
[89] 大塚仁『刑法概説総論』[第4版] 2008年・258頁以下。その他，藤木英雄『刑法講義総論』1975年・262頁「中止行為によって実害が防止され，且つ，行為後の態度の変化により行為に対する社会的評価が寛容化するという点で，まず違法性が微弱化し，それにともない責任も微弱化する，という併合説が妥当……しかし，中止未遂の処遇には，法律説だけでは割り切れない政策的考慮が背景にあることは，いかにしても否定できない」，林幹人『刑法総則』[第2版] 2008年・365頁。

なお，板倉宏「中止犯」（『刑法基本講座4』所収）1992年・34頁以下，42頁以下は，中止犯の背景には犯罪の完成を未然に防止しようとする刑事政策的配慮があり，その理論的根拠を違法性の減少と責任の減少に求め，自説を総合説と称しているが，違法性・責任減少説に組み入れられるべきものであろう。本説によると，「犯罪の実行に着手したが，自己の意思によりその防止するために中止行為をしたという行動過程全体が統一的に動的な違法評価の対象となる」ので，この主観的要素が違法性の評価に影響を与えうるのであり，次いで，自己の意思による中止行為があると行為者に対する非難を減少させうるが，違法

では中止未遂を根拠付けることのできない諸説を総合するとそれぞれの難点を克服できるとするのだが、どのように「総合」するのかの論理が明確でない。これが明らかとならないかぎり、刑事政策説、違法減少説及び責任減少説の並列存在（あれもこれも）を認めているにすぎないことになる[90]。

d 可罰性減少説

本説は、中止犯の刑の減軽・免除の根拠は、中止行為によって既遂結果惹起の危険が消滅することをどのように刑法的に評価するかにかかり、それは可罰性の減少事由に位置づけられること、つまり、「実行行為によって惹起された具体的危険を消滅させるという、（実行行為時の違法性とは関係ない）違法性関連的な可罰性が減少する」[91]と論ずる。本説は、正当にも、中止犯を犯罪論体系の構成要件、違法性、責任の段階で捉えないのであるが、しかし、構成要件・違法性・責任のほかに付加的に「可罰性」という犯罪成立要素を認める点に問題があるし、事後的な危険消滅行為がなぜ未遂の可罰性に影響を与えるのかの実質的根拠が不明である。

e 積極的特別予防説

本説は、中止未遂の規定が実行に着手した行為者に対する積極的特別予防を考慮したものと論ずる。犯罪論の「要件判断が犯罪者に対して過去に行った行為を理由に刑罰を科しうるか否かを判断しようとするものであり、その段階までで、刑罰を科しうること及び科し得る刑罰の種類と量的限界が既に確定されていることからすれば、そして、犯罪行為後の行為者の行為に依存する事情は、量刑上、被告人に有利に作用する場合にのみ考慮されるべき」

性と責任は違うので、違法性の減少は認められないが、責任の減少は認められる（例えば、悔悟に基づいて真剣な中止行為をしたが、中止行為と結果不発生との間に因果関係が認められない場合）とか、違法性の減少という見地からは刑の減軽しか認められないが、責任の減少という見地からは刑の免除も認めらるとか、違法性は減少するが、責任は減少しないとか、違法性が減少するほど責任は減少しない（例えば、広義の悔悟に基づかない功利的な打算に基づいた中止行為）とか、さらには、違法性の減少や責任の減少という見地からだけでは刑の減軽にとどまるが、両者を総合すると、刑の免除も認められる。

90 参照、香川（注81）308頁注9。
91 高橋則夫『刑法総論』［第2版］2013年・396頁以下。

である。「犯罪行為後の行為者自身あるいは行為者側の行為に依存する事情に拠って軽減方向にのみ現実的な処罰の要否・程度を判断するというのは，規範適合的（ないしは規範非敵対的）生活態度への復帰兆表を考慮・評価することであり，いわゆる積極的特別予防上の必要性の判断を行っていることに他ならないからである。このことは，責任非難・有責性判断までで積極的一般予防上の必要性の判断が実質上は行われていることと正に整合的に捉えられる」。したがって，中止未遂の法的性格は，「犯罪の成立を前提とした上で展開されるべきであり，中止犯が認められる場合には，積極的特別予防上，即ち，一身専属的に，行為者の処罰の必要性が減じる又は喪失すると法ないし立法者が見做している・(反証を許さず) 推定しているもの」[92]と論じられる。本説も，積極的特別予防上の処罰に必要性の存否・程度を構成要件・違法性・責任に続く第四の犯罪構成要素と位置づけるところに問題があるのみならず，中止未遂を積極的特別予防とのみ関連付け，積極的一般予防とは関係ないとする点にも問題がある。

(4) 中止未遂の減軽・免除の法的根拠と法的性質

　未遂行為者の有利な扱いを定める中止未遂の規定はその正当な根拠を有していることの説明を要する。法律説は中止未遂の法的性格を違法性及び／又は責任の減少と捉えるのであるが，そこには未遂犯の成立を肯定し，これと一体として捉えることが前提となっている。しかし，未遂行為と中止行為は一体として理解されるべきものの，このことによって，中止行為が一旦成立した未遂の不法と責任を減少・消滅させることにはならない。中止行為は未遂行為に起因する既遂に至る効果を無害化するにすぎないのである[93]。客観的に見て，放棄，積極的阻止，あるいは阻止の努力である中止行為というのは，未遂を成立させる実行行為**後**の，つまり，不法，有責行為後の行為である。事後の行為がすでに未遂犯の成立している事前の行為の有する結果発生

---

[92] 伊東研祐「積極的と特別予防と責任非難－中止犯の法的性格を巡る議論を出発点に－」（『刑事法学の課題と展望　香川達夫博士古稀祝賀』所収) 1996年・265頁以下，273頁以下。
[93] *R. Maurach, K. H. Gössel, H. Zipf*, Strafrecht AT, Teilband 2, 7. Aufl., 1989, § 41 I Rn 9.

の危険を減少させることはないので，違法性を減少・消滅させることはない。主観的に見ても，中止の任意性が主観的違法要素である故意を消滅させるものでもない[94]。責任というのも，違法性の肯定された行為の枠内で問題となるのであって，事後の事情が責任に影響を及ぼすことはない。

しかし，行為者自身による任意の中止行為があることによって，科刑による犯罪の統合予防的必要性が減少又は消滅するのである。すなわち，法的平和の恢復を任務とする刑法は刑罰の目的を積極的一般予防と積極的特別予防に見る。行為者が具体的未遂行為の後に中止行為によって規範の期待に応えたということ，これによって，具体的状況において法的平和の恢復に自ら寄与したということが可罰評価の上で重要な意味を有するのである。法的思考をする一般の人々との関係では，行為者が任意に中止行為をすることによって，一般の人々の規範妥当性意識が維持・強化されたのであり，これによって刑罰を科する必要性が減少ないし消滅する（積極的一般予防）。行為者との関係では，たしかに，中止行為があったということから，行為者が将来合法生活に復帰するということを一般的に導くことはできない。しかし，行為刑法では，具体的な未遂行為の処罰根拠が問題となるのである。したがって，後のもっとよい機会を見つけて再度やり直すという留保つきで任意に中止行為をした場合であっても，そこに，規範の遵守，つまり，「合法性への帰還」が認められるかぎり，科刑の必要性が減少ないし消滅するのである（積極的特別予防）[95]。さらに，被害者との関係では，未遂行為によって危殆化された法益の保護は，中止未遂の規定によって少なくとも妨げられることはない。この意味で，被害者保護という観点も中止犯規定において考慮されていると云えよう[96]。中止未遂は刑法理論的には，構成要件該当性，違法性及び責任が

---

[94] 参照，中野（注70）135頁注11，伊東（注92）270頁。
[95] Vgl. *E. Steininger*, Strafrecht AT, Bd. 2, 2012, 20. Kap Rn 85; *D. Rössner*, Wiedergutmachung im Strafrecht — Straftheoretische Grundlagen des AE-WGM, in: *E. Marks, K. Meyer, J. Schreckling u. M. Wandrey* (Hrsg.), Wiedergutmachung und Strafrechtspraxis, 1993, 341 ff., 345 f.; *Lilie/Albrecht*, (Fn.12), § 24 Rn 21; *Kühl*, (Fn. 2), § 16 Rn 5 ff.; *V. Krey, R. Esser*, Deutsches Strafrecht AT, 5. Aufl., 2012, 44 Rn 1262. *Rudolphi*, (Fn. 23), § 24 Rn 4; *G. Stratenwerth, L. Kuhlen*, Strafrecht AT, 5. Aufl., 2004, § 11 Rn 70; *Baumann/Weber/Mitsch*, (Fn. 27), § 27 Rn 8; *Greeve*, (Fn. 28), 196 ff.; *Burgstaller*, (Fn. 51), 31; *Triffterer*, (Fn. 23), § 16 Rn 50.
[96] *H.-W. Mayer*, Privilegierungswürdigkeit passiven Rücktrittsverhaltens bei

肯定された後で，行為者の事後的行為により一旦生じた可罰性が消滅又は減軽する一身的刑罰消滅・減軽事由と位置づけられる。

二　中止未遂の不適格な未遂犯

(1) 失効未遂と失策未遂

a　失効未遂

失効未遂 (Fehlgeschlagener Versuch) とは，行為者が，自分の追求する結果をその計画の枠内では達成できないと認識するか(正しい認識)，又は，できないものと誤信する(間違った認識)場合のことを云う[97]。すなわち，失効未遂は行為者視点から主観的に規定されるのである（「望んでも結果の実現は無理である」）。結果はもはや実現できないのであるから，どの道存在しない結果の発生に対してはや任意に対抗措置をとることはできないし，実行行為の故意を任意に放棄することもできない。中止未遂は犯罪が既遂に達することの主観的可能性を前提とするところ，失効未遂にはそれが欠如し，したがって，そもそも任意性が問題となる余地がないのである。失効未遂は未遂犯として可罰的である。

失効未遂の類型としては[98]，先ず，①予期した**行為客体が存在しない**場合がある。例えば，掏り目的でポケットに指を突っ込んだが空だったとか，破壊した金庫が空だったとか，強姦目的で背後から襲われた被害者が男だったという場合である。こういった場合，物品の窃取を放棄したとか姦淫を放棄したというのではなく，そもそも窃盗罪や強姦罪の構成要件を充足すること

---

modaler Tatfortsetzungsmöglichkeit,1986, 79 ff.; *ders.*, Nochmals: Gesamtbetrachtung und Einzelakttheorie beim Rücktritt vom Versuch, NJW 1988, 2589 ff.（中止者が任意の行為によって法的平和への攻撃から撤退するとき，特別予防，一般予防の理由から，一旦発生した国の刑罰請求権が否定される。中止には「利益調整の平和招来機能」がふさわしい。行為者‐被害者‐関係の利益調整が必要である。被害者の利益が行為者の中止行為によって修復され，法的平和が回復されるとき，中止犯は処罰されるべきでない）。

[97] 　*R. Moos*, Amalie und der Kräuterlikör, in: *D. Kienapfel* (Hrsg.), Fälle und Lösungen zum Strafrecht, 1982, 38 ff., 55; *E. Steininger*, Der Anwendungbereich des Putativrücktritts nach § 16 Abs 2 StGB beim Einzeltäter, ÖJZ 1985, 266 ff., 269; *Lilie/Albrecht*, (Fn. 12), § 24 Rn 84.

[98] 　Vgl. *Roxin*, (Fn. 12), § 30 Rn 85 ff.; *Kühl*, (Fn. 2), § 16 § 13 ff.

ができないのである[99]。

　次に，**②用意してある行為手段では結果を招来し得ない**場合がある。例えば，拳銃に弾丸が装填されていなかったとか，時限信管付きの爆弾を仕掛けたが故障で爆発しなかったとか，結果を招来するのに必要な道具を持ち合わせていなかったという場合である。道具の用い方を知らないといった場合もある。行為者に望ましい行為をさせようとして被害者に暴行を働くが効果が上がらなかったとか，殺害の目的で毒を盛ったが，被害者がそれに気づいたとか，詐欺の被害者が欺罔を見抜いたという例も考えられる[100]。行為者の表象が規準となるから，行為者が実際には弾丸の入っている拳銃をもう撃ちつくしたと考えている場合も失効未遂である[101]。行為者が強盗目的で被害者を襲うが，被害者はその直前に窃盗の被害にあい財布も時計も携帯していないと嘘をついて難を逃れようとしたところ，行為者はこれを信用して，「臆病な窃盗犯」をののしりながら立ち去ったという場合も失効未遂である[102]。

　さらに，**③行為者が無能力**になる場合がある。行為者が殺害行為に出たが

---

[99]　*Kühl*, (Fn. 2), § 16 Rn 13 f.; *Roxin*, (Fn. 12), § 30 Rn 86; *Eser*, (Fn. 62), § 24 Rn 9. 名古屋高判昭和26・2・24高刑特27・28「凡そ中止未遂とは犯罪の実行に著手した後純然たる自己の意思発動に因り該犯行を中絶する行為であるから之を本件に就て看るに，仮りに被害者が金員を提供したとしても被告人に於て之を受領しない程度の意思発動が無ければならない……被告人は被害者に金員の持合せが無いことを知って犯行を断念した迄であって而も其断念は金員の持合せが無いと謂ふ障礙に基因するものであるから純然たる障礙未遂罪に属する」。

[100]　*Kühl*, (Fn. 2), § 16 Rn 13 f.; *Eser*, (Fn. 62), § 24 Rn 9.

[101]　これに対して，イエーガーは，中止の努力をしたのにもかかわらず客観的には依然として危殆化が存在する場合には，危殆化減退を主観的規準で判断すべきでなく，客観的事態に合わせるべきとする。例えば，①行為者は，実際には致死量の毒を，毒殺にはまだ十分でない量だと思って投与したが，それ以上の行為をしなかったとき，治療が功を奏して行為者は死亡しなかったという場合でも，中止未遂は認められず，可罰的未遂である。行為者が現実の危殆化減退を成し遂げたとはいえないからである。本文の例のように，②行為者が実際には弾丸の装填されている拳銃をもう撃ちつくしたと考えている場合，行為者は危殆化を客観的には消滅させたので中止は認められる。しかし，任意の中止とはいえないので，やはり可罰的未遂が成立する。*Jäger*, (Fn. 47. Der Rücktritt), 66 f. 本説に対しては，次のような批判がなされる。①の例に関しては，ドイツ刑法第24条第1項第2文が，終了未遂について，行為者とは関係なく結果が発生しなかった場合でも，行為者の真摯な努力があれば中止未遂を認めていることからすると，未終了未遂についてはこれと異なった扱いをするのは理解しがたい。②の例に関しては，行為者は，結果を発生させることはできないと考えているのであるから，危殆化減退を実現させるつもりはまったくない。したがって，中止ということは問題とならないのである。Vgl. *Roxin*, (Fn. 12), § 30 Rn 40 ff.

[102]　*Krey/Esser*, (Fn. 95), § 44 Rn 1272.

心筋梗塞によって行動できなくなるとか，強姦犯人が暴行に着手したが性交能力を失ったとか，行為者が強盗目的で被害者を襲ったが，逆襲され意識を失ったとか，逃走されたとか，被害者の予期せぬ抵抗にあいパニックに陥るといった場合である[103]。

④具体的な行為目的の達成が事実上不可能だった場合だけでなく，**法的に不可能**な場合も失効未遂である。例えば，行為者が，その窃盗の未遂の段階で，被害者が同意したと思った場合，占有者の同意は窃盗罪の構成要件該当性を排除するのであるから，すくなくとも，行為者の視点からは，行為を放棄したり結果の発生を阻止したりすることはできない[104]。強姦が未遂の段階で，行為者が被害者には性交の同意を与えたという事例も失効未遂である。ここでも行為者の視点から捉えられるのであって，性交の同意があるとの認識があるとき，さらなる行為を放棄するのに必要な，強姦を完遂するか止めるかの選択可能性がなくなるのである[105]。

---

[103] Roxin, (Fn. 12), § 30 Rn 86; Eser, (Fn. 62), § 24 Rn 9; H. Fuchs, Österreichisches Strafrecht AT, 7. Aufl., 2008, 31. Kap Rn 23. 斉藤誠二『特別講義　刑法』1991年・167頁。
[104] Krey/Esser, (Fn. 95), § 44 Rn 1280; Roxin, (Fn. 12), § 30 Rn 89; Eser, (Fn. 62), § 24 Rn 9.
[105] Kühl, (Fn. 2), § 16 Rn 14; Roxin, (Fn. 12), § 30 Rn 89; Eser, (Fn. 62), § 24 Rn 9; Lilie/Albrecht, (Fn. 12), § 24 Rn 136.
連邦通常裁判所（BGHSt 39, 244 ff.）は，強姦未遂の段階で被害者がうわべだけの同意を与えたという事案において，見せかけの同意は無効であるから，その後の性交は客観的には強姦であるが，行為者は同意があると誤信したので，性行為の時点には故意がなく，強姦既遂は成立せず，強姦未遂罪が成立するとしたが，失効未遂の事例ではないとした。その理由は，「事実の領域で障害があるとき，行為者には，刑法第24条が前提とする，獲得しようとする結果を見込んで行為を続行するか放棄するかの選択可能性がないが，法的障害の場合にはこの可能性がある。強姦未遂の被害者が，行為者の意図した性交に真摯な同意を表明したか又うわべだけの同意を表明したとき，行為者は —同意に影響されることなく—その行為目的を引き続き追求でき，性交を完遂できる」のであって，「これをも失効未遂というのは語義からして奇異なことだ」というものである。同様の趣旨，Kudlich, (Fn. 38), 244 f. しかし，これには，正当にも，本事案は失効未遂と捉えられるべきだとの批判が加えられる。行為者の視点からは，構成要件的結果を招来することはできないのである。強姦罪の構成要件的結果は「性行為それ自体」ではなく，「被害者の意思に反した性行為」だからである。Roxin, (Fn. 12), § 30 Rn 91; Krey/Esser, (Fn. 95), § 44 Rn 1281; Kühl, (Fn. 2), § 16 Rn 14; W. Bottke, Misslungener oder fehlgeschlagener Vergewaltigungsversuch bei irrig angenommenem Einverständnis?, JZ 1994, 71 ff., 75. さらに，本判例は失効未遂を否定して，任意の中止未遂の成立する余地を残しておくべき刑事政策的根拠を次のように説示する。「行為者は自分の行為計画を同意とは関係のない理由からも，例えば，羞恥心や悔悟から放棄することもありうる。法に誠実である基盤に

次に、結果を生じさせることはできるが、しかし、当初の犯行計画からすると、それが**全く無意味**になった場合にも失効未遂は考えられる。これは「仕事の基礎の脱落（Wegfall der Geschäftsgrundlage）」とも呼ばれる。これには二つの類型がある。

⑤**行為客体が行為者の期待以下**だった場合がある。高額の借金を返済するため窃盗によって大金を得ようとして他人のハンドバックを窃取したが、そこには数十円しか入っていなかったので、それをそのまま放置して逃走したという場合、行為者はその小額を窃取することはできるとはいえ、行為者にとりそれはなんらの意味を有せず、「仕事の基礎」が脱落しているのであって、行為者は自己の目的を達成するためのさらなる行為をすることはもはやできない[106]。行為者の表象する特定の規模が重要であるから、行為者が特定額の借金返済のためでなく、一般的利得のために多額の金銭を期待して金庫破りをしたが、そこには小額しかなかったので、何もとらずに逃走したという場合、失効未遂は認められない[107]。行為者の窃盗の故意が特定の性質の物に向けられていたところ、それがなかったときは失効未遂である[108]。人が直接的

戻ったにもかかわらず、こういった状況の下で中止犯として不処罰とする可能性を行為者から奪うことは、刑法第24条の刑事政策的目的設定と調和しない」。この理由に対しても次のような批判が加えられる。「パートナーが、行為者の考えたように、性交を切望しているとき、性交を『羞恥心や悔悟』から放棄するきっかけはもはやまったく生じない。行為者が誤信されたパートナーを失望させる決意をする場合ですら、強姦未遂の中止があるのでなく、性交の断念があるにすぎない。なぜ性交の断念が『法的誠実』を証明しているとし、行為者の先行した性的暴力行為を不処罰とすべきなのか、理解しがたい」。Roxin, (Fn. 12), § 30 Rn 92. Vgl. Lilie/Albrecht, (Fn. 12), § 24 Rn 138.

[106] Kühl, (Fn. 2), § 16 Rn 15; Roxin, (Fn. 12), § 30 Rn 102; Bauer, (Fn. 62), 202. 同種の事案で、連邦通常裁判所（BGHSt 4, 56）は任意性を否定して中止犯の成立を認めなかった。

[107] Roxin, (Fn. 12), § 30 Rn 104. わが国では、中止行為の任意性という視点から論ぜられるのが一般である。木村（注71）365頁注8は、窃盗の客体の価値について、①価値・分量が軽微であることを発見し失望して窃取行為を止めた場合は中止未遂、②大なる価値を期待していたが、予期しただけの価値のものでないことを発見し失望して犯行を止めた場合は障礙未遂だとする。大塚（注89）260頁、佐久間修『刑法講義総論』1997年・327頁は、窃取しようとした財物が僅少であったため失望して止めた場合は中止犯となりうると論ずる。

[108] 失効未遂の事案として解決されるべき事案として、高松高判昭和26・1・25高刑特17・1〔強盗を企てた者が、予期に反して奪取するのに適当な物品がなかったので、提供された現金を受領しなかったという事案〕。
BGHSt 13, 156〔行為者が「なかんずく現金を盗みたいが、他の有用な物でもいい」と思っていたが、現金を見つけられず、写真機と外套を取ったものの、売ることが難しいと

に犯罪行為の対象になる場合にも稀に失効未遂が認められることもあるが，一般的には，人を量的に等級付けることはできないし，その性質からしてもそれほど異なっていないので，現実が行為者の犯行計画からずれていても犯行計画の失敗とは見られない。例えば，背後から女性を抱きしめて無理やり接吻しようとしたが（強要），近づいてよく見たらそれほどきれいでもなく若くもないのに気づき，それ以上は止めたという場合，行為者はその女性を知らなかったのであり，犯行計画の中に特定の期待を本質的なものとして取り入れていたというわけではないとき，失効未遂とはいえない[109]。もとより，行為者が特定の女性に接吻しようとして近づいたが，別人だったので止めたという場合，人の取り違えであって，失効未遂が認められる[110]。強姦が未遂の段階で，被害者が性交の同意を与えたものの，行為者は加虐性向の人で暴行を加えない性交には関心がないといった場合も失効未遂である[111]。

か不都合な事態の生ずることを恐れて，結局，何もとらずに立ち去ったという事案〕について，ロクスィーンによれば，金銭が本質的要素であるから，これに関しては失効未遂，物に関しては中止が認められる。RGSt 45, 6〔金網窓事件〕〔行為者は窓と金網を窃取しようとしたが，取る最中に不器用なために壊してしまい，無用の物になってしまったという事案〕。

[109] *Roxin*, (Fn. 12), § 30 Rn 106. 斉藤（注103）167頁。失効未遂として解決されるべき事案として，仙台高判昭和26・9・26高刑特22・73〔被害者に暴行を加えた上執拗に『メンスなら其の証拠を見せろ』と迫り月経帯を着しおるを確認した結果，嫌悪の情を催して断念するに至り，強姦の目的を遂げるに至らなかったのはいわゆる中止未遂でなく障碍未遂である」，東京高判昭39・8・5高刑集17・6・557〔被告人は，冬の小雪降る夕方，被害者（当時16歳）を姦淫する目的で松林の中に連れ込み，同女の下着を脱がせた上，その場に仰向けに倒し陰部に手指を押入れる等して，やがて姦淫しようとしたが，同女の露出した肌が寒気のため鳥肌たっているのを見て欲情が減退したため，その行為を止めるにいたったという事案。本判決は任意性に関する客観説の立場から任意性の問題として解決した〕「被告人が姦淫行為を中止するに至った右の如き事情は，一般の経験上，この種の行為においては，行為者の意思決定に相当強度の支配力を及ぼすべき外部的事情が存したものというべく，そのため被告人は性慾が減退して姦淫行為に出ることを止めたというのであるから，この場合，犯行中止について，被告人の任意性を欠く」。

連邦通常裁判所（BGHSt 20, 279）は，〔生理事件〕〔行為者は強姦目的で女性を襲ったが，生理バンドを着用しており，生理中だと気づいたので，意図した強姦ができなかったという事案〕において，性交には適さない状態であることを理由に失効未遂を認めた。本事案につき，ロクスィーンは，犯行計画時には生理について考えが及ばなかったとしても，性交に適した状態というのは暗黙の且つ当然の前提となっているとして判例を支持する。*Roxin*, (Fn. 12), § 30 Rn 107.

[110] *Roxin*, (Fn. 12), § 30 Rn 106.

[111] *Bauer*, (Fn. 62), 207; *Kühl*, (Fn. 2), § 16 Rn 15. なお，BGH NJW 1990, 263（強奪しようとして暴行接着行為をしたが，被害者が暴行の直前に意識喪失になった場合，暴行を

第三章 中止犯

⑥**行為客体の同一性が認められない**場合も行為が無意味であり，失効未遂が認められる。例えば，甲は乙を射殺しようとしてその背後から近づいたが，最後の瞬間にそれが乙でなく丙であることに気づき，再び拳銃をしまったという場合である。この場合，甲は丙を撃つことで構成要件を実現することはできる。したがって，甲は丙を撃つことを断念したとは言える。しかし，中止未遂が成立するためには行為の「放棄」が必要である。行為者の犯行計画からすると，甲にとって乙という具体的人を殺害するということが欠かせないのである。甲の故意は誰にでも向けられているわけではない。乙を殺害することはできず，そうかといって丙を殺すことは甲にはまったく無意味である[112]。同じことは物についても云える。高価な宝石を窃取しようとして陳列ケースのガラス板を壊したところ，よく見るとほとんど価値のない模造品だったという場合，失効未遂が認められる[113]。行為者は赤いゴム鞠を盗もうとして他人の庭に侵入し，赤い鞠だと思って手に取ったところ木製の鞠だったので，落胆してそのまま立ち去ったという事案で，ライヒ裁判所は中止未遂の成立を認めた[114]。行為者は行為の続行を「外的な，自分の意思とは関係のない事情によって妨げられたのでなく」，行為者は，「純粋に内的な，精神的出来事，つまり，真の事態を知ることをきっかけとした熟考」によって行為を続行しなかったのであると。しかし，この説示それ自体は正当である，つまり，任意性の認められる典型的事例だとしても，ライヒ裁判所は，行為者

加えることは行為者の視点から全く無意味となり，行為者は暴行を放棄できないので，強盗未遂は失効未遂である）。

[112] *Roxin*, (Fn. 12), § 30 Rn 94; *Kühl*, (Fn. 2), § 16 Rn 15; *Eser*, (Fn. 62), § 24 Rn 11. 斉藤（注103）167頁。これに対して，フェルテス（*Th. Feltes*, Der (vorläufig) fehlgeschlagene Versuch, GA 1992, 394 ff., 413）は，甲が人違いで丙を殺害した場合，殺人既遂が成立するのであるから，殺人未遂の場合も同様に考えるべきであって，行為を「放棄」したといえるのであって，その理由を問題とする必要はない論ずる。これに対しては，甲が真実を知ったか否かは重要なことであって，乙ではなく丙であると知ったときには，故意の対象がなくなるとの反批判が可能である。*Roxin*, (Fn. 12), § 30 Rn 99. イェーガー（*Jäger*, (Fn. 47. Der Rücktritt), 78）は，錯誤に気づき丙を撃たないことによって，「もくろんだ人に関しては危殆化」を逆戻りさせ，行為を放棄していると論ずる。しかし，これに対しても，甲が人違いに気づくや，主観的にも客観的にも誰も危殆化されていない，その場にいない乙はもちろん，殺人故意の対象でない丙もその他の通行人も甲の関心の対象外にあるとの反批判が可能である。*Roxin*, (Fn. 12), § 30 Rn 99.

[113] *Fuchs*, (Fn. 103), 31. Kap Rn 24.
[114] RGSt 39, 37.

は,「任意の他人の物ではなく,他でもなくゴム鞠と思われる物,つまり,特定の有体物をほしかった」と認定しているのであるから,ゴム鞠という「仕事の基礎」がそもそも存在しないのであるから,失効未遂が認められるべきだったのである[115]。

　以上,類型別に考察したところから分かるように,これらの場合,既遂に至り得ないと考えているのであるから,どっちみち生ずることのない結果の発生に対して,中止行為をすることはできない。行為者はもはや実行行為の放棄をするとか,結果の発生を阻止することもできない。行為者が続けることができる,あるいは継続している効果をまだ阻止できると考えている場合にのみ,行為者は何かを放棄したり,阻止できるのであって,既に失敗したと思った場合には放棄したり,阻止したりすることはできないのである。行為者は,失敗に「終わった事実」を確信した後となっては,「失敗した事実」を変化させることはできない[116]。行為者は二重の不運に襲われたのである。犯罪者としては結果を生じさせなかったという不運,そして,中止によって優遇されることが遮断されるという不運。中止犯は任意性が認められる場合に限定されるからである。任意性は行為者が犯罪を既遂に至らしめうると考えていることを前提としているのである[117]。

　失効未遂という法形象はドイツ語圏刑法学説及び判例[118]によって独自の法形象として一般に認められているのであるが,この法形象は中止犯の規定に

---

[115] *Roxin*, (Fn. 12), § 30 Rn 96; *Eser*, (Fn. 62), Rn 11. これに対して,イェーガー (*Jäger*, (Fn. 47. Der Rücktritt), 78) は,「何かを庭から盗む」という不定の故意を有しながら,無用の木製ボールを放置しておく者も中止できると論ずる。これに対しては,こういった場合,故意は有用な物に限定されており,その不存在ゆえに失敗したとの反批判が可能である。*Roxin*, (Fn. 12), § 30 Rn 100.

[116] *Moos*, (Fn. 97), 55; *Rudolphi*, (Fn. 23), § 24 Rn 8.

[117] *Moos*, (Fn. 97), 55; *Wessels/Beulke*, (Fn. 37), § 14 Rn 628.

[118] BGHSt 34, 53, 56「行為者がすぐさま行為を続けても結果を生じさせるが実際には不可能であると認識するとき」失効未遂が認められる。BGHSt 35, 94; 36, 224; 39, 221, 228 (GS)（失効未遂とは「結果の発生が ― 行為者に見分けられているのだが ― 客観的にもはや可能でないか又は行為者がそれをもはや可能でないと思う」場合のことを云う。当初の計画通り行かなくとも,行為者が,時間的間隙をおくことなく既に用いられていた手段や他の用意してある手段でなお結果の発生を阻止できると直ちに考えつくとき,失効未遂は認められない）; BGH NStZ 2010, 690「行為者が,結果が発生しなかったこと,近くにある手段では犯行計画の本質的変更と新たな因果連鎖を創設することなしにはもはや実現されえないと認識するとき,犯罪の未遂は失効した」。

適合しないとか余計であるという批判がなされてきた。ドイツ刑法学説の一部から，中止犯は刑法第24条の規定を満たすことで足りるのであって，「失効」の欠如という付加的要件を課することは行為者の不利益に繋がり，許されないのであり，したがって，「失効」というのは中止犯規定の要件を満たさない限りでしか意味を有しないので，失効未遂という法形象は中止犯規定に適合しないか，余計であると主張される[119]。しかし，この主張はドイツ刑法にとどまらず，わが国の刑法に関しても適切な理解とはいえない。先ず，中止犯規定に適合しないという批判について検討すると，失効未遂という法形象は，中止犯規定が充足されている場合にその適用を否定するという意味での創設的意味を有するものではない。失効未遂は中止の可能性のない特別な場合を指す用語である。すなわち，行為者が結果を生じさせるのに失敗したと思うとき，法文の定める用語の意義からも法規定の法的根拠からも，「任意に行為の以後の遂行を放棄し，又はその既遂を妨げた」（ドイツ刑法第24条）とか，「自己の意思により犯罪を中止した」（日本刑法第43条第2文）ということは問題とならないのである[120]。次に，余計であるという批判について検討すると，確かに，失効未遂の事例というのは，従来，「任意の放棄」や「任意の阻止」の問題として扱われてきた[121]。しかし，失効未遂では，行為者の視点から，行為者にその外部世界において行為の二者選択の道が開かれているか

---

[119] *Maurach/Gössel/Zipf*, (Fn. 93), § 41 Rn 36 ff.; *Baumann/Weber/Mitsch*, (Fn. 27), § 27 Rn 12; *R. D. Herzberg*, Münchner Kommentar Strafgesetzbuch Bd. 1, 2003, § 24 Rn 58 ff.; *F.-Ch. Schroeder*, Rücktrittsunfähig und fehlerträchtig: der fehlgeschlagene Versuch, NStZ 2009, 9 ff.

[120] Vgl. *Krey/Esser*, (Fn. 95), § 44 Rn 1274.

[121] バオマン等（*Baumann/Weber/Mitsch*, (Fn. 27), § 27 Rn 11）によると，甲が乙を射殺する意図で1発撃つが当たらず，さらに2発目を撃つがまた失敗したところ，甲はそれ以上は弾丸を持っていないのでその場を立ち去ったという事例で，「未遂が失効し，甲がこのことを認識したから，立ち去るということは以後の行為を放棄したことにならない」と論じて，「放棄」の問題として扱い，失効未遂という概念は余計であると論ずる。*H. Tröndle, Th. Fischer*, Stafgesetzbuch, 52. Aufl., 2004, § 24 Rn 6（失効未遂というのは包摂可能な概念でなく，法定の中止犯成立要件を充足しない場合の用語に過ぎない）。シュトレング（*F. Streng*, Handlungsziel, Vollendungsneigung und „Rücktrittshorizont", NStZ 1993, 257 ff., 258）は，「日常用語の理解では，自分の目的を実現する可能性をおよそはやもたない者といえども放棄するのである。というのは，行為者はともかくもこのことを追体験する，以後の行為をしない決意をするのである」として，「放棄」の概念が「失効」の概念を排斥すると論ずる。

否かが問題となり，それが開かれていない場合，もはや実現のできない故意を放棄するということはありえないのであるが，これに対して，任意性では，行為者を動かす動機（内部世界）が問題となるのである。行為者が中止の可能性を有しているか，有していると思うときだけ，任意性の存否が問題となる。失効未遂の問題は任意性の問題に先行するのである[122]。

b 反復的ないし継続的行為が可能な場合の失効未遂？

行為者は，実行行為に出たがまだそれでは目的を達成するのに足りないことを認識し，さらに攻撃を繰り返すか，他の手段を用いることで目的を達成することができるとき，失効未遂が認められるか否かが問題となる。例えば，毒物が致死量に足りないことに気づきさらに毒を盛ることができるとか，拳銃で撃ち損ねたので刃物で刺し殺すことができるといった場合である。これらの事例は暫定的失効とも最終的失効とも見られうる。すなわち，一方で，行為者は同種の行為を反復ないし異質の行為を継続することによって既遂を生じさせることができるという意味では**暫定的**失効といえる。他方で，行為者が行為を反復ないし継続してもそれ以前の行為の失敗を変えることはできないという点では**最終的**失効ともいえる[123]。

行為者の行為開始時の犯行計画を規準とする**犯行計画説**によれば，行為者が当初棍棒の一撃で殺害しようとしたが，一撃してからそれでは結果を発生させるには足りないことに気づいたとき，失効未遂であって，中止未遂の可能性は否定される。これに対して，行為者が当初から一撃で足りなければ，更に攻撃を続けるつもりであり，実際，一撃したが，それでは足りないことに気づきながら，更なる攻撃を止めたという場合，中止未遂の可能性が認められる[124]。しかし，本説は，当初から，結果を生じされるための様々な方法を練っていた者，つまり，犯罪エネルギーの横溢な者の方を利する結果になるところに問題がある。さらに，犯行開始時に結果を発生させる複数の手段

---

[122] *Steininger*, (Fn. 95), 20. Kap Rn 87; *Roxin*, (Fn. 12), § 30 Rn 96, 98, 107; *Eser*, (Fn. 62), § 24 Rn 7; *Krey/Esser*, (Fn. 95), § 44 Rn 1274; *Lilie/Albrecht*, (Fn. 12), § 24 Rn 89.
[123] *Kühl*, (Fn. 2), § 16 Rn 17; *U. Murmann*, Versuchsunrecht und Rücktritt, 1999, 44.
[124] BGHSt 14, 75.

があることを明確に考えていなかった行為者に，後になって犯行計画に入れていたとの反証しがたい弁解の余地を与えるところにも問題がある[125]。

個別行為説は，行為者の当初の犯行計画とは関係なく，個々の部分行為を切り分けて捉え，それぞれを未遂行為とするところから，その名称が来ている。各部分行為毎に中止未遂の成否の検証が行われる。行為者が，結果を発生させるに足りると考えて部分行為を行ったが，実際にはそれでは足りなかった場合，行為者が事後にそれを認識しても，失効未遂である。行為者が当該部分行為では足りないときには，更に行為を続行することを当初の計画に入れていたとしても，失効未遂であることに変わりない。本説によれば，個別行為によって行為事象を既に手放しており，（成功していた場合には）既遂の発生をもはや阻止できなかっただろうといえる場合，例えば，毒を盛ったものの偶然の過誤から致死量に足りなかったという場合，失効未遂である[126]。殺害の意図で拳銃を撃ったが，弾丸は相手にすれすれで飛んで行ったという場合も失効未遂ということになる。行為者の視点からは結果発生をもたらすのに十分な行為をしており，行為をした後，もはやその効果を支配できないからである。このような行為は「絶対的に独立化された」未遂行為とか「もはや撤回できない個別行為」と呼ばれる[127]。確かに，まったくの偶然から結果は発生しなかったのであるから，このような行為者がさらに行為を続けなかったときにも中止未遂に値するとすることには疑問も生じよう。しかし，逆に，拳銃の弾が命中した場合には，終了未遂の可能性があるのであるから，弾丸が命中しなかった場合に失効未遂を認めることには疑問がある[128]。個別行為説は，行為者が最初の未遂行為で既遂の結果を発生させると思っていたとき，その失敗は失効未遂だと捉え，中止未遂はありえないとするものであって，一体性のある生活事象を切り裂き，中止未遂の成立可能性を不当に狭

---

[125] Vgl. *Fuchs*, (Fn. 103), 31. Kap Rn 26; *Steininger*, (Fn. 95), 20. Kap Rn 98.
[126] *Eser*, (Fn. 62), §24 Rn 10. Vgl. *H. Frister*, Strafrecht AT, 5. Aufl., 2011, 24. Kap Rn 12 ff.
[127] *Bergmann*, (Fn. 57), 340, 344 u. 351; *G. Geilen*, Zur Abgrenzung zwischen beendetem und unbeendetem Versuch, JZ 1972, 335, 339. 個別行為説によっても，行為者の表象から，複数の行為による重畳的効果によって結果を生じさせる場合は異なった扱いを受ける。
[128] *Kühl*, (Fn. 2), §16 Rn 19.

めるのもので適切でない[129]。

　最初に用いた手段では結果を発生させることができない場合でも，行為者に，それまでの行為に接着して改めて攻撃の構えをすることができるとか，用意してある新しい手段を投入できるとの認識があるとき，当該未遂は失効未遂でない。**生活事象の一体性**（全体として一個の未遂構成要件該当行為）が認められるとき，さらに行為を続けうることは，行為者が当初の犯行計画の段階で考えていなかったという場合であっても，当初の犯行計画が維持・続行されており，この実現を目指すために新たな手段が用いられるのである[130]。この意味で**全体的考察説**が妥当である。例えば，計画に従い，被害者を一発で銃殺する，壜で殴り殺す[131]，自動車で轢殺する[132]，ガソリンを浴びせて焼殺す

---

[129] Lilie/Albrecht, (Fn. 12), §24 Rn 96 ff.; Roxin, (Fn. 12), §30 Rn 178; Wessels/Beulke, (Fn. 37), §14 Rn 629; Krey/Esser, (Fn. 95), §44 Rn 1277.

[130] Wessels/Beulke, (Fn. 37), §14 Rn 629; Lilie/Albrecht, (Fn. 12), §24 Rn 116, 162.
所為事象の一体性の判断規準については，競合論の自然的行為単一性を援用する説と生活事象の単一性説がある。前説によれば，部分行為が密接な時間的，空間的連関にあり，不法内実が量的にしか重くならず，行為が継続する故意ないし単一の動機によって担われているとき，事象の単一性が認められる。BGH NStZ 2001, 315. Vgl. Roxin, (Fn. 12), §30 Rn 199. 後説によれば，当該生活事象の単一性は，時間的間隙がなく，直接の事象継続，決意の単一性（特に，継続する所為故意）があるとき，生活事象の単一性が認められる。これに対して，事象経過の展開からすると，既遂へ向けた所為の新たな開始に，生活事態の単一性が認められないとき，新たな所為決意に基づく未遂行為が認められる。BGHSt 34, 53; 40, 75; 41 368. Vgl. Jescheck/Weigend, (Fn. 1), §51 II 4. 所為事象の一体性で問題となっているのは，複数の手段を用いた実行行為の単一性と複数の実行行為の区別に関係しているので，犯罪の成立が複数競合する場合の刑の量定にかかわる問題を扱う競合論は適切といえない。Lilie/Albrecht, (Fn. 12), §24 Rn 114, 164.

[131] BGHSt 10, 129〔フラッハマン（ウイスキー，ブランデーを入れる薄い小型容器）事件〕〔被告人甲は自動車で走行していた際，今は別れた前妻乙によりに戻すように要求した。乙はこれを拒絶したので，甲は殺害の意図をもって８分の３リットル壜で乙の頭部を殴った。しかし，車内が狭いために腕を十分に振り上げることができず，殺せなかった。引き続いて，甲は乙の首を絞めたところ，乙は意識を失った。甲は考え直して，それ以上のことはしなかったという事案〕〔連邦通常裁判所は場合分けして次のように説示した。被告人は，壜で一撃したとき既にそれだけでは結果を発生させるのに十分でないかもしれないと考え，当初からこの場合さらに暴行を加えるつもりだったとき，死の結果に向けられた全体の行為を自然的意味での単一事象として，したがって，法的に見て自然的行為単一性と評価するのが当然であり，したがって，殺人未遂は全体として未終了未遂である。被告人が，当初，壜の一撃で失敗するとは考えなかったが，被告人の犯行計画からすると殺害方法が重要な意味をもたないときも同様である。そうすると，被告人が殺人意思を特定の手段をもってしか実現しようとしなかった場合にだけ，未遂行為は独立の行為と評価されうべきである〕。

[132] BGHSt 34, 53〔被告人甲はその前妻の新しい友人乙を轢殺しようとした。乙が飛び

る[133]といった行為を行ったが、失敗したため、改めて銃撃して殺害すること、行為者よりも力で劣る被害者をその場で直ちに絞殺することも可能であるが、それをしなかったとき、殺人未遂の中止犯が認められるべきである。これに対して、居酒屋店主甲がその店に敵対関係にある乙がいるのを見て、乙の頭蓋骨を叩き割ろうとして焼酎壜を手に取ったが、乙の方が逸早く甲を手こぶしで打ちのめした、しばらくして意識を回復した甲は上階の自分の住まいへよろけながら行き、長い料理包丁を携えて店に戻り、殺害の意図をもって不意をつかれた乙を刺したが、後悔して、医師を呼んだので、乙は助かったという場合には、甲は最初の攻撃の後その場を離れ、改めて新たな攻撃手段を用意してきたのであるから、両者の間に生活事象の一体性が認めらず、したがって、それぞれ別個の事象であって、最初の攻撃は失効未遂であるが、後の攻撃は終了未遂の中止犯が成立する[134]。

　全体的に考察することの重要性は、中止未遂の法的根拠からも基礎付けられうる。行為者は最初の行為が失敗した後、再度犯罪行為に出ることをしないということによって合法性に回帰したのである。最初の危険な行為によって一旦動揺した人々の法意識も、行為者の不作為によって**法の妥当性への信頼性**が取り戻されることによって鎮静化されので、科刑の必要性が減少又は消滅するのである[135]。行為者が事前に中止犯の減軽・免除を知っているとき、中止未遂を肯定することは**被害者の保護**にも役立つ。失効未遂を成立させるなら、行為者はどの道処罰されるとの思いから、被害者という目撃証人を「消す」ことになりかねない。このことは被害者保護の道を閉ざすことを意味する[136]。

よけたため、殺人行為は失敗した。続いて、甲は乙に襲い掛かり、両手で乙の首を絞めた。乙は目の前が真っ暗になった。次いで、甲は乙から止めるように求められそれに応じたという事案］。
133　BGH NStZ 86, 264 ［ガソリン撒布事件］「被告人甲はその妻乙が離婚を意図しているのではないかとの疑念から乙を殺害しようとした。甲はバケツ一杯のガソリンを乙にかけ、乙に燐寸で火をつけようとした。しかし、うまくいかなかった。乙は庭に逃げたところ、甲はそこで乙を地面に引き倒し、首を絞めたが、途中で止めたという事案」。
134　Krey/Esser, (Fn. 95), § 44 Rn 1279.
135　Vgl. Kühl, (Fn. 2), § 16 Rn 21.
136　Roxin, (Fn. 12), § 30 Rn 188; Kühl, (Fn. 2), § 16 Rn 20; Krey/Esser, (Fn. 95), § 14 Rn 1277; Lilie/Albrecht, (Fn. 12), § 24 Rn 163; BGH NStZ 1986, 264.

失効未遂は，障害（有能）未遂か不能未遂か，終了未遂か未終了未遂かという分類とは異なった観点からの分類である。不能未遂は，行為者が行為を完遂することが客観的に不可能であることを認識するや，その時点で失効未遂となる。失効未遂は中止犯の可能性を初めから排除するから，失効未遂か否かは未終了未遂か終了未遂かの問題の前に扱われなければならない[137]。

失効未遂では，実行行為を自発的に放棄するとか，結果の発生を阻止する行為というのは問題とならないのであるから，中止犯はおよそ成立しない。

c 失策未遂

失策未遂（Mißlungener Versuch）というのは，失効未遂とは異なり，行為者の認識とは関係なく，行為が客観的に失敗した未遂のことを云う（純客観的規準）。したがって，失効未遂というのは行為者が失敗を正しく認識している失策未遂か，行為者が失敗したと誤信する未遂かのいずれかである（純主観的規準）。後者は失効未遂ではあるが，失策未遂ではない[138]。失効未遂と失策未遂の並存する場合が多い。例えば，金庫破りをしたが，それが空だったという場合，行為は客観的にも主観的にも失敗だったのである。失策未遂では，最初から結果の発生がありえないのであるから，その中止というのは考えられないが，しかし，行為者が行為の失敗を認識せず，結果発生を阻止する努力をするとき，**誤想中止**の成立が考えられる（本章五参照）。

(2) 構成要件外的目的を達成した未遂

行為者が，**未必の故意**で実行行為をしたが，自分の主目的（構成要件外的目的）は達成したと考え，それ以上に実行行為を続行して既遂を実現する理由が見出せなくなった場合にも，未終了未遂の中止が認められるか否かが問題とされる。例えば，甲は，乙から強奪してその場を立ち去ったが，気丈な乙が甲を追跡してきたので，乙を追っ払うために未必の故意で所携の拳銃で撃ったところ，弾丸は乙に当たらなかったが，驚いた乙はそれ以上の追跡をしてこ

---

[137] Moos, (Fn. 97), 55 FN. 51; *Kienapfel/Höpfel* (Fn. 37), Z 23 Rn 21; *Kühl*, (Fn. 2), § 16 Rn 10.
[138] Moos, (Fn. 97), 55 FN 50; *Steininger*, (Fn. 97), 269 FN30.

なかったので，甲は続けて撃たなかったという場合が問題となる[139]。こういった場合，未終了未遂の要件である「放棄」があったとはいえない。というのは，行為者は自分の行為の失敗に気づくが，さらに行為を続けることができないから，行為の続行を放棄したとはいえないということではなく，失効未遂とは異なり，行為を続行して完遂することはできるものの，行為者は自分の目的を達成したのであるから行為の続行を放棄したとはいえないということなのである[140]。故意の面から見ても，行為者が一旦目的を達成すれば，その時点で未必の故意は消失するのである。消失した故意を放棄することはできない[141]。甲が目的を達成したのにさらに行為を続けるということになれば，それはそれまでの未遂行為とは別個の新たな行為の開始，つまり，「非追跡者への射撃」である。甲は，「新たな，異なった動機から決意」をして，行為をすることになる[142]。

ドイツ連邦通常裁判所の裁判例には，行為者が構成要件外的目的を達成した場合につき，未終了未遂の中止を肯定したものと否定したものとがあったが[143]，

---

[139] *Kühl*, (Fn. 2), § 16 Rn 39; *Krey/Esser*, (Fn. 95), § 45 Rn 1289.
[140] *Kühl*, (Fn. 2), § 16 Rn 40; *Roxin*, (Fn. 12), § 30 Rn 62; *Rudolphi*, (Fn. 23), § 24 Rn 14b.
[141] *Roxin*, (Fn. 12), § 30 Rn 64.
[142] *Kühl*, (Fn. 2), § 16 Rn 38 f.; *Roxin*, (Fn. 12), § 30 Rn 59; *H. Otto*, Fehlgeschlagener Versuch und Rücktritt, Jura 1992, 423 ff., 430.
[143] ①，②及び⑥はお灸をすえる事案，④，⑤及び⑦は追っ手を追い払う事案，③は被害者の抵抗に関する事案である。①BGH, 1. Senat, NJW 1984, 1693〔行為者は，怒りをぶちまけるために，殺人の未必の故意で被害者の腹部を刺した。行為者はさらに突き刺すこともできたが，被害者が逃げるのに任せたという事案。連邦通常裁判所は，行為者が傷害目的を「一突きで」達成したという理由で中止犯の成立を否定した〕。②BGH, 1. Senat, NStZ 1989, 317〔行為者は，「一発食らわす」ために鋭利な料理包丁で殺人の未必の故意で被害者の「背中を思いっきり」刺した。行為者は，被害者を殺害することはできたが，そのまま立ち去った。連邦通常裁判所は殺人未遂の中止犯の成立を肯定した〕「このことは被害者の保護のためになるし，行為者を不当に優遇していることにもならない。行為者は──逆に──さもなければ，未必の故意で行為をしているにもかかわらず，直接的故意で攻撃する行為者よりも不利な扱いを受けることになる」。③BGH, 1. Seant, NStZ 1990, 30〔行為者は被害者からポーカーで負けた金を奪い返そうとした。取っ組み合いのとき被害者のポケットからガス拳銃が落ちた。行為者はそれを取り上げた。行為者は，それが本物の拳銃なのかガス拳銃なのか分からないまま，殺人の未必の故意をもって被害者の顔面中央部を撃った。行為者にとって大事なことは，被害者を殺すことでなく，戦闘無能力にすることだった。被害者は意識が朦朧として倒れた。行為者は被害者から金を奪って立ち去ったという事案。連邦通常裁判所は，殺人未遂の中止犯の成立を肯定したが，その際，「最適の目的達成」の場合には中止犯の成立はなく，本事案はそのような事例でないと説示した。被告人には別の「場合によっては致死効果のある行為手段」があったのであり，「そ

1993年の大刑事部決定は肯定説を明確にした[144]。甲は，乙を「とっちめる」べく同人の上腹部を刃物で刺したとき，それが致命傷になりうることを予期し，それを甘受したが，甲は，乙をとっちめるという目的を達成したところから，乙の上腹部から刃物を抜き，その場を立ち去ったが，その際，甲は乙の傷の状態とその驚くべき冷静な対応から，命にかかわるほどではないと考え，実際，乙は生き延びたという事案において，ドイツ刑法第24条第1項の定める未終了未遂の中止の成立要件である「所為（Tat）の放棄」の意義について，「事柄に即した法的意味での所為，つまり，法定構成要件に明確に規定された構成要件該当行為と構成要件該当結果」であると論じて，「行為者は，構成要件外的目的を達成したので，行為を続けなかったという場合でも，不処罰となる未終了未遂の中止は可能である」と説示した。しかし，これに対しては，こういった解釈は形式的に過ぎるのであって，行為者は既に目的を達成しているのであり，それ以上に被害者に危険な行為をする必要はないのであって，さらなる行為が無意味なとき，行為の放棄ということもな

れを用いれば被害者を戦闘無能力にするという目的をいっそう高めることができた」，「拳銃で頭を殴るとか，首を絞める等」。この種の行為をしないとき，「殺人のさらなる実行を任意に断念した」と云えると〕。④BGH, 2. Senat, NStZ 1990, 77〔被告人は共犯者一人とともにスーパーマーケットから強奪したが，被告人はその店長から自動車で追跡された。被告人は，店長を追い払うために，殺人の未必の故意で同人めがけて5発撃った。店長は追跡をあきらめたとき，被告人はさらに撃つことはしなかったという事案。連邦通常裁判所は中止犯の成立を否定した。「構成要件実現の断念が賞賛に値する」というようなことは，「行為目的を達成した後となって新たな決意に基づき法益の新たな危殆化を希求しない行為者には，構成要件実現の断念が—いかなる理由からも—賞賛に値するとはいえない」と〕。⑤BGH, 5. Senat, NJW 1991, 1189〔被告人は金融機関から強奪した後，奪った金を保持し，逮捕を免れるため，殺人の未必の故意で追ってきた警察官を撃った。警察官が逃げたとき，被告人は，その背後からまだ撃つことができたが，そうしなかった。連邦通常裁判所は中止犯の成立を否定した。その理由は，新たに撃つことになれば新たな決意とそれに基づく新たな行為であり，それを断念したということは，それまでに終わった未遂行為を中止したことにならないというものである〕。Vgl. *Roxin*, (Fn. 12), § 30 Rn 48 ff.

[144] ⑥BGH, 1. Senat, NStZ 1993, 280 (Vorlagebeschluß); BGH, Großer Senat, BGHSt 39, 221. これを支持するのが，*Wessels/Beulke*, (Fn. 37), § 14 Rn 635; *Krey/Esser*, (Fn. 95), § 45 Rn 1293; *Lilie/Albrecht*, (Fn. 12), § 24 Rn 190 ff. しかし，その後も中止犯の成立を否定した判例がある。⑦BGH, 5. Senat, NStZ 1994, 493〔被告人は，追跡してきた被害者に追いつかれ，体を触れられたとき，殺人の未必の故意で同人を撃った。腕を撃たれた被害者は居酒屋に戻ったが，被告人は被害者をもはや撃たなかったという事案。連邦通常裁判所は中止犯の成立を否定したが，被害者をさらに撃つということは新たな犯行の決意を前提としているというのがその理由である〕。

いとの批判が可能である[145]。もっとも，本事案において，行為者が殺人未遂によって「とっちめる」という目的を現実に達成したどうか確信がもてないとき，行為者には放棄するか否かの選択が残されているといえよう[146]。

構成要件外的目的を達成した場合に中止未遂の成立を否定する説に対する反論として，先ず，**最適化論**（参照，注143③）がある。目的の達成をもっと確実に実現できるのにもかかわらずそうしなかったとき中止犯の成立を認めるべきだというのである。しかし，第一に，目的達成という点で，さらに行為をすることがまったく意味をもたないのか，それほど意味をもたないのか，最適の目的達成なのか普通の目的達成なのかの区別は恣意的たらざるをえないことが指摘できる。第二に，生命にかかわる行為を続行しないということが行為者の得ようとする最適状態を下回るとはいえないことも指摘できる。行為者は被害者の死を達成しようとしているのでなく，目的をできるだけ殺害することなく達成したいのである。もはやまったく必要のない致死行為をするということはこれに矛盾するのである。もっとも，目的達成のためにさらに行為を続行することが必要なときに，それをしないという場合は中止犯の成立が認められる。例えば，行為者は被害者を懲らしめるために刃物で突いたが，想定外にも被害者の腕を刺したに過ぎなかったという場合である[147]。

次に，**被害者保護論**（参照，注143②）がある。上記の1993年の大刑事部決定は，「行為者が事前の行為目的を既に達成している場合でも，被害者には危険が差し迫っている場合がありうる，……なぜなら，行為者はその行為目的を最終的に確実にするための攻撃を続行できるからである。それゆえ，その際行為者に中止の可能性を開けておくことは，実行開始によって危殆化された法益の保護に役立つ」と説示している。しかし，この論拠の説得性も乏しい。第一に，「行為目的を最終的に確実にする」ということが「行為目的

---

[145] *Kühl*, (Fn. 2), §16 Rn 41; *Stratenwerth/Kuhlen*, (Fn. 95), §11 Rn 80; *R. Zaczyk*, MomosKommentar Strafgesetzbuch Bd. 1, 3. Aufl., 2010, §24 Rn 34, 53; *H. Otto*, Grundkurs Strafrecht AT, 7. Aufl., 2004, §19 Rn 32「直接故意の行為者は少なくとも普通はより犯罪を犯す危険が高い」。
[146] *Kühl*, (Fn. 2), §16 Rn 41.
[147] *Roxin*, (Fn. 12), §30 Rn 67 ff.

の最適化」を意味するのであれば，それには上記の批判が妥当する。第二に，「行為目的を最終的に確実にする」ということが犯行隠蔽殺人を意味しているとすれば，被害者以外に他の証人がいないという場合のごく一部においてのみ隠蔽殺人は可能であり，被害者保護は限られている。それに，構成要件外的目的を達成した場合に，中止犯の成立を認めることにしたとしても，こういった場合に処罰されないことを事前に知っている行為者というのはほとんど考えられない[148]。さらに，次の指摘も重要である。「不処罰を提供することによって具体的行為者に犯行隠蔽殺人を止めさせるということは，なるほど，個々の被害を被った者のためになるかもしれない。もっとも，この不処罰の提供がそもそもこれに適しているということが前提となるが。しかし，被害者の殺害を最終目的としてでなく，せいぜい中間目的又は副次効果として甘受する行為者を，犯行隠蔽殺人を断念した限度で，はじめから未遂の廉での可罰性の危険から免れさせるとき，それは将来の全ての被害者のためにならない」[149]。

　最後に，**目的故意犯との比較論**（参照，注143②）がある。行為者は，殺人の目的故意で被害者を一突きしたが，それではまだ殺害に十分でないのに，行為の続行を止めたとき，未終了未遂の中止が可能である。それなのに，目的故意よりも非難の軽い未必の故意の場合，中止犯の成立を否定するのは辻褄が合わないというのである[150]。しかし，この論拠も十分とはいえない。第一に，中止犯の性質上，射程距離の広い目的をもっている者は，目的を既に達成した者よりもより長時間にわたって引き下がることができるということである。第二に，即座に可能な目的の達成を任意に断念する目的故意犯にだけ，行為決意の修正，「減退」，「合法性への回帰」ということが云えるのであって，これこそが中止犯の成立を正当化するのである。未必の故意で行為する者が構成要件外的目的を全面的に達成したとき，そういうことは云えな

148　*Roxin*, (Fn. 12), §30 Rn 71.
149　*I. Puppe*, Anmerkung zum Beschluß des BGH v. 11. 3. 1999, JR 2000, 72 ff.
150　*R. D. Herzberg*, Gesamtbetrachtung und Einzelaktstheorie beim Rücktritt vom Versuch, NJW 1988, 1559 ff., 1564; *K. Ulsenheimer*, Anmerkung zum Urteil des BGH v. 14. 2. 1984, JZ 1984, 852 ff., 853; *Krey/Esser*, (Fn. 95), §45 Rn 1293.

いのである[151]。

三 未終了未遂(着手未遂)と終了未遂(実行未遂)の区別

(1) 概　説

　未終了(着手)未遂 (Unbeendeter Versuch) と終了(実行)未遂 (Beendeter Versuch) という概念は刑法典上用いられていないが，中止犯の成立要件と関係して，判例・学説において一般的に用いられている。犯罪を「中止した」(刑法第43条) というのには二つの形態，つまり，「放棄」と「阻止」がある。中止犯が成立するためには，実行行為がまだ終了していない場合には，失効未遂でない限り，「放棄」という不作為で足りるが (未終了未遂の中止)，実行行為が終了している場合には，結果発生を「阻止」するという積極的行為 (作為) が必要である (終了未遂の中止)。この違いを明確にするために，前者の未遂を未終了未遂と呼ばれ，後者の未遂が終了未遂と呼ばれる[152]。したがって，未終了未遂の中止犯の成立要件は終了未遂の中止犯の成立要件ほど厳格でない。

　わが国では，従前，大別して，主観説，修正主観説，客観説及び折衷説が主張されてきた。**主観説**[153]は，行為者の実行行為の開始時点における表象を規準とする。これによれば，①行為者が1発の発砲で殺害するつもりのとき，現実に被害者に当たったか否かに関係なく，それで実行行為は終了する。そこで，①a被害者に当たらなかったとき，行為者がさらに1発目を撃つことができることを知りながら，それをしなかったという場合，結果の発生を「阻止」する行為というものは考えられないので，中止未遂の成立する余地はない。それに対して，①b弾丸が当たったとき，手当てをするといったような結果の発生を「阻止」する行為をすると，中止未遂の成立する可能性がある。

---

[151] *Roxin*, (Fn. 12), § 30 Rn 75; *Kühl*, (Fn. 2), § 16 Rn 40.
[152] *Roxin*, (Fn. 12), § 30; *Krey/Esser*, (Fn. 95), § 45 Rn 1282 f.
[153] 牧野英一『日本刑法　上巻』［重訂版］1937年・309頁以下，宮本 (注78) 185頁，瀧川幸辰『刑法講義』［改訂版］1931年・188頁。

②行為者が行為の開始時に，1発でなく，2発撃つつもりのとき，1発撃っただけでは，実行未遂とならず，着手未遂である。そこで，②a1発目があたらなったとき，2発目を撃つのを止めると，中止未遂となり，②b1発目が当たったとき，たまたま第三者が結果の発生を妨げ，行為者がそのことを知っているときでも，2発目を撃たなかったというだけで中止未遂となる。しかし，本説は支持しがたい。先ず，①aの場合，中止未遂にならないが，②bの場合，中止未遂になるというのは奇妙であるし，次に，①bの場合，中止未遂になるが，①aの場合，中止未遂にならないのに，①bの場合，中止未遂になるというのも奇妙なことだからである[154]。

修正主観説[155]は，基本的には主観説に基づくが，それを部分的に修正する。実行行為が完了したかどうかは主観的に決すべきであるが，結果発生の危険が既に生じた以上，行為者がその予定の行為を完了したかどうかは問わないで，実行行為は完了したものとする。上記の主観説②bの場合，1発目で結果発生の危険を生じさせた以上，行為者が予定の2発目を発射したかどうかは問わないで，実行行為は完了したものとする。本説も支持しがたい。上記主観説①aの場合に中止犯の成立を認めないことには疑問がある。

客観説[156]は，着手未遂の場合，事後の行為をしないだけで中止未遂になるが，終了未遂は障害未遂にほかならず，中止犯成立の余地はない。終了未遂にいう「終了」というのは，客観的に捉えられるべきである。例えば，連発銃を使用して殺人を企てるとき，①最初の1弾を発射して命中せず，殺意を遂げなかったとき，人を殺すに足る行為を為し終わったのであるから，その時すでに行為は終了未遂に達しており，中止犯の成立する余地はない。②それが当たったとき，結果の発生を防ぐための行為をすれば，それは本来の中止犯とはいえないが，本来の中止犯に比して遜色あるものではないから，例外的に，中止犯の類推適用を認める。本説も支持しがたい。①の場合，行為

154　参照，平野龍一『犯罪論の諸問題（上）』1981年・148頁以下。
155　齊藤金作『刑法総論』[改訂版] 1955年・212頁以下。佐伯（注79）326頁（燐寸の軸木を数本利用して放火するつもりでいても，それまでの行為によってすでに結果の発生の可能性が設定されていれば，もはや行為の継続を止めるだけで中止できない）。その他，中義勝『講述　犯罪総論』1980年・214頁。
156　植松（注82）328頁以下。

者が２発目を撃つことができるし，行為者がそのことを知っていたが止めたときにまで中止未遂を認めないのは厳格に過ぎる。

折衷説[157]は，実行行為は，主観＝客観の全体構造をもつものであるから，その終了時期も，実行行為の主観・客観の両側面を総合的に考量して判断すべきであると論ずる。連発銃を使用して殺人を企てるとき，①１発目が被害者に命中したとき，積極的に結果を防止する行為のないかぎり，中止犯とは認められない。②１発目が命中しなかったとき，２発目の発射が客観的に可能であり，しかも，行為者が主観的にこれを認識していたにもかかわらず，２発目を発射しなかったとき，中止犯が認められる。本説には，①の場合，弾丸の命中による結果発生の可能性に関する行為者の認識の有無をどのように考慮するのか不明なところがある。

以上の学説に対し，近時は，未遂の形態と中止行為の形態を連動させずに論ずる説（**新客観説**と呼ばれる）が展開されるようになった[158]。それによると，中止行為として単なる不作為で足りるか，それとも積極的な作為が要求されるかの問題は，実行行為の終了時期はいつかの問題と位相を異にし，中止行為が不作為で足りるか作為を要するかの問題は，結果発生に向けて因果経過が進行を開始したかどうかに関係するので，実行行為の終了時期はいつかを区別することは重要でない。したがって，結果の発生に向けて因果の経過がまだ進行していない場合には，実行行為を中止すれば中止行為となるのに対し，既に進行を開始しているときは，作為による結果防止が必要である。しかし，本説によれば，終了不能未遂のようにそもそも因果関係が進行しえない場合をどのように扱うのか判然としない。むしろ，未遂犯の成立を前提とする中止未遂の成立には，具体的事案において任意の放棄で足りる場合の未遂の形態（未終了未遂）とはどういうものなのか，任意の放棄では足りず，結

157　福田（注72）239頁注１。その他，大塚（注89）261頁。
158　大谷（注75）393頁（実行行為の終了時について，殺意をもって２発の弾丸が装填してある拳銃を使用するとき，着手未遂は，①１発目を発射したが死の危険を生じさせず，もう１発あることを知って止めた場合であり，実行未遂は，②１発を発射し人に命中して死の危険を生じさせた場合，③１発目で死の危険を生じさせず，行為者が１発しか弾丸がないと誤信して発砲を止めた場合，及び，④２発とも命中しなかった場合である）。その他，中山（注83）437頁，山中（注83）757頁以下，前田（注82）175頁，井田（注87）427頁以下，山口（注88）282頁，高橋（注91）397頁以下。

果発生の阻止が要求される場合の未遂の形態（終了未遂）とはどういうものなのかを行為者の視点から論ずるべきである。

そこで，未終了未遂と終了未遂の区別の問題は，次のように考えるべきである。未終了未遂と終了未遂は行為者の表象（**主観的規準**）によって区別されるのであって，未遂事象の客観的段階によって区別されるのではない。未遂犯の成立要件である実行行為も実行行為に接着する行為も行為者の具体的犯行計画を基礎にして定められたのであり，そうすると，任意の放棄で足りる未終了未遂と結果発生の阻止が要求される終了未遂の区別も行為者の表象が規準となる[159]。すなわち，行為者が，自分の考えでは構成要件実現のために

---

[159] *Burgstaller*, (Fn. 95), 32 f.; *Triffterer*, (Fn. 23), 15. Kap Rn 37; *Fuchs*, (Fn. 103), 31. Kap Rn 21; *Stratenwerth*, (Fn. 4), § 12 Rn 55; *Kühl*, (Fn. 2), § 16 Rn 24 f.; *Jescheck/Weigend*, (Fn. 1), 541; *Lilie/Albrecht*, (Fn. 12), § 24 Rn 96, 154; *Eser*, (Fn. 62), § 24 Rn 13. これに対して，イェーガーは法益の客観的危殆化も考慮する。行為者が，殺害の意図で被害者に毒を盛ったが，その量では致死に至らないと誤信して，それ以上の行為をしなかったが，被害者は医師の治療によって一命をとりとめたという場合［毒殺事例］，行為者は現実に危殆化を元に戻したということではないので，最終的には被害者が死んでいなくても可罰的未遂が成立するが，殺害の意図で拳銃を構えたが，銃身には弾が１発も入っていないと誤信して，結局，撃たなかったという場合［拳銃事例］，行為者は拳銃からの切迫する危険を客観的には除去しているので，中止が認められるが，しかし，この中止には任意性が認められないので，結局，可罰的未遂が成立する。*Jäger*, (Fn. 47. Der Rücktritt), 66 ff. しかし，この立論に対しては，ロクスィーンの批判が妥当する。［毒殺事例］の解決方法は刑法第24条第１項第２文に反する。同条項によれば，真摯な努力があれば，それが創設された危殆化に何らの影響を及ぼすことがなくても，結果がまったく他の事情から生じなかった場合でも，中止犯の成立を認めている。「放棄」を「阻止」と異なった扱いをすることは理解しがたい。とりわけ，結果を招来するのに十分なことをまだ何もしていないと考えながら「放棄」するのはそれ自体「阻止の努力」とも解釈できるからである。［拳銃事例］では，非故意の中止という理解しがたい構成がとられる。行為者は行為を実行できないと考えたのであるから，行為者は危殆化を元に戻すという影響を及ぼそうとしたのではない。しかし，危殆化の表象が未遂を基礎付けるとき，結果が発生していなくとも，危殆化を元に戻すと表象することが中止を認めるうえで必要であり，十分足らざるを得ない。おまけに，行為者が弾丸のないことからもはや実行できないと考えているとき，「未遂危険」ということすらそもそも云えない。行為者が誤信に気づき，新たな殺害の決意をするという危険は，さらなる行為ができないと考えたために消滅した実現故意の代わりとなりうるものではない。行為者の誤表象は未遂の継続を妨げる。しかし，未遂がなければ中止というのもない。*Roxin*, (Fn. 12), § 30 Rn 40 ff.

ヘックラーも，行為者が，行為を止める時点で，自ら認識しなかった「既遂危険」があるとき，つまり，客観的観察者が構成要件実現をまったく非蓋然的というわけではないと考えるとき，たんに「放棄」だけで任意の中止を認めるのに十分でない。行為者に帰属可能な危険除去があってはじめて中止がみとめられうると論ずる。*A. Heckler*, Die Ermittlung der beim Rücktritt vom Versuch erforderlichen Rücktrittsleistung anhand der objektiven Vollendungsgefahr; zugleich ein Beitrag zum Strafgrund des

必要なことをまだすべて為したわけではないと思っているとき，それは**未終了未遂**である。行為者の誤信は意味をもたない。これに対して，行為者が，既に既遂をもたらすべくすべてのことをしたこと，あるいはいずれにしても自分がさらに行為をしなくとも実現すると考えているとき，それは**終了未遂**である。こういった認識のある行為者にだけ中止行為として何をせねばならないかが分かるのである。ここでも行為者の誤信は意味をもたない。例えば，行為者がまだ点火装置を起動させていない時限爆弾をそれと知りながら仕掛けるとき，それは未終了未遂である。これに対して，行為者が，点火装置を既に起動させたと誤信しているとき，それは終了未遂である。又，行為者が点火装置を起動させたことをそれと知りながら仕掛けるとき，終了未遂である。これに対して，行為者が点火装置をまだ起動させていないと誤信しているとき，これは未終了未遂である[160]。

(2) 行為者の表象時点

行為者の表象が規準となるにしても，いかなる**時点**の行為者の表象を規準とするべきかが問題となる。例えば，射撃とか殴打とかいった行為では，最初の一撃の後に初めてその効果を正しく評価できるので，こういった場合に問題となる。**未遂行為開始時点での行為者の表象**を規準（**犯行計画規準説**ない

Versuchs, 2002, 161 ff. これに対して，ロクスィーンはこう批判する。未遂が行為者の「表象」による着手を前提とするように，要求されるべき危殆化の後戻しも行為者の表象に基づかなければならない。行為者が今まで起こったことからすると結果は生じ得ないと考えているとき，行為者に結果阻止の努力をする動機は生じ得ない。結果が生じなかったとき，行為者がその表象に基づき余分で無意味と考えたことをしなかったという理由で，行為者を処罰する必要性はない。*Roxin*, (Fn. 12), § 30 Rn 44.

オーストリアにおける客観説に，*Th. Rittler*, Lehrbuch des österreichischen Strafrechts, 2. Aufl., 1954, 266 FN 1（行為者は，実行行為を終えていない限り，結果はその掌中にある。これが未終了未遂である。行為者が構成要件的結果を招来するのに必要と思われる行為を全て終えたとき，これは終了未遂である。その区別は客観的観点から定められる）。

その他，*P. Ostermeier*, Die Begrenzung der Aufgabevariante des § 24 I 1 StGB (usw.), StraFo 2008, 102 ff., 103「今まで行われたことからさらに行為を行わなくとも結果が生じうるか否か」; *U. Borchert, U. Hellmann*, Die Abgrenzung der Versuchsstadien anhand der Erfolgstauglichkeit, GA 1982, 429 ff.

160　*Triffterer*, (Fn. 23), 15. Kap Rn 37.

し**犯行計画視座説**）[161]とするのか，全体的考察説に立脚して，行為者の表象によれば**最後となる実行行為の終了ないし打ち切り時点での行為者の考え**を規準（**行為一体説**ないし**中止視座説**）[162]とするのかが問われるのである。

　行為者が，当初，自分の行為ではまだ構成要件の実現には至らないと考えていたが，実行してから，それが誤りであり，自分がさらに行為をしなくとも構成要件の実現には十分であることに気づくとき，当初は未終了未遂と判断された行為が，行為者の表象の変化後は**終了未遂**と評価されることでは見解の一致がある。この場合，行為者が結果発生を回避するための積極的行為をするとき，中止犯が成立する。犯行計画規準説もこの場合を例外的に終了未遂とする。例えば，甲は，2日連続してそれぞれ一定量の毒物を乙に飲ませ殺害しようとするが，1回分だけでは致死量に足りず，2回あいまって致死量に達すると考えていたが，実際には，乙に1回目の毒を飲ませただけでその効果が強力で致死には十分であると認識するに至ったという場合，これは終了未遂である[163]。

　見解が分かれるのは，行為者が，当初，1回の行為（1回の発砲，1回の殴打）だけで構成要件は実現すると考えたが（少なくとも真剣に可能と考え，それを認容する），その後，この行為だけでは十分でないと認識するに至ったが，見合わせたという場合である。犯行計画規準説では，犯行計画に見合うことは全て行っているので，終了未遂（失効未遂）ということになり，中止未遂は認められない[164]。これに対して，行為一体説では，未遂が失敗したという認識

---

[161] *Burgstaller*, (Fn. 95), 33; *Triffterer*, (Fn. 23), 15. Kap Rn 40; *Eser*, (Fn. 62), § 24 Rn 16 ff., 18a; *G. Jakobs*, Strafrecht AT, 2. Aufl.,1991, 26. Abschn Rn 14 ff.
[162] *Kienapfel/Höpfel*, (Fn. 37), Z 23 Rn 4 ; *Rudolphi*, (Fn. 23), § 24 Rn 15.
[163] *Burgstaller*, (Fn. 95), 33 FN 85. Vgl. BGH NStZ 1998, 614〔甲は腹を立たせた物乞いの乙を未必の故意をもって刃物でその胸を一突きした。甲はこれではまだ致命傷になっていないと考えたが，甲はその直後，「被害者が胸を押さえ，よろめき歩き，地面に倒れる様」を見たとき，乙の死ぬ可能性を認識したという事案。終了未遂〕。
[164] *Eser*, (Fn. 62), § 24 Rn 17. ドイツ連邦通常裁判所も，当初，犯行計画規準説に従っていた。行為者が確固たる犯行計画に基づきただ1回の実行行為（射撃，刺す，打撃）を行い，構成要件該当結果の招来をある特定の手段の投入に限定しようとするとき，行為者が事後にそれでは十分でなかったと認識しても，未遂は終了未遂である。BGHSt 22, 330. 但し，行為開始時にこの種の犯行計画が存在しないとか，犯行計画の不存在が「疑わしきは被告人の利益に」の原則に則り認定されるべき場合，最後の実行行為の終了後の行為者の表象が規準となる。行為者が，それまでの行為では結果発生のためには十分でないと考

があると，未終了未遂ということになり，当初の犯行計画の範囲内でさらに行為をする可能性が残されている限り，それ以後の実行行為を放棄するだけで未終了未遂の中止犯が成立することになる[165]。

犯行計画規準説は，**終了未遂**が認められるためには，行為者が，行為の着手の時点で既遂の効果をもたらすと考える行為を行なうことで十分であると主張する。というのは，行為者が，構成要件実現のためには**数度**の行為をしなければならないこともありうると考えるが，最初の行為でもって構成要件を実現することを認容するときでも，未終了未遂を認め，さらなる行為をしないだけで中止犯を認めて優遇すべきでないからである。さもなければ，行為者に構成要件を実現するためのさらなる行為の可能性が開かれていると

えた場合，それは未終了未遂であって，犯行の決断を放棄し，それ以上の行為をしないことで中止未遂が成立する。BGHSt 10, 129［フラッハマン事件］; BGHSt 22, 176［パイプレンチ事件］（被告人は継娘を殺害しようとして，前もって手布巾で巻いていたパイプレンチで継娘の頭部を一撃したところ，被害者は意識を朦朧としているに過ぎないことに気づいたが，それ以上には出なかったという事案。連邦通常裁判所は次の理由から未終了未遂を肯定した。未必の故意で他人を叩き割る者は一定数の殴打を要するのかどうかを考えないのが普通である，被告人は行為の終了後，構成要件の結果をまだ惹起していないと認識した）。BGH GA 1966, 208［哨兵事件］（行為者が当初から速射銃を連射して殺害することを計画し，結果が生ずるまで撃ち続けようとしたが，なお結果を達成することができたにもかかわらず，止めたとき，未終了未遂）。これに対して，行為者が必要なことはすべてやったと思ったとか，それまでの行為の効果に疑問があるものの結果の発生は少なくとも可能だと思った場合，それは終了未遂である。BGH NJW 1980, 195; BGH NStZ 1981, 342 u. 1984, 116.

165　その後，ドイツ連邦通常裁判所は，1982年に，最後の実行行為終了後の行為者の表象を規準とする行為一体説を支持した。以後，行為一体説が支配的になる。BGHSt 31, 170［絞首事件］（終了未遂は，犯行計画の存在及びその内容を考慮することなく，最後の実行行為の終了後の近接している結果発生の可能性とそれに対応する危険意識から判明しうる）。BGHSt 33, 295［こめかみ射撃事件］（行為者がはじめから計画した行為を実行するとすぐに終了未遂となるのでなく，最後の実行行為の後，結果が発生するのではないかと思わせる実際の状況を認識するか，行為が不適切であることを誤認して結果発生を可能だと考えるときにはじめて終了未遂が認められる）; BGHSt 35, 90［うなじ刺し傷事件］（確定した犯行計画がある場合でも，未終了未遂と終了未遂の区別にとって重要なのは，「被告人が最後の実行行為をした後構成要件的結果の発生を可能と考えたか否か」である）; BGH NStZ 86, 264［ガソリン撒布事件］（行為者の計画した攻撃が当初失敗したときでも，既に投入した又は新たに投入の用意のある手段を用いればなお既遂が可能であると認識しているときにはいずれにせよ，可罰的失効未遂とはならない。本件では，殺人未遂は焼き討ちの失敗にもかかわらず最終的に失効したとはまだいえない。むしろ，行為者は時間の切れ目なく新たな犯行手段（首を絞める）を用いたのであって，しかも，これにより既遂に至りうると認識していたのである）; BGH NStZ 99, 299 ff u. 02, 427 ; 03, 369 u. 05, 331［ナイフ刺し傷事件］．

き，行為者がこれを認識したというだけの理由で，行為者が優遇されてしまうからであると[166]。そうすると，**未終了未遂**の成立は，行為者が，行為をするに当たって，自分のさらなる行為がなくとも，構成要件を実現しうる行為となるというようなことを甘受しない場合に限定される。したがって，殺人の故意で発砲したが相手に当たらず，行為者がこの事に気づくとき，行為者が1回で殺そうとしたのか，必要なだけ発砲して殺そうとしたのかとは関係なく，終了未遂であり，しかも失効未遂であるから，中止犯は認められないというのである[167]。本説は，行為一体説を，用意周到な行為者や良心の呵責を感じない行為者を優遇するものだと批判する[168]。

しかし，犯行計画規準説には問題があるように思われる。はじめから様々な可能性を考慮して行為をする思慮深い者の方がたった1回きりの行為しか計画していない単純な者よりも有利な扱いを受けることになる。例えば，行為者が毒を盛った飲み物で殺害できると思って実行したが，予期に反してその量では十分でなかったことに気づいたとき，そして，まだ手元の毒があるのにこれを用いず，それ以上の行為をしないとき，これを終了未遂（失効未遂）と捉えて一切中止犯の成立の可能性を認めないのは厳しすぎる。

結果発生への経路を支配しており，さらに行為を継続しないことによって結果発生が妨げられるとき，全体的に考察して未終了未遂を広く認める**行為一体説**が妥当である。その前提として，それまでの実行行為と，結果を発生させるための可能なさらなる行為とは**自然的行為一体**（時間的・空間的に密接な連関）にあること，すなわち，最後の実行行為と直接接する行為の継続可能性があることが必要である[169]。最後の実行行為とその後の行為の間に時間的間隙[170]があるとき，自然的行為一体性は欠如するので，それは失効未遂である。例えば，行為者が最後の実行行為をした後，結果を生じさせるために

---

[166] *Triffterer*, (Fn. 23), 15. Kap Rn 40.
[167] *Burgstaller*, (Fn. 95), 34 f.; *Triffterer*, (Fn. 23), 15. Kap Rn 40.
[168] *Otto*, (Fn. 142), 428; *Eser*, (Fn. 62), § 24 Rn 18a.
[169] *U. Ebert*, Strafrecht AT, 3. Aufl., 2001, 132; *Kühl*, (Fn. 2), § 16 Rn 28, 35; *Wessels/Beulke*, (Fn. 37), § 14 Rn 629; *Lilie/Albrecht*, (Fn. 12), § 24 Rn 162; *Jescheck/Weigend*, (Fn. 1), 542; *Zaczyk*, (Fn. 143), § 24 Rn 17; BGHSt 34, 57「一体的生活事象（ein einheitlicher Lebensvorgang）」; BGHSt 40, 75; BGH NStZ 1996, 96.
[170] Vgl. BGHSt 35, 90, m. Anm. *R. Rengier*, JZ 1988, 933 ff.

犯行現場を離れて別の凶器を入手しなければならないといった場合，自然的行為一体性は欠如する。主観的には，それまでの行為を止めた時点における結果発生の可能性に関する行為者の表象，つまり，さらに行為をすべきか否かに関する判断時点の行為者の表象が未終了未遂と終了未遂の区別の規準となる。行為者はこの時点で既に行なったことの効果に関する判断をまとめなければならない。そこで決定的なのは**危険意識**である。行為者が，最後の実行行為の終了後，被害者にはまだ結果が生じ得ないと考えるとき，この危険意識が欠如するので，これは未終了未遂である。例えば，行為者は，当初，1発で銃殺できると思って撃ったが，被害者は負傷したに過ぎなかったとか，被害者に命中しなかったことに気づき，さらに殺害に必要な射撃をしなかったという場合，これは**未終了未遂**である。行為者は当初の目的を達成するためには，さらに実行行為をしなければならないと考えているのである（**継続意識**）。行為者はさらに行為をしなければ結果の発生がないことを確信していなければならない[171]。上記の毒薬事例でも，行為者がそれ以上の毒薬投与

---

[171] Kühl, (Fn. 2), § 16 Rn 28, 30, 35.
東京高判昭和51・7・14判時834・106〔甲が日本刀で被害者の右肩方を1回切りつけ，さらに引き続き二の太刀を加えて，倒れた同人の息の根を止めようとしたとき，共謀者の乙が，その攻撃を止めさせたという事案。中止未遂成立〕「被告人甲が，原判示刃渡り約52センチメートルの日本刀を振り上げて被告人らの前に正座している丙の右肩辺りを1回切りつけたところ，同人が前かがみに倒れたので，更に引き続き二の太刀を加えて同人の息の根を止めようとして次の攻撃に移ろうとした折，被告人乙が，同甲に対し，『もういい，安（被告人甲の意）いくぞ』と申し向け，次の攻撃を止めさせ，被告人もこれに応じて丙に対し二の太刀を振り降ろすことを断念している事実が認定できるのである。そして，右証拠によれば，被告人らとしても，右被告人甲が丙に加えた最初の一撃で同人を殺害できたとは考えず，さればこそ甲は続けて次の攻撃に移ろうとしたものであり，丙が受けた傷害の程度も右肩部の長さ約22センチメートルの切創で，その傷の深さは骨に達しない程度のものであった（……）から，被告人らの丙に対する殺害の実行行為が原判示甲の加えた一撃をもって終了したものとはとうてい考えられない（なお，原判決は，右甲の加えた一撃により丙は出血多量による死の危険があったというがこれを認めるに足りる証拠はない）。してみれば，本件は，まさに前記着手未遂の事案に当たる」。東京高判昭和62・7・16判時1247・140〔飲食店の経営者乙から店への出入りを断られるなどしたことに憤慨した甲は，殺意を有し，同店に赴き，所携の牛刀を乙の頭部目がけて振り下ろして切りつけた。乙は，とっさにこれを左腕で防いで，何度も助命を哀願したという事案。中止未遂成立〕「被告人は，乙を右牛刀でぶった切り，あるいはめった切りして殺害する意図を有していたものであって，最初の一撃で殺害の目的が達せられなかった場合には，その目的を完遂するため，更に，二撃，三撃というふうに追撃に及ぶ意図が被告人にあったことは明らかであるから，原判示のように，被告人が同牛刀で乙に一撃を加えたものの，その殺害に奏功しなかったという段階では，いまだ殺人の実行行為は終了しておらず，従って，本

をしないとき，未終了未遂の中止犯が成立しうる[172]。

これに対して，行為者に**危険意識**[173]があるとき，それは**終了未遂**である。行為者が，最後の実行行為を終えた後で，さらに実行行為をしなくとも既にそれまでの実行行為に因って被害者に損害の発生する可能性がほど遠いものとはいえないと考えているとき，危険意識が認められる。例えば，行為者が，被害者を刃物で刺した後，被害者に致命傷を与えたと予期せざるをえなかったということでは十分でない。むしろ，決定的に重要なことは，行為者は，「被害者が負傷に耐えられずに死ぬのは当然だとの認識があった」ということである[174]。その際，行為者は，結果の発生について故意を有している必要はない[175]。行為者が実際には行為の不適格であることを誤信して結果の発生

件はいわゆる着手未遂に該当する事案である」。
[172] W. Gropp, (Fn. 26), § 9 Rn 60.
[173] Wessels/Beulke, (Fn. 37), § 14 Rn 633; Kühl, (Fn. 2), § 16 Rn 31; Lilie/Albrecht, (Fn. 12), § 24 Rn 166.
[174] 福岡高判平成11・9・7判時1691・156〔甲は，自動車内において，運転席に座っていたその妻乙の頚部をその意識が薄らぐ程度まで力一杯絞め，一旦逃げ出した妻を連れ戻した後，更に左手で力任せに頚部を絞め，乙がぐったりとなって気を失った後も約30秒間絞め続けたたが，その後翻然我に返りそれ以上絞めることを止め乙を放置したという事案〕「甲は，被害者の頚部を絞め続けている途中，翻然我に帰り，被害者が死亡することをおそれてこれを中止したというのであるが，その際は，前示のとおり，客観的にみて，既に被害者の生命に対する現実的な危険性が生じていたと認められる（……）うえ，甲においても，このような危険を生じさせた自己の行為，少なくとも，被害者が気を失ったのちも約30秒間その頚部を力任せに絞め続けたことを認識していたとみ得るから，その時点において，本件の実行行為は終了していたものと解され，甲に中止犯が認められるためには，原判示が説示するとおり，被害者の救護等結果発生を防止するための積極的な行為が必要とされるというべきであり，甲がそのような行為に及んでいない本件において，中止犯の成立を認めなかった原判決は，正当というべきである」。東京地判平成14・1・22判時1821・155頁。
BGHSt 31, 170; 33, 295, 300〔こめかみ射撃事件〕〔被告人甲は，被害者乙を「罰する」つもりで至近距離から右こめかみを撃った。弾丸は右眼球上方とみぎ眉下方の間の軟部を貫通し，鼻根の横から出た。直後に，乙は甲になんと「ひどいこと」をやったのだと言った。甲は乙に他言してほしくない，きっと元通りになると答えて，その場を離れた。甲の拳銃にはまだ弾丸が残っており，さらに撃てば，甲は完璧に殺せたところだった。乙は助かったが，右目は摘出されねばならなかったという事案。連邦通常裁判所によれば，こういった重い傷害にあっては，行為者は，被害者がその傷に耐えられない可能性のあることを認識したことは明らかであり，「至近距離から人の頭を撃てばほぼ例外なく生命の危険を伴う」ということを被告人が認識しなかったかもしれないなどということはありえない〕。なお，本事案において，被告人の殺意が未必の故意にすぎないとき，そもそも中止犯の問題は生じないことにつき，Roxin, (Fn. 12), § 30 Rn 191.
[175] BGH NStZ 1999, 300 mi. Bspr. C.-F. Stuckenberg, JA 1999, 751 f.; Kühl, (Fn. 2 , § 16

を可能と考えるときも終了未遂である[176]。行為者が最後の実行行為をした後で行為の結果について「じっくり考えない」ときが問題となる。こういった場合，行為者は結果の発生，不発生の両方の可能性を考えていた，つまり，両方とも甘受していると云える。行為者が自分の行為の結果についておよそ考えが及ばなかったというのは非現実的である。行為者には結果がどうなるのかに関して無関心だったのであるが，こういった無関心な態度を示す行為者は両方の可能性を考えているのであるから，これは終了未遂を基礎付けるのである[177]。

上記の毒薬事例では，重畳的に効力を発揮して結果の発生に至るのであるが，これとは異なって，複数の行為のうち，どれか一つでも単独で結果を招来させうる場合，例えば，6発の弾丸を装填した回転弾倉式拳銃で射殺しようとするが，必要とあらば6発を撃つもりの行為者が，1発発射したが標的に当たらず，続いてもう1発発射したという場合，犯行計画規準説からは終了未遂（失効未遂）で中止犯が成立しないが，行為一体説からは，行為者が2回目の発射の後，まだ結果を招来しうると考えながら，次の行為を放棄するとき，未終了未遂の中止犯が成立する[178]。被害者にガソリンを浴びせて焼

Rn 31; *Krey/Esser*, (Fn. 95), § 45 Rn 10.
[176] BGH NStZ-RR 2006, 370 f. m. Bspr. *M. Jahn*, JuS 2006, 1135 f.
[177] *Krey/Esser*, (Fn. 95), § 45 Rn 1287; *Kühl*, (Fn. 2), § 16 Rn 31; *Lilie/Albrecht*, (Fn. 12), § 24 Rn 175 f.; *Gropp*, (Fn. 26), § 9 Rn 53; BGHSt 40, 304〔被告人は未必の故意をもって自分の兄（弟）の上腹部を2度突き刺してから，その結果がどうなるかを考えずにそれ以上の行為はしなかった。兄（弟）は被告人と無関係に救助されたという事案。終了未遂〕「行為者が最後の実行行為の後行為の結果について考えがないとき，終了未遂が認められるべきである。この場合，行為者は結果の発生と不発生の両方を予期している。しかし，行為者が結果の発生を可能と考えておれば，既遂に至るのを阻止する行為をする場合にだけ中止犯が成立しうる」。

これに対して，ロクスィーンは，行為者が自分の行為の結果を問うたならば，行為者はどういう行為をせねばならなかったという規準から，二分説を展開する。負傷に因って少なくとも致死の可能性がありと認識できた場合，積極的行為が必要となったから，終了未遂が認められるべきである。負傷の程度からすると，行為者が自分の行為の結果を考えたとしても，被害者が死ぬことはないとの結論を出さざるを得なかった場合，未終了未遂が認められる。というのは，こういった行為者が，結果の不発生を軽率にも信頼して，たんにそれ以上の行為を放棄する者よりも不利益な扱いをされるべきでないからである。*Roxin*, (Fn. 12), § 30 Rn 172.
[178] *Gropp*, (Fn. 26), § 9 Rn 61a.

殺しようとしたが失敗し，首を絞め始めるとか[179]，バルコニーから突き落として殺そうとしたが失敗し，転落した歩道のプレートに頭を打ち付けて殺そうとするといった場合[180]も行為者の最後の行為時点における表象が規準となる。行為の一体性において，それまでの行為とその後の行為とが同種のものであることが必要[181]だとするのは形式に過ぎる。極端な場合，一発の弾丸しか装填されていない拳銃で撃ち損ねたので，所携の短刀で殺すことができたが，そうしなかったというとき，この手段の差異を過大評価すべきでない。同種の凶器を用いて犯行を続けるのを放棄する者だけに中止未遂の可能性が認められ，異種の，既遂を生じさせるのに適した凶器を用いて現実に犯行を続けることができるのにそれを放棄する者には中止未遂の可能性が認められないというのは奇妙なことである[182]。もっとも，行為者がそれまでの行為では目的を達成することができなかったが，さらに手持ちの他の手段を見合わせたという場合であっても，後者の手段が発見される危険性が高く，それを用いるのが適切ではないとき，行為一体性は否定される。例えば，注意深い行為者が使用したことを証明することの難しい毒物を利用して殺害しようとして失敗し，たまたまそばにあったパン切り包丁を用いて殺すことができたが，そうしなかったという場合，これが用いられることによって「秘かに事を運ぶ」という行為一体性が破られるので，これは失効未遂ということになる。この限りで，行為者の犯行計画が意味をもつことになる[183]。

　確固たる犯行計画が存在し，行為者が犯行開始時に既遂のために必要なことは全部終えたと考えていた場合であっても，事情は異ならない。というのは，未遂が終了か未終了かは行為開始時の犯行計画によって決まるのではなく，最後の実行行為を終えた後の行為者の表象によって決まるからであ

---

[179] Vgl. BGH NStZ 1986, 264 [ガソリン撒布事件]; BGHSt 10, 129 [フラッハマン事件].
[180] Vgl. BGH NStZ 2007, 299.
[181] O. Ranft, Zur Abgrenzung von unbeendetem und fehlgeschlagenem Versuch bei erneuter Ausführungshandlung, Jura 1987, 527 ff., 534; ders., Anmerkung zum Urteil des BGH v. 19. 7. 1989, JZ 1989, 1129.
[182] Roxin, (Fn. 12), § 30 Rn 209; Kühl, (Fn. 2), § 16 Rn 36; Rengier, (Fn. 170), 932 f.; Lilie/Albrecht, (Fn. 12), § 24 Rn 123; BGHSt 34, 53, 57; 35, 90, 94; 40, 75, 77.
[183] Ebert, (Fn. 169), 132 f.; Rudolphi, (Fn. 23), § 24 Rn 14; E. Schlüchter, Normkonkretisierung am Beispiel des Rücktrittshorizonts, in: Baumann-FS, 1992, 71 ff., 86. Vgl. Kühl, (Fn 2), § 16 Rn 37; Krey/Esser, (Fn. 95), § 45 Rn 1285.

る[184]。行為者が，後者の時点において，当初の計画は誤っていたことに気づき，さらに行為を続けなければ結果は発生しないと考え直すとき，この**修正された表象**が規準となるのであって，行為者がさらに行為を続けないときも，それは**未終了未遂**である[185]。例えば，行為者は，殺害目的で拳銃を撃ったところ，撃たれた被害者が思いがけず立ち上がったため，殺すためにはさらに撃たねばならないと考えた場合である[186]。但し，行為者が実行行為を終えた時点で，

---

[184] BGHSt 35, 90〔うなじ刺し傷事件〕〔被告人甲は殺害の目的で乙のうなじを長く，先のとがった刃物で激しく刺した。刃物は7センチメートル刺さり，首の中にとどまった。大量に出血した乙は刃物を抜いてそれを地面に投げ捨て，そこから離れていったが，甲はそのまま放置したという事案〕; BGHSt 39, 221 (GS)（行為者が「最後の実行行為の後，その認識状況からして構成要件的結果の発生をまだ予期していないとき」，「既遂が行為者の視点からなお可能であるとき」，未終了未遂であるのに対し，「行為者が最後の実行行為の後，その認識状況からして結果発生がなお可能と考えるとき」，終了未遂である）。

[185] Roxin, (Fn. 12), § 30 Rn 163; Kühl, (Fn. 2), § 16 Rn 32; Lilie/Albrecht, (Fn. 12), § 24 Rn 179; Zaczyk, (Fn. 143), § 24 Rn 42; Wessels/Beulke, (Fn. 87), § 14 Rn 637; BGHSt 36, 224（行為者が最後の実行行為の後，目指す結果の発生を先ずは可能だと考えるが，その直後に自分の認識の誤りに気づいた場合，現実の認識に基づいて修正された表象が「中止視座」に意味を有するので，未終了未遂が認めれる）; BGHSt (GS) 39, 221, 227 f.。

[186] Kühl, (Fn. 2), § 16 Rn 32; Wessels/Beulke, (Fn. 87), § 14 Rn 637; BGHSt 36, 224〔甲は殺害の意図で乙を突き刺し，最後には結果が発生することを予期して「これで始末した」と言いながらそれ以上の行為に出なかった。被害者が「まだ生きている。警察を呼ぶ」と言い返したとき，甲は乙がまだ致命傷を負っていないと考えたが，引き続き突き刺すことはしなかったという事案。未終了未遂の中止犯が成立〕; BGH NStZ 1999, 449〔娘が殺害の意図で長さ25センチメートル，刃渡り13センチメートルのパン切り包丁をその父親の下腹部に柄まで刺し通した。娘は当初致命傷を負わせたと思ったが，その刺し傷は致命傷でないことに気づき，さらに行為を続けようと思えばできたにもかかわらず，父親を立ち去らせたという事案。未終了未遂の中止犯が成立〕; BGH StV 1995, 462〔行為者は走行中の小型バス目がけて機関銃を2回連射し，その小型バス全体が穴だらけになったのを見て，運転手と少なくとも2人の乗客が致命傷を負ったと考えたが，その直後に運転手と女性1人が無傷で下車するのを見て，更に射撃することができたにもかかわらず，そうせず，立ち去ったという場合，未終了未遂の中止犯が成立する〕。

これに対して，フェルテスは，被害者の法益に何らかの形で損害が既に発生しており，行為者がこれを認識している場合，法益に何らの損害が生じていない場合とは異なった中止行為が要求されるべきである，上記裁判例のように，殺人行為が生命に危険を及ぼさなかったが，傷害を生じさせたとき，行為者には，たんなる放棄でなく，「どのように見える結果であろうともこれを阻止するか阻止の努力をする」ことが要求される，もっとも，「結果の発生が行為者の視点からいかなる蓋然性の外にあるとはいえないとき」に限られると論ずる。Feltes, (Fn. 112), 418 ff. しかし，本説は，傷害が死を招来するのに適しておらず，しかも行為者がこれを認識しているときに，それでも阻止行為が要求されるのは奇妙なことだと批判される。Roxin, (Fn. 12), § 30 Rn 165.

プッペは，表象の修正を良心的検証の場合にだけ肯定する，つまり，「もっぱら心理的事実に焦点を合わせること」を批判して，「規範的理由」から，被害者が危険な状態にあ

当初の計画が誤っていたことに気づき，さらに行為を続けなければ結果は発生しないと考え直すときでも，中間休止が必要な場合は失効未遂である[187]。

　これに対して，行為者が，犯行計画を実行に移し，実行行為に出たが，その最後の行為時に結果発生の可能性はまだないと考えたが，その直後にそれまでの行為でも結果を招来しうると考えを改めた場合も修正された表象が規準となり，これは**終了未遂**である[188]。この場合，行為者は，当初の計画通りにはかどっていないことや計画を実現する上で必要な措置をまだ採っていないことを盾にすることはできない。規準となるのはあくまでもそれまでの行為で結果を発生させうるという行為者の認識である。行為者がこの時点で結果の発生を意欲しているのか，認容しているのかは重要なことではない。既に実行に移された構成要件的故意が存在し続けているか否かは重要でない[189]。例えば，行為者は，殺人の故意で被害者の左胸を刺したが，まだ致命傷を負わせていないと思いながら背を向けたが，その直後に振り返って見たところ，被害者が倒れる様を見て，致命傷を与えたと認識する場合は，終了未遂である[190]。

四　中止未遂の成立要件

(1) 任　意　性

　中止未遂は，実行行為を放棄（未終了未遂の中止）ないし結果の阻止が任意に行なわれた（終了未遂の中止）場合にのみ成立する。任意性は，両未遂形態の中止未遂が成立する共通の要件である。中止が任意に行われた場合にのみ，

るか否かを良心的に検証すべき，先行行為から生ずる被害者への保障人義務を課し，危殆化がないと過失／軽率にも考えたときは不作為による中止は否定されるべきと論ずる。表象の修正を良心的検証の場合にだけ肯定する。BGH NStZ 1999, 449 m. kri. Bspr. *Puppe*, (Fn. 149).

[187]　*Kühl*, (Fn. 2), § 16 Rn 32; BGH NStZ 2000, 531 f.
[188]　*Kühl*, (Fn. 2), § 16 Rn 32; *Lilie/Albrecht*, (Fn. 12), § 24 Rn 181; BGHSt 33, 295; BGH NStZ 1998, 614; BGH NStZ 1993, 39.
[189]　BGHSt 31, 170; 33, 295.
[190]　BGH NStZ 1998, 614. Vgl. *Lilie/Albrecht*, (Fn. 12), § 24 Rn 181.

第三章 中　止　犯　187

未遂行為によって生じた人々の規範への信頼の動揺が元に復するとともに[191]，行為者が法に基づく生活へ回帰したことが示されるのである[192]。問題は，いかなる規準でこの任意性が判断されるべきかである。

わが国では，中止未遂の法的性格とも関連して見解は多岐に分かれるが，大別すると，四説が見られる。その一は**客観説**である。本説は，「経験的な標準に依って事を論じ，未遂となるに至った関係が犯罪の既遂となることに通常妨害を与えるべき性質のものであるかどうかに依って区別」する[193]とか，「犯行中止の動機の内容たる事情が一般人の見解において意思決定に対して強制的影響を与えないとせられる場合が任意であり，与えるとせられる場合が強制である」[194]と主張する。しかし，本説は，行為者の主観を顧慮するこ

---

[191] B. Schünemann, Die deutschsprachige Strafrechtswissenschaft nach der Strafrechtsreform im Spiegel des Leipziger Kommentars und des Wiener Kommentars (Teil 2), GA 1986, 293 ff., 323; K. Amelung, Zur Theorie der Freiwilligkeit eines strafbefreienden Rücktritts vom Versuch, ZStW 120 (2008), 205 ff.; Kühl, (Fn. 2), § 16 Rn 53.
[192] Roxin, (Fn. 12), § 30 Rn 379 ff.; Kühl, (Fn. 2), § 16 Rn 53.
[193] 牧野英一（注68）628頁以下。
[194] 木村（注71）362頁。元来，客観説は新派刑法学派によって主張されたものであり，その根底には，通常，障碍となるような事情が在るにもかかわらず，中止した場合には，行為者の性格の危険性が見られないという考えが在る。しかし，現在では，客観主義刑法学派からも客観説が主張される。前田（注82）171頁「実行に着手した一般人なら通常結果発生を回避すると思われる表象・動機を有した場合には褒賞を与える必要はない。中止した本人がいかに『出来るのに止めた』と思っても，一般人ならば当然中止せざるを得ない状況の場合，減免を認めても，将来に向かっての結果防止効果はあまり望めない」。その他，齊藤金作『刑法総論』［改訂版］1995年・212頁，川端（注72）478頁以下。大判昭和12・9・21刑集16・1303「被告人甲カ放火ノ媒介物ヲ取除キ之ヲ消止メタルハ放火ノ時刻遅ク発火払暁ニ及フ虞アリシ為犯罪ノ発覚ヲ恐レタルニ因ルモノナルコトヲ認ムルニ足ルヘク犯罪ノ発覚ヲ恐ルルコトハ経験上一般ニ犯罪ノ遂行ヲ妨クルノ事情タリ得ヘキモノナルヲ以テ右被告人ノ所為ハ障礙未遂ニシテ之ヲ任意中止ヲ以テ目スヘキモノニアラス」。最判昭和24・7・9刑集3・8・1174「被告人は人事不省に陥つている被害者を墓地内に引摺り込み，その上になり，姦淫の所為に及ぼうとしたが被告人は当時23歳で性交の経験が全くなかったため，容易に目的を遂げず，かれこれ焦慮している際突然約1丁をへだてた石切駅に停車した電車の前燈の直射を受け，よって犯行の現場を照明されたのみならず，その明かりによって，被害者の陰部に挿入した二指を見たところ，その出血に驚愕して姦淫の所為を中止したというによることがわかる。かくのごとき諸般の事情は被告人をして，赤黒い血が人差指から手の甲を伝わり手首まで一面に附着していたので，性交の経験のない被告人は，強姦の遂行を思い止まらしめる障礙の事情として，客観性のないものとはいえない」。最決昭和32・9・10刑集11・9・2202「被告人は母に対し何ら怨恨等の害悪的感情をいだいていたものではなく，いわば憐憫の情から自殺の道伴れとして殺害しようとしたものであり，したがってその殺害方法も実母にできるだけ痛苦の念を感ぜしめないよ

となく，専ら一般的経験を標準とする点で，明らかに行為者の内心に照準を合わせている「自己の意思により」の理解において問題がある[195]。その二は**限定主観説**である。本説は，「行為者の性情が内部的障礙（悔改，慙愧，恐懼，同情，憐愍，その他これに類する感情）として作用した」こと，つまり，「広義の後悔」を要求する[196]。本説は，そのいわゆる広義の悔悟がなくとも，行為者の法秩序にかなった生活への回帰が認められることがあることを見逃しており，しかも，刑の必要的減免しか認めていない現行法の適用範囲を不必要に狭めている[197]。その三は**主観説**である。本説は，「外部的障害による場合，および外部的障害を認識して中止した場合以外が自己の意思による場合」とし，その具体的規準として，「**フランクの公式**」を援用する。「たとえ成し遂げることができるとしても，成し遂げることを欲しない」ときが自己の意思による場合であり，「たとえ成し遂げることを欲したとしても，成し遂げることができないと思った」ときが自己の意思によらない場合である[198]。その四は

うにと意図し，その熟睡中を見計い前記のように強打したものであると認められる。しかるに，母は右打撃のため間もなく眠りからさめ意識も判然として被告人の名を続けて呼び，被告人はその母の流血痛苦している姿を眼前に目撃したのであって，このような事態は被告人のまったく予期しなかったところであり，いわんや，これ以上さらに殺害行為を続行し母に痛苦を与えることは自己当初の意図にも反するところであるから，所論のように被告人においてさらに殺害行為を継続するのがむしろ一般の通例であるというわけにはいかない」。

195 参照，井田（注87）430頁，林（注89）369頁。
196 宮本（注78）184頁。その他，佐伯（注79）322頁以下「行為者の規範意識が多少とも犯罪に対する障害観念として作用した場合，たとえば悔悟・慚愧，被害者の受ける災厄に対する斟酌・同情，犯罪の結果の重大性からくる恐怖感などによって止めた場合には，中止犯が認められる」が，「殺そうとしてよく見ると人違いだったとか，あるいは高価な宝石と思って盗もうとしたがつまらない硝子球だとわかってやめたという場合は，障害未遂」。なお，内田（注82）272頁（任意性が認められるためには，「『故意』に犯罪実行の着手にでたことを，『わるかった』と考えてやめる必要」がある。しかし，「広義の悔悟」よりももうすこしゆるやかに考えるべき）。西田（注34）299頁「倫理的な動機である必要はなく，なんらかの法的責任非難を低減させるような動機であれば足りる」，中山（注82）434頁以下。限定主観説と類似の見解として，林（注89）369頁「任意性とは，責任，すなわち，法益侵害意思に基づく反規範的意思がなくなり，反対に，法益保護または規範遵守の意思が生じ，これが動機となって中止行為に出た場合を意味する」。
197 参照，井田（注87）431頁。
198 曽根（注82）230頁以下。その他，平野（注76。総論）334頁，堀内（注77）244頁，山口（注88）187頁，浅田（注84）393頁，高橋（注91）403頁。内藤謙『刑法講義総論（下）II』［オンデマンド版］2006年・1292頁（「行為者本人の属する類型人」を基準として，成し遂げることができる，できないを判断する）。大判大正2・11・18日刑録19・1212「被

第三章 中止犯　189

折衷説（**新しい客観説**）である。本説によれば，行為者の意思を問題とする主観説が基本的に妥当だが，「自己の意思により」は主観的違法減少要素であるから，その判断は客観的でなければならない，すなわち，「外部的事情を表象した結果，行為者ができると感じたか，できないと感じたかという，行為者の現実の意識の過程を客観的に判断し，できると感じたとみとめられるにかかわらず中止したばあいを，自己の意思により中止したものと解する」[199]。本説には，「自己の意思により」を「主観的」違法減少要素と捉えながら，これをさらに客観的に評価するところに問題がある。

任意性の問題を**心理学的**観点から取り組む，有名な，いわゆる「**フランクの公式**」が長く使用されてきたのであるが，これに拠ると，行為者が「**できても，したくない**」と思うとき，任意性が認められる。例えば，良心の呵責，

告甲ハ殺害ノ目的ヲ以テ人ヲ斬リ重傷ヲ負ハセタルモ外部的障碍ニ因リテ犯罪ノ発覚センコトヲ畏怖シ殺害行為ヲ遂行スルコト能ハス現場ヲ逃走スルノ止ムナキニ至リタル者ニシテ犯人ノ意思意外ノ事情ニ強制セラルルコトナク任意ニ殺害行為ヲ中止シタル事実ニ非サルコト洵ニ明ラカ」。大判昭和11・3・6刑集16・272「犯人カ人ヲ殺サントシテ短刀ヲ抜キ胸部ヲ突刺シタルモ流血ノ迸ルヲ見テ之ヲ止メタルトキハ障碍未遂犯ニシテ中止犯ト為ラサルモノトス蓋シ中止犯タルハ外部的障碍ノ原因存在セサルニ拘ラス内部的原因ニ由リ任意ニ実行ヲ中止シ若ハ結果ノ発生ヲ防止シタル場合ナレハ流血ノ迸ルヲ見テ止ムルハ意外ノ障碍ノ外ナラサレハナリ」。大判昭和12・3・6刑集16・272「中止犯タルハ外部的障碍ノ原因存セサルニ拘ラス内部的原因ニ由リ任意ニ実行ヲ中止シ若ハ結果ノ発生ヲ防止シタル場合ナレハ」。

[199]　福田（注72）237頁。香川（注81）310頁以下は，①中止に至る「事情」，②この事情の「表象」，③この表象に基づく「内部的事情」を区別し，③の内部的事情を客観的評価の対象とすると論じて，自説を「新しい客観説」と名づける。その他，大谷（注75）390頁，大塚（注89）259頁以下。なお，任意性」を責任減少要素と捉える立場から，井田（注87）430頁。福岡高判昭和61・3・6判時1193・152〔被告人は，被害者の頚部を果物ナイフで1回突き刺した直後，同女の口から多量の血が吐き出されているのを見て，驚愕すると同時に大変なことをしたと思い，直ちにタオルを同女の頚部に当てて止血に努め，消防署に架電して救急車の派遣と警察への通報を依頼し，救急車の到着後は同女をそれに運び込むのを手伝ったという事案〕「被告人が中止行為に出た契機が，甲の口から多量の血が吐き出されているのを目のあたりにして驚愕したことにある……中止行為が流血等の外部的事実の表象を契機とする場合のすべてについて，いわゆる外部的障碍によるものとして中止未遂の成立を否定するのは相当でなく，外部的事実の表象が中止行為の契機となっている場合であっても，犯人がその表象によって必ずしも中止行為に出るとは限らない場合に敢えて中止行為に出たときには，任意の意思によるものとみるべきである。これを本件についてみるに，本件犯行の早朝，第三者のいない飲食店内でなされたものであることに徴すると，被告人が自己の罪責を免れるために，甲を放置したまま犯行現場から逃走することも十分に考えられ，通常人であれば，本件の如き流血のさまを見ると，被告人の前記中止行為と同様の措置をとるとは限らないというべきであ」る。

哀れみ，恥をかく不安，「勇気」の欠如，刑罰への一般的不安，更には，共犯者，被害者，第三者の非難が基になった中止には任意性が認められる。これに対して，行為者が「**したくても，できない**」と思うとき，任意性が認められない。例えば，被害者が抵抗する，あるいは，逃げるとか，警邏車が近づいてくる，警報装置がなる，見張られている，あるいは，捕まえられると感じる，眠り込む，激しい吐き気に襲われる，建物の扉を容易に開けることができない，こじ開けた自動車を発進できないといった場合，任意性が否定される[200]。

しかし，フランクの公式を文字通り理解すると，行為者が「できても，したくない」と思う限り，任意性が認められるので，任意性が否定されるのは，行為者が「もはやできない」と思う場合に限定されることになる。行為者には既遂が不可能と思われる場合にだけ任意性の存在が否定されることになる。そうなると，非任意性の規準とされる「したくても，できない」が非任意性を適切に言い表していないということになる。というのは，もはやできない者は，すでに行為の選択肢を有しておらず，その点で何も放棄できないからである。「したくても，できない」というのは既に指摘したように，実は失効未遂の標識なのである。任意性の概念が実行行為の「放棄」や「阻止行為」とならんで独自の意義を認められるべきなら，この概念にフランクの公式を超える意味があたえられねばならない。実際，フランクの公式を徹底させると，例えば，他人を射殺しようとして銃口を向けるが，警邏車が近づいてくるのに気づいて止めたとか，住居侵入窃盗犯が怪しげな物音を聞いたので止めたという場合，任意性が認められることになろうが，これは支持しがたい[201]。そこで，オーストリアの学説・判例には，フランクの公式を修正して，「行為者が犯行計画に相応する既遂はまだ可能だと考えて行為するとき」にのみ任意性が認められるという見解が示された[202]。そうすると，犯行

---

[200] *R. Frank*, Das Strafgesetzbuch, 18. Aufl., 1931, § 46 Anm. II. Vgl. *Kienapfel/Höpfel*, (Fn. 37), Z 23 Rn 14. Vgl. *Jescheck/Weigend*, (Fn. 1), § 51 III 2, FN 32.
[201] *C. Roxin*, Über den Rücktritt vom unbeendeten Versuch, in: Heinitz-FS, 1972, 251 ff.; *Krey/Esser*, (Fn. 95), § 45 Rn 1300; *Burgstaller*, (Fn. 95), 35 ff.; *Moos*, (Fn. 97), 56 FN 51; *Tiffterer*, (Fn. 23), 15. Kap Rn 57.
[202] *Reissig-Kunst*, Das neue österreichische Strafgesetzbuch, 1974, Anm 2 zu § 16; OGH ÖJZ-LSK 1977/290.

計画では発見される虞が重要な要素をなしているとき、あらかじめ見込まれていなかったような状況の悪化が生じたため、行為者が行為を断念するとき、任意性は否定される[203]。したがって、本説は中止犯の成立がむやみに広がるのを限定することになるが、しかし、この規準の適用如何によっては、中止犯の成立が過度に限定される虞もある。この見解には、中止が非任意と見られるためには、どの程度まだ可能と思われる既遂が当初の犯行計画からずれていなければならないのかの点について判然としないところに難点がある[204]。

 ドイツの刑法学説でも、任意性を規範的に捉える見解が有力に主張されている。**規範的観点**から論ずる「**ロクスィーンの公式**」によると、行為者がなるほど客観的にはなお行為をすることができるか、あるいは、少なくともまだ行為ができると考えているが、しかし、事情の変化(特に実行を困難にする事情の変化)やその他の不利益を伴う事情の変化に鑑み、行為をすることが**犯罪者理性の規範**(die Normen der Verbrechervernunft)の意味で賢明でないとき、その中止は非任意的である。賞賛に値する合法性への復帰が認められない。「具体的犯行計画の危険と機会を冷静に衡量する、非情な犯罪者」の視点からそれ以上の実行行為を放棄するとか、結果の発生を阻止することが「愚か(unvernünftig)」なとき、すなわち、追体験した理解ができないとき、任意性が認められるが、行為者の中止が犯罪者の教訓を基礎とすると「賢明(vernünftigerweise)」だったといえるとき、任意性は認められない。中止の動機は倫理的に価値の高いものである必要はない。重要なことは、犯罪への根本的態度変更となって現れる「具体的犯行への動機と相容れない行為」である[205]。しかし、本説にも、その正当な関心事にもかかわらず、難点が指摘さ

---

[203] *Burgstaller*, (Fn. 95), 37.
[204] *Burgstaller*, (Fn. 95), 37; *Triffterer*, (Fn. 23), 15. Kap Rn 57.
[205] *Roxin*, (Fn. 201), 256 ff.; *ders.*, (Fn. 12), §30 Rn 380 ff.; *Rudolphi*, (Fn. 23), §24 Rn 25
「犯罪者手腕の技量規準」。
　フランクの公式とロクスィーンの公式の適用結果はおおむね一致するのであるが、次のような事例では結論を異にする。歩行者から強奪しようとして接近したが、実行行為に出る寸前に近くを通った銀行員が札束を落としたのを見たので、強奪行為に出るのを止めてその札束を拾って逃走した行為者には、フランクの公式では任意性が認められるが、ロクスィーンの公式では任意性が認められず、強盗未遂罪が成立する。室内に侵入し物を盗もうとしたが、近くで猫の鳴き声がしたので不吉に感じ止めた迷信的行為者には、フランク

れる。本説は，中止が純粋な対費用効果の所産であるとき，当該行為者を優遇する必要はなく，中止未遂を否定するのであるが，しかし，いかなる利益を衡量に入れるかは，個々の行為者の視点から見られなければならない。「そもそも犯罪者なるもの」は存在しないのであって，個別行為者（初犯であるのか，常習犯であるのか，少年か成人か等）とその具体的状況が考慮されねばならない[206]。例えば，強姦目的の行為者が，襲った相手が自分の知人であることに気づき，訴追される恐れから中止したとき，任意性は否定されうるが，ほかでもなくこの女性に暴行することを恥じて止めたとき，任意性は認められうる[207]。

ドイツ連邦通常裁判所は，**心理学的観点**から，すなわち，意思が外的又は内的強制から免れているかどうかという観点から任意性を理解するのであるが，これはもともと，未終了未遂では，行為者が，「自分の意思とは関係のない事情によって妨げられた」場合に，終了未遂では，所為が既に発覚した

の公式では窃盗未遂罪が成立するが，ロクスィーンの公式では中止未遂が認められる。*Kienapfel/Höpfel*, (Fn. 37), Z 23 15a.

　その他の規範的観点から考察する学説として，ボッケルマンは，「動機の倫理的質」を任意性の規準とする。*Bockelmann*, (Fn. 24), 1421; *Bockelmann/Volk*, (Fn. 35), § 27 V 4. ヴァルターは，行為放棄の決意は，「十分な規範遵守用意」の現れでなければならない，例えば，散歩人を襲った追いはぎが，別の裕福な，襲うにふさわしい散歩人が近づいてきたので，最初の被害者への攻撃を止めたという場合，任意性は認められないが，行為者が心理的衝撃を受けたという場合には任意性は一般的には否定できないと論ずる。*Walter*, (Fn. 50), 67 ff, 81 ff, 99; *ders.*, Bestimmung der Freiwilligkeit beim Rücktritt vom Versuch, GA 1981, 403 ff., 408 ff. ウルゼンハイマーは，中止は法に誠実な心情の現れでなければならず，行為者が「法の軌道へ」戻るときにだけ任意性を認める。*Ulsenheimer*, (Fn. 14), 314 f. ヤコブスは，中止への動機が具体的犯行への動機と相容れないかどうかを規準に任意性を検証する。*G. Jakobs*, Strafrecht AT, 2. Aufl., 1991, 26. Abschn Rn 30, 34a. その他，*Schünemann*, (Fn. 191), 324 f. （行為者が未遂に伴う，一般の人々の規範信頼の動揺を中止行為によって取り消すことが必要）。

　わが国で「犯罪者理性説」を首唱するのが，山中（注83）772頁以下，同（注7）41頁以下，94頁以下の一般的に「犯罪の遂行につき冷徹で理性的な」犯罪者の「**不合理決断説**」である。任意性は，「犯罪実行時における目的合理的に行動する人間の冷静な理性を基礎として，不合理に決断して犯罪の実行を中止したとき」に認められる。行為者が「目的追求のための行為を放棄するのは，実行の放棄の利益が，続行の利益よりも上回るときである。そのような理性的な判断に反して，不合理に放棄するならば，それは，合理的な判断をなすという価値に反する決断であり，そのような価値から自由な決断である。自己の意思による中止とは，このような価値から逸脱する不合理な決断」を云う。

[206] *Stratenwerth/Kuhlen*, (Fn. 95), § 11 Rn 88; *Steininger*, (Fn. 95), Rn 120.
[207] *Stratenwerth/Kuhlen*, (Fn. 95), § 11 Rn 88.

場合に中止犯を否定する旧法第46条に基づく理解であった。「依然として自分の決意の支配者だったのか否か，犯罪計画の実行をなお可能と考えていたのか否か」，「所為を完遂することが，外的強制状況によって妨げられないし，精神的圧力によってもできなくなっていない」ということが任意性の判断規準となる[208]。時に，自律的（自己定立的）行為には任意性が認められ，他律的（他者定立的）行為には任意性は認められないと説明されたりする[209]。中止の動機が，行為者にはもはや「自由に」選択できないような影響を及ぼしたのか否かの判断に当たって，倫理的性質は無視される[210]。任意性が否定されるのは，郵便局を襲って強盗的恐喝を働こうとしたが，次から次と客が来るので止めた場合[211]とか，崩れ落ちつつある被害者の「焦点の合わなくなっていく視線」を目の当たりにしてそれ以上の行為ができなくなった場合[212]である。任意性が肯定されるのは，共犯者の要請に応えて被害者の絞殺を止める[213]とか，拳銃で脅された被害者が毅然としていたのに驚いて止めたといった場合[214]である。こういった心理的考察方法には，夙に，動機が自律的か他律的かを心理学的に区別することは困難であること，いつ任意性が非任意性に変転するほど心理的圧力が大きくなるのかといった問題を解決する尺度は存在しない，というのは，動機のもたらす影響力には無限の細かい段階があるからであるとの批判が加えられてきた[215]。さらに，中止行為は決意に基づくかなければならないのであるが，判例によれば，行為者の決断麻痺がほぼ完全である場

---

[208] BGHSt 7, 296, 299; 35, 184, 186「被告人がなお自分の決意の支配者であり続け，犯行計画の実行を可能だと考えていたか否か，つまり，犯行の完遂を外的強制状況によって妨げられているわけでもなく，又，精神的圧力によってできなくなっているわけでもないこと」が決定的に重要である。心理学的考察の学説に，*Krey/Esser*, (Fn. 95), § 45 Rn 1300 ff.; *Jescheck/Weigend*, (Fn. 1), § 51 III 2.
[209] *Krey/Esser*, (Fn. 95), § 45 Rn 1302 ff.
[210] BGHSt 7, 296, 299; 9, 48, 50; 35, 184, 186.
[211] BGH GA 1980, 24 ff. Vgl. *Zaczyk*, (Fn. 145), § 24 Rn 64.
[212] BGH bei *Dallinger* MDR 1958, 12.
[213] BGH StV 1982, 259.
[214] BGH StV 1994, 181.
[215] *W. Bottke*, Strafrechtswissenschaftliche Methodik und Systematik bei der Lehre vom strafbefreienden und strafmildernden Täterverhalten, 1979, 469; *A. G. zu Dohna*, Die Freiwilligkeit des Rücktritts vom Versuche im Lichte der Judikatur des RG, ZStW 59 (1940), 541 ff., 544.

合にだけ任意性が否定されることになろうし，実際に，圧倒的多数の裁判例は任意性を肯定していると指摘されるのである[216]。

このように，任意性の解釈において，心理学的考察と規範的考察の見解が対立しているが，任意性の内容を純心理学的に捉えて，内発的動機から出た場合にのみ任意性を認めるのは狭すぎる。外部的誘因から中止した場合にも任意性は認められよう。しかし，この場合，任意性の境界をどこに引くかという問題が生ずる[217]。それに，心理学的解釈を徹底させると，中止犯規定の法的根拠と調和しない，筋の通らない結論に至らざるを得ない[218]ことも指摘できる。確かに，日常の言語用法では，「自己の意思」，つまり，任意性は主観的に行為者の心理によって判断されるのであるが，しかし，個々の事情を

---

[216] *Zaczyk,* (Fn. 145), § 24 Rn 65.
心理学的要素と規範的要素を結合する方向の学説として，シュトレングは，決意が外的出来事によって影響を受けるが，それでも強制されたというわけではないときでも，任意性を否定することは，日常用語法上の言葉の意味からも，完全に可能である，こういった場合，行為の放棄は「形式的には自律的」だが，「内容的には自律的」でない，このことは刑罰目的を考慮することから導かれる，行為者が，事情の変化に「たんにご都合主義的に」対応するとき，「事前に現れていた，法秩序への拒絶」から離れていないのだと論ずる。*F. Streng,* Anm. NStZ 1993, 583. 本説に対しては，刑罰目的に照らして包括的に規定することによって，刑罰理論の全ての問題が任意性に運び込まれるとの批判が可能である。*Lilie/Albrecht,* (Fn. 12), § 24 Rn 241.
ヘルツベルクは「緊急避難理論」を展開する。*Herzberg,* (Fn. 119), § 24 Rn 125, 130, 137. 本説は，任意性の規準として刑法第35条（免責緊急避難）を援用し，中止行為が免責緊急避難の要件である危難という圧力の下で行われたとき，任意性を否定する。本説に対しては，規準が恣意的であり，被害者が行為者と密接な関係にある場合，不必要に常に中止犯の成立を否定することになるとの批判が可能である。*Wessels/Beulke,* (Fn. 37), § 14 Rn 652.
イェーガーは，「間接正犯対比理論」を展開する。*Jäger,* (Fn. 47. Der Rücktritt), 99 ff.; *ders.,* (Fn. 47. Das Freiwilligkeitsmerkmal), 795 ff. 本説は，間接正犯において道具の自律性を否定する根拠となる規準に倣って任意性の存否を決める。強要（刑法第35条），中止時点における責任無能力，錯誤，行為意味の脱落の場合，任意性は認められない。本説に対しては，基本的に非任意性から論ずることが適切といえても，自律性を否定する根拠を，間接正犯者と媒介者（道具）という関係に限定するのは狭いのではないか，というのは，中止犯では「法」への決意（不処罰）が問題となっているのであって，不法への決意（処罰根拠付け）が問題となっているのではないからであるとの批判が可能である。*Zaczyk,* (Fn. 145), § 24 Rn 67; *Lilie/Albrecht,* (Fn. 12), § 24 Rn 243.
[217] Burgstaller, (Fn. 95), 37. なお，任意性という概念がもともと倫理学的構想に基づくことを指摘するのが，*Eser,* (Fn. 62), § 24 Rn 43; *W. Grasnick,* volens‐nolens. Methodologische Anmerkungen zur Freiwilligkeit des Rücktritts vom unbeendeten Versuch, JZ 1989, 821 ff.; *Schünemann,* (Fn. 191), 321 ff.
[218] *Eser,* (Fn. 62), § 24 Rn 43.

その時々の動機付けの強さに関連付けて心理学的に判断するのは，実際には困難が伴う。そこでどうしても行為者の動機を規範的にも評価する必要性が生ずる。すなわち，動機という心理学的事実を中止未遂の法的根拠と関連付けて規範的に評価するべきなのである[219]。

任意性が認められるのは，中止が自律的動機に基づく場合である。今まで以上の著しく大きな危険を冒すことなく完遂できるにもかかわらず中止するとき，自律的動機が認められる。犯行状況とは無関係の中止には任意性が認められる[220]。例えば，財を成すためのもっと簡単な方法に気づくとか，犯行時にどうしても無駄にしたくないその日限り有効の観劇券を持っていることに気づいたという場合である。この種の場合，中止は常に任意である[221]。外的事情の変化やその認知の変化が決意に影響を及ぼしていても，中止決意をする一要因に過ぎないときは，任意性が認められる。例えば，窃盗目的で暗い部屋に忍び込み，懐中電灯の光が偶然に壁掛け暦に当ったところ，その暦に犯行当日が仏滅と記されていることに気づき，以前に仏滅の日に住居侵入窃盗をしたところ現行犯逮捕されたこともあったので，犯行を放棄する場合，任意性が認められる。しかし，行為者が非常に迷信深く，暦を見てその日が仏滅であることに気づき驚いて立ち去る場合は，任意性は認められない[222]。被害者の哀願[223]や共同正犯者等の第三者によって諫められて止める場合[224]も任意性は認められる。中止が良心の呵責等の倫理的に価値の高い動機に基づかなくとも，任意性が否定されることはない。もしそういうことになれば，中止犯の成立範囲が狭められることになり，中止未遂の法的根拠にそぐわない結果になろう[225]。

219　Vgl. *Burgstaller*, (Fn. 95), 37; *Triffterer*, (Fn. 23), 15. Kap Rn 58; *Steininger*, (Fn. 95), 20. Kap Rn 123; *Eser*, (Fn. 62), § 24 Rn 43; *Zaczyk*, (Fn. 145), § 24 Rn 68; *Lilie/Albrecht*, (Fn. 12), § 24 Rn 243; *Kühl*, (Fn. 2), § 24 Rn 61.
220　*D. Kraus*, Der strafbefreiende Rücktritt vom Versuch, JuS 1981, 883 ff., 886 f.
221　*Triffterer*, (Fn. 23), § 16 Rn 58.
222　*Triffterer*, (Fn. 23), § 16 Rn 58.
223　BGHSt 7, 296, 299.
224　BGHSt 21, 319, 321.
225　*Burgstaller*, (Fn. 95), 38 FN 97; *Triffterer*, (Fn. 23), 15. Kap Rn 58; *Wessels/Beulke*, (Fn. 37), § 14 Rn 651; *Kühl*, (Fn. 2), § 16 Rn 55, *R. Rengier*, Strafrecht AT, 4. Aufl., 2012, § 37 Rn 98; BGHSt 9, 46; 35, 184. これに対して，ボッケルマンは倫理的に称賛に値する動

任意性が認められないのは，行為者が，継続して行為をすることは可能だが，やむをえない理由からその完遂が阻まれていると思う場合，つまり，他律的動機に基づく中止には任意性は否定される[226]。行為を続行することは可能と思われるものの，**それまで予期した以上の危険**を冒さざるを得ないとき，任意性は否定されるのである。例えば，被害者の抵抗が激しい[227]とか，辻強盗の際に突然街路照明が点いたため行為の継続が危険に思われた[228]とか，覆面をして銀行強盗に入ったが，予期に反して現金出納席に出納係がいなかったので，担当者が現れるまで少し待たねばならず，そうすると強盗の成功の見込みが低くなる[229]とか，物取り侵入者が物を盗むには板ガラスを割らねばならないが，そうすると大きな音が発生する[230]といった場合である。被害者が大声を出したので，助っ人が現れるのではと思って犯行を止めた場合も任意性は認められないが，行為者がどのみち誰も聞いていないと思ったが止めたときは任意性が認められる[231]。「行為者が犯行開始後，犯行に伴う危険が今や容認できないほど高まったと考えるほど，当初の犯行計画と比較して不都合な危険増加に直面したと思う」場合，任意性は認められないのである[232]。同様に，住居侵入窃盗犯が犯行中に自宅が火災であることを知り，犯行を止めて，急いで戻る場合にも，任意性は認められない[233]。これに対して，最初の行為がうまくいかなかった後でも危険に変化がないとき，例えば，改めて暗証番号を入力しなおすことを止めたという場合，任意性は認められる[234]。他の手段を選択しても，危険に変化がない場合も同様である[235]。

　任意性の存否を巡って特に問題となるのは，**犯行の発覚や処罰されるので**

機を要求する。*Bockelmann*, (Fn. 24), 1421.
[226] *Kühl*, (Fn. 2), § 16 Rn 56; *Wessels/Beulke*, (Fn. 37), § 14 Rn 652. Vgl. BGHSt 7, 299; 9, 48; 20, 279; 35, 186.
[227] BGH bei *Holtz*, MDR 1993, 1038; OLG Hamburg 1971, 414 f.
[228] BGH bei *Dallinger*, MDR 1954, 334. Vgl. *Eser*, (Fn. 62), § 24 Rn 49.
[229] BGH NStZ 1993, 76 f.
[230] LG Hamburg NJW 1953, 956.
[231] BGH bei *Holtz*, MDR 1979, 279.
[232] BGH NStZ 1992, 537 u. 2007, 265.
[233] *Eser*, (Fn. 62), § 24 Rn 49. 反対, *Zaczyk*, (Fn. 145), § 24 Rn 70.
[234] *Kühl*, (Fn. 2), § 16 Rn 57.
[235] BGH StV 1992, 189.

はないかとの恐れから，行為者が中止する場合である．後に発覚するとか，処罰されるとか，保護観察が取り消されることへの一般的恐れから中止する場合，行為者に自由な選択の余地があるので，任意性は認められる[236]．しかし，予期せず番犬が吼えたとか，犯行現場に人が来たとか，万引き犯が探偵に見張られているのではないかと思い物を元の在ったところに戻す[237]といったように，状況に不都合な変化があり，行為者の視点から発覚の危険が著しく高まったとき，任意性は認められない．こういった場合，行為者が危険を引き受けないのは当然である[238]．それでも，(目前に迫った) 発見が常に任意性を否定するというわけではない[239]．強姦未遂の被害者が犯人を既に見抜いたとき，新聞配達人のような第三者が近づいてくる恐れがあっても，そのことで行為者がもはや犯行を継続できないと考えざるを得なくなるというわけでもない[240]．被害者以外の目撃証人が警察を呼ぶと言った場合でも，行為者が警察の到着までまだ完遂できる時間的余裕があるとき，犯行継続の支障とはならない[241]．窃盗犯人が他の窃盗犯人によって目撃されたことに気づいたという場合も，この者によって警察に通報されたり，犯行を妨げられる恐れがないのが一般であり，任意性が認められる[242]．殺人行為者が，目撃していた隣人らが叫ぶのを聞き，それに警察に腹を立てるつもりもないので，犯行を止めた場合，任意性は認められない[243]．犯行目撃者が親族であったという事情があり，警察に伝えられる心配がない場合も，任意性は認められる[244]．もとより，行為者が公衆の面前で犯行に及ぶとか，犯行の発覚の危険を見込んでいたという場合には，任意性は認められる[245]．行為者が被害者を救助するために他

---

[236] 浦和地判平成4・2・27判タ795・263，東京高判平成19・3・6高刑速報（平成19）139．
[237] LG Köln StrV 1997, 27.
[238] Vgl. *Kühl*, (Fn. 2), § 16 Rn 58. 大判昭和12・9・21刑集16・1303（任意性の否定された事案）「被告人甲カ放火ノ媒介物ヲ取リ除キ消止メタルハ放火ノ時刻遅ク払暁ニ及フ虞アリシ為犯罪ノ発覚ヲ恐レタルニ因ル」．
[239] *Zaczyk*, (Fn. 145), § 22 Rn 70; *Kühl*, (Fn. 2), § 16 Rn 58.
[240] BGH NStZ 1992, 587; *Kühl*, (Fn. 2), § 16 Rn 58.
[241] BGH StV 1992, 225; *Kühl*, (Fn. 2), § 16 Rn 58.
[242] *Eser*, (Fn. 62), § 24 Rn 51.
[243] BGH NStZ 2007, 399, 400.
[244] *Triffterer*, (Fn. 23), 15. Kap Rn 58.
[245] BGH StV 1993, 189; NStZ-RR 2003, 199; *Rengier*, (Fn. 225), § 37 Rn 106.

人の助けを求めるとき，これに伴って犯行が発覚する恐れがあるが，しかし，これが中止の動機ではないので，任意性は認められる[246]。

被害者が殺人未遂の唯一の証人であるとき，行為者は犯行を完遂することによって唯一の証人を消すことで，この者から何も恐れることがなくなるにもかかわらず行為を止めるとき，任意性が認められる[247]。しかし，被害者から告訴をすると脅されて行為を中止する行為者には任意性は認められない。被害者証人の告訴を真剣に受け止めざるをえないからである[248]。

外的誘因からの心理的影響によって中止が全く避けがたかったとまではいえないが，しかし，合法性への帰還を推測させない場合，任意性は否定される。ドイツ連邦通常裁判所は，〔甲が，その前妻乙と乙の友人丙を殺そうとして，人気のない駐車場で乙と丙を待ち伏せしていたところ，先に現れた丙に重傷を負わせ，逃走能力を失わせたが，間も無く乙も現れたので，これ以上丙に拘わっていたなら乙を逃してしまうし，乙を殺すほうが先決だと考え，そこから急いで去る乙を突き刺し殺害したので，引き続いて丙への殺害行為を続けようとしたが，警察が来たので，丙は助かったという事案〕で，乙に向かったのは「冷静な衡量の結果」であることを理由に任意性を肯定した[249]。しかし，この場合，乙殺しの完遂を優先することが丙殺しの完遂に役立つのであって，そこには法的誠実性への帰還が全く認められないので，任意性は否定されるべきである[250]。事前行為の発覚を防ぐために，詐欺行為を中止する場合も同様である[251]。

良心の呵責[252]，羞恥心[253]，悔悟，被害者への同情[254]，意気阻喪[255]からの中止に

---

[246] BGHSt 11, 324, 325.
[247] *Kühl*, (Fn. 2), § 16 Rn 59.
[248] *Kühl*, (Fn. 2), § 16 Rn 59.
[249] BGHSt 35, 184.
[250] *Eser*, (Fn. 62), § 24 Rn 56; *Kühl*, (Fn. 2), § 16 Rn 61; *Stratenwerth/Kuhlen*, (Fn. 95), § 11 Rn 89; *Roxin*, (Fn. 12), § 30 Rn 359.
[251] *Eser*, (Fn. 62), § 24 Rn 56; *W. Bottke*, Zur Freiwilligkeit und Endgültigkeit des Rücktritts vom versuchten Betrug, JR 1980, 441 ff., 442; *Walter*, (Fn. 205), 403 ff. 反対，BGH NJW 1980, 602.
[252] RG 14, 19, 22; OLG Düsseldorf NJW 1999, 2911.
[253] RGSt 47, 74, 79 f.; BGHSt 9, 48, 53; OLG Düsseldorf StrV 1983, 65.
[254] BGH MDR 1952 530, 531.
[255] BGH NStZ 1992, 536, 537.

は任意性が認められる[256]。これらの動機が外からの影響を受けて生ずることもあるが，その場合，外的誘因が強制的性質のものであってはならない。心理的衝撃を受けた場合，例えば，殺人犯人が被害者を一撃したところ，被害者が悲痛な声で命乞いをするのに驚愕して中止した場合，行為者は自分の行為の結果がどうなるのかを意識した上，犯行続行を止める選択をしたといえるので，任意性が認められるが[257]，被害者が大声で叫んだため，行為者がパニックに陥ったという場合には，任意性は認められない[258]。

---

[256] I. Puppe, Strafrecht AT im Spiegel der Rechtsprechung, 2. Aufl., 2011, § 21 Rn 33; Rengier, (Fn. 225), § 37 Rn 94; Wessels/Beulke, (Fn. 37), § 14 Rn 651. Vgl. BGHSt 7, 296; 21, 216.

[257] BGH bei Dallinger, MDR 1952, 530, 531. 最決昭和32・9・10刑集11・9・2202「被告人はかねて賭博等に耽って借財が嵩んだ結果，実母甲や姉乙にも一方ならず心配をかけているので苦悩の末，服毒自殺を決意すると共に，自己の亡き後に悲嘆しながら生き残るであろう母親の行く末が不憫であるからむしろ同時に母をも殺害して同女の現世の苦悩を除いてやるに如かずと考え，……自宅六畳間において電燈を消して就寝中の同女の頭部を野球用バットで力強く1回殴打したところ，同女がうーんと呻き声をあげたので早くも死亡したものと思い，バットをその場に置いたまま自己が就寝していた隣室三畳間に入ったが，間も無く同女が二郎二郎と自己の名を呼ぶ声を聞き再び右六畳間に戻り，同女の頭部を手探りし電燈をつけて見ると，母が頭部より血を流し痛苦していたので，その姿を見て俄かに驚愕恐怖し，その後の殺害行為を続行することができず，所期の目的を遂げなかった……被告人は……母の流血痛苦の様子を見て今さらの如く事の重大性に驚愕恐怖するとともに，自己当初の意図どおりに実母殺害の実行完遂ができないことを知り，これらのため殺害行為続行の意力を抑圧せられ，多面事態をそのままにしておけば，当然犯人は自己であることが直に発覚することを怖れ……ことさらに便所の戸や高窓を開いたり等して外部からの侵入者であるかのように偽装することに努めたものと認められるのが相当である。右意力の抑圧が論旨主張のように被告人の良心の回復又は悔悟の念に出でたものであることは原判決の認定しないところであるのみならず，前記のような被告人の偽装行為に徴しても首肯し難い」。本決定は中止未遂の成立を否定した。被告人の驚愕恐怖がその意思が完全に麻痺させるほどであったというのであれば，失効未遂ということになるが，そうでなければ任意性が認められる。しかし，犯行発覚の怖れという点で，本件では任意性が否定されよう。

[258] Vgl. Zaczyk, (Fn. 145), § 14 Rn 71; B. Heinrich, Strafrecht AT, 3. Aufl., 2012, § 24 Rn 811.

ドイツ連邦通常裁判所は，BGH NStZ 1994, 428〔夫甲が殺害の意図をもってその妻乙を突き刺し重傷を負わせたとき，思いがけず，その「闘争状況」で目を覚ました夫妻の2人の子が夫妻の寝室扉に現れ，泣き叫んだ。甲は子どもの目の前で犯行を続けたくなかったことと，「感情的，心理的」にもできなかったので，乙への攻撃をやめ，2人の子どもを部屋から追い出し，又，乙と2人だけになったが，恐ろしい出来事に気づいた子どもの近くで乙を突き刺すことが精神的理由から最早できなかったという事案〕で，心理的考察方法にのっとり任意性を否定した。子どもが現れたことから生じた行為者の心理的動揺が子どもを追い出した後も続いており，行為の完遂を妨げたというのである。しかし，規範的考察からすると，子どもを見て気持ちの変化が生じたため，行為者は行為の継続ができ

犯罪類型別に見ると，**性犯罪**で任意性の存否が問題となることが多い。強姦未遂の場合，被害者への哀れみから中止するとか，恥を感じて中止する場合[259]，逃げる被害者に追いつくことはできるが，追いかけないとか[260]，被害者の体調が良くないので止めたという場合，任意性は認められる[261]が，性欲を失わせるほどであったという場合は失効未遂である[262]。被害者が抵抗したところ，必要もなく止めたという場合は，任意性は認められる[263]。被害者が意

ず，合法性へ帰還したといえるので，任意性は認められよう。Vgl. *Roxin*, (Fn.), § 30 Rn 364. 心理学的考察からも，本事案において，精神的抑制から全く行為を継続できなかったというのであれば，失効未遂が認められるべきであるが，心理的に麻痺していないのであれば，甲はなお殺害行為を続行することは可能だったといえること，甲は自分の行為への驚愕，羞恥心から行為の続行を止めたということもありうることが指摘される。*Krey/Esser*, (Fn. 95), § 45 Rn 1304. Vgl. *Lilie/Albrecht*, (Fn. 12), § 24 Rn 125.

[259] BGHSt 9, 48; *Triffterer*, (Fn. 23), 15. Kap Rn 58.
[260] BGH bei *Holtz*, MDR 1989, 857. 反対, OGH JBl 1977, 327 mA *Liebscher*.
[261] *Zaczyk*, (Fn. 145), § 24 Rn 75. 反対, BGHSt 20, 279 f.=JR 1966. 105 m. krit. Anm. *Lackner*.
[262] 失効未遂と見られる事例：東京高判昭和39・8・5高刑集17・5・557「被告人は……小雪の降るなかを，下校途中の甲（当時16歳）を認め，同女を強いて姦淫する目的で原判示松林の中に連れ込み，同女の下着を脱がせうえ，その場に仰向けに倒し同女の陰部に手指を押入する等して，やがて同女を姦淫しようとしたが，原判示の如く同女の露出した肌が寒気のため鳥肌立っているのを見て欲情が減退したため，その行為を止めるにいたった事実が認められるのである。ところで，被告人が姦淫行為を中止するに至った右のごとき事情は，一般の経験上，この種の行為においては，行為者の意思決定に相当程度の支配力を及ぼすべき外部的事情が存在したものというべく，そのため被告人は性欲が減退して姦淫行為に出ることを止めたというのであるから，この場合，犯行中止について，被告人の任意性を欠くもの」である。最判昭和24・7・9刑集3・8・1174。
[263] OLG Zweibrücken JR 1991, 214. 浦和地判平成4・2・27判タ795・263〔被告人は，強姦の意思で，公衆電話ボックスから女性を引きずり出し，押し倒し，着衣を脱がせて下半身を裸にする等の暴行・脅迫を加えたが，同女から『止めて下さい』と哀願されたのを契機として，姦淫の遂行を中止したという事案。中止犯成立〕「①本件は，周囲に田圃が広がり，かつ，民家もなく，しかも付近の人通りの全くない深夜の小学校敷地内における犯行であり，右犯行が通行人や付近の住民に発見されて未遂に終わる等の蓋然性は，まず存在しない状況であったこと（換言すれば，本件については，犯行を未遂に導くような客観的，物理的ないし実質的障害事由）は存在しなかったこと），②被告人は，被害者に哀願された時点では，既に，判示のような暴行・脅迫により被害者の犯行を抑圧したうえ，下半身の着衣を全て脱がせた状態にまでしてしまったこと，③被害者は，当初は悲鳴をあげて必死に抵抗したが，下半身裸にされたのちにおいては，大声をあげることもなく，ただ，『止めて下さい。』などと哀願されながら，姦淫を嫌がっていただけであることが明らかである。そして，右のような状況のもとにおいては，25歳の屈強の若者である被告人が，17歳の少女である被害者を強いて姦淫することは，比較的容易なことであったと認められる。その上，強姦罪は，男性の性的本能に基づく犯罪であるため，一旦これを決意して実行に着手した者は，客観的ないし物理的障害に遭遇しない限り，犯意を放棄しないのが通

外にも知人だったという場合，性欲が失せるほど心理的衝撃を受けたというのであれば，失効未遂ということになり，任意性が問題となる余地はないが，後悔の念が襲ったとき，任意性は認められる。これに対して，告訴されるのを恐れて止めた場合には，任意性は認められない。しかし，被害者とは面識がなく，単なる一般的な告訴への恐れから止めたときは任意性が認められる[264]。行為者が，強姦目的で被害者に暴行を加えたところ，被害者が性交の同意したため，暴行を止めたというとき，行為者が暴行をもって性交を強要することを無条件に放棄した場合，任意性は認められるものの[265]，しかし，被害者がその約束を直ちに守らないときはその場で暴行によって行為を完遂するつもりのときは，任意性は認められない[266]。被害者に今は駄目だが後ならよいと言われて，行為者が中止するとき，任意性は認められる[267]。行為者が，当初の強制猥褻目的を，途中で強姦目的に切り替えたとき，この密接不可分の行為において合法性への帰還は全くないのであって，任意性は認められな

常であるから，右認定のような状況のもとに被害者の反抗を抑圧した強姦犯人が，被害者から『止めて下さい。』などと哀願されたからといって，犯行を断念するのはむしろ稀有の事例と思われる」。
264　BGHSt 9, 48 ［リロ事件］〔被告人甲は薄暗がりの中で自転車に乗っていた被害者乙を見た。甲は乙を強姦するため，乙を自転車から無理やり引き離し，乙の上に乗っかった。乙は犯人がヘルマンであることに気づき，憤慨して叫んだ。「ヘルマン，離して」。乙がリロだと分かった甲は狼狽して，「リロ，お前か」と答え，直ちにそれ以上のことをしなかったという事案〕。
265　BGHSt 35, 184; *Wessels/Beulke*, (Fn. 37), § 14 Rn 651; *Rengier*, (Fn. 225), 7. Kap Rn 102.
266　BGHSt 39, 244; *Bottke*, (Fn. 105), 71 ff.; *Streng*, (Fn. 216), NStZ 93, 582.
267　BGHSt 7, 296=MDR 1955, 561 mA *Jescheck*〔被告人甲は乙を強姦しようとして，地面に引き倒した。乙には抵抗のすべが最早なかったので，乙は一計を案じた。乙は甲に，力ずくはよしてほしいこと，少し休んだらいいのではないか，甲がなお乙との性交を望むなら，暴行に頼らなくてもできると言った。乙はこれで時間稼ぎができ，誰かに発見され助けてもらえることを期待した。実際，2人の散歩人が近づいてきたとき，乙は助けを求めたので，甲は逃走したという事案〕（ドイツ連邦通常裁判所は心理学的考察方法から任意性を肯定した。乙は時間稼ぎのために性交の同意を与えた。甲は労せず目的を達成できると考えた。しかし，このことが強いて犯罪を放棄させることに繋がったわけではない。大きな危険を冒すことがなくとも性交をできると考えたことによって，直ちに決意の自由がなくなったというものでもない）。しかし，規範的考察からすると，甲は本来の計画をその場で放棄したわけでなく，いっそう快適な方法で実現できることを期待したのであって，合法性への帰還は全く認められないので，任意性は否定されるべきである。本事案では，そもそも被害者の同意が有効といえるかにも問題がある。Vgl. *Roxin*, (Fn. 12), § 30 Rn 361.

い[268]。

　犯行開始後，責任無能力となり，自然的故意で中止行為をする者にも任意性は認められる[269]。情動沈滞時に行為を開始したが，情動爆発時後に行為を止めるときも，任意性が認められる[270]。逆に，情動行為の開始後に自分のしでかしたことを見て，行為を中断し，驚愕のあまり，しかしなお犯行継続が不可能とはいえない心理状態で中止した場合にも，任意性が認められる[271]。

　いかなる表象によって行為者が止めたのかがはっきりしないが，考えられうる動機のどれもが非任意性を基礎付ける場合，当該中止は非任意的である[272]。これに対して，任意性に繋がる動機の余地があるときは，「疑わしきは被告人の利益に」の原則に従い，任意性が認められる[273]。

(2) 中 止 行 為

a 未終了未遂の中止

　未終了未遂と終了未遂では，中止行為の態様が異なる。未終了未遂では実行行為の放棄が必要である。実行行為の放棄とは，行為者が，構成要件の実現がまだ可能と考えながら，反対決意に因り，結果発生のために必要と考える行為を途中で打ち切ることである[274]。すなわち，行為者は，その表象によれば，更に行為をしなくとも既遂に至るはずの実行行為に接着する行為又は実行行為をまだしないということである。

---

[268]　*Eser*, (Fn. 62), § 24 Rn 56. 反対，BGH NStZ 1997, 385.
[269]　BGH NStZ 2004, 324; *Eser*, (Fn. 62), § 24 Rn 46; *Kühl*, (Fn. 2), § 16 Rn 62a; *Wessels/Beulke*, (Fn. 37), § 14 Rn 651. これに対して，行為者の任意の人格的決意がなく，したがって，責任消滅ということもないことを理由に，中止犯規定の適用は認められないが，第23条第3項（不能未遂）の法律効果の準用を認めるのが，*Zaczyk*, (Fn. 145), § 24 Rn 76. しかし，中止未遂の法的根拠は責任消滅とは関係がなく，一身的刑罰阻却・減軽事由と捉える立場からは，本説を支持することはできない。Vgl. *Lilie/Albrecht*, (Fn. 12), § 24 Rn 255.
[270]　BGH MDR 1975, 541; BGH NStZ-RR 2003, 199.
[271]　*Rengier*, (Fn. 225), § 37 Rn 109; BGH StraFo 2012, 23 f.（感情の高ぶった行為者が第三者の宥めに応じて，脅迫に用いた拳銃を再び腰帯に収めた場合，任意性が認められる）。
[272]　BGH MDR/D 66, 892.
[273]　BGH StV 1984, 329; NStZ-RR 2003, 199; *Eser*, (Fn. 62), § 24 Rn 55; *Wessles/Beulke*, (Fn. 37), § 14 Rn 652.
[274]　BGHSt 22, 330; 39, 221, 228.

しかし，更なる行為をしないということだけでは法的平和への脅威は完全には除去されていない。それ故，付加的要件として，行為者は，既に可罰的未遂の段階に至った行為を更に完遂するという決意を，これに対抗する反対決意によって**最終的**に放棄することが必要である。例えば，窃盗目的で倉庫に侵入したが，雨が降り出したので盗品を戸外に持ち出すと濡れる虞があることから，搬出を中断する場合，行為者は実行行為を一時的に中断しているものの，最終的に放棄しているとはいえない。しかし，いつか適切な機会を見つけて改めて行うつもりといった場合には，既に実行された具体的行為の最終的放棄が認められる。行為者がなおも行為を行うことを留保しているにせよ，その行為は既に行われた行為とは時間的・空間的連関を有していないからである[275]。

　行為者がその全体の犯罪計画を最終的に放棄したときに限って最終的放棄を認める見解[276]は厳格に過ぎる。まだ定まっていない後の時点や好都合な事情が生じたときのために犯行を留保する者は，場合によっては，新たな計画をするのであって，今止めた行為を継続するつもりではない[277]。これに対して，具体的実行行為を止めただけで最終的放棄を認める見解[278]は広すぎる。行為者がそれまでの実行行為を同じ価値の他の行為によって直接的に継続するとき（行為態様の入れ替わり），例えば，それまでの絞殺行為に代わり，毒殺しようとするといった場合，そこには合法性の帰還といったものが全く認められないのである[279]。当初意図した強制猥褻が既遂に至らない段階で強姦に移ろうとする場合も同様である[280]。結局，基本的には，具体的行為の断念が

---

[275] *Roxin*, (Fn. 12), § 30 Rn 159 f.; *Kühl*, (Fn. 2), § 16 Rn 43 f.; *Wessels/Beulke*, (Fn. 37), § 14 Rn 641; *Krey/Esser*, (Fn. 95), § 45 Rn 1297; *Eser*, (Fn. 62), § 24 Rn 40; *Kienapfel/Höpfel*, (Fn. 37), Z 23 Rn 12; *Triffterer*, (Fn. 23), 15. Kap, Rn 34; *Hager/Massauer*, (Fn. 3), 1999, §§ 15, 16 Rn 130; BGHSt 33, 142, 145; 35, 184.
[276] BGHSt 7, 296; BGH NStZ 10, 384.
[277] *Wessels/Beulke*, (Fn. 37), § 14 Rn 641; *Kühl*, (Fn. 2), § 16 Rn 43; *Krey/Esser*, (Fn. 95), § 45 Rn 1297; BGH NStZ 2002, 28〔行為者は強盗的恐喝の手段としての強要行為を放棄したが，翌日，恐喝のために強要したという事案〕。
[278] Vgl. *H. Blei*, Strafrecht AT, 18. Aufl., 1983, § 69 III 1; *R. Bloy*, Die Sterne lügen doch, JuS 1986, 986 ff., 987.
[279] *Wessels/Beulke*, (Fn. 37), § 14 Rn 641.
[280] *Roxin*, (Fn. 12), § 30 Rn 162; BGHSt 33, 142.

あれば最終的放棄が認められるが，しかし，更なる行為が，打ち切られたそれまでの行為と密接な空間的・時間的連関にあり，それまでの行為と質的に異ならず，同一行為客体ないし被害者への攻撃であるとき，すなわち，更なる行為がそれまでの行為の部分行為と見られるとき，最終的放棄は認められない[281]。前後する行為が密接な空間的・時間的連関にあるが，構成要件を異にする場合（構成要件の入れ替わり）も同じである。例えば，窃取の意図を秘して手にとって見たいと言って店員に陳列棚から装飾品を出させる行為（窃盗未遂）をしたが，そこで止め，欺く行為（詐欺罪）を留保しているとき，最終的放棄は認められない[282]。

最終的放棄があっても，結果の発生があれば，その客観的帰属が否定されない限り，中止未遂は成立しない。行為者が既に実行した行為だけでも結果を発生させるのに十分な効力があるのを知らない場合である。例えば，行為者は，殺意を抱いて毒薬を数滴混入した飲料を被害者に飲ませたが，その量ではまだ十分でないと考えていたところ，被害者が苦しみだしたのを見て悔悟して，それ以上の行為を止めたが，予期に反して，被害者がその毒が原因で死亡したという失策中止（Misslungener Rücktritt）の場合が問題となる。この種の先行行為の効力に関する錯誤があるときについて，行為者が結果の発生がまだ見られない段階で，被害者がまだ生きており，毒が致死量に足りなかったと考えながら，更なる行為を放棄するとき，既遂の可罰性が否定され，未遂犯が成立するという見解[283]や，中止未遂の成立を肯定した上で，過失犯の成立を肯定する見解[284]がある。行為者は，中止が可能であると考えるとき，

---

[281] *Wessels/Beulke*, (Fn. 37), § 14 Rn 641; *Kühl*, (Fn. 2), § 16 Rn 45; *B. Hecker*, Rücktritt und Heimtücke, JuS 2010, 79 ff.; BGHSt 33, 142（行為者が後で行為を継続するときでも，中止は更なる実行を放棄することによって可能である。その前提要件となるのが，後に予定される行為が刑法第53条の意味での新たな，独立した犯罪だということである。時間的・空間的連関が欠如している場合がそうである）。BGH NStZ 2009, 510. 和歌山地判平成18・6・28判タ1240・345。

[282] *Kühl*, (Fn. 2), § 16 Rn 46.

[283] *J. Wolter*, Der Irrtum über den Kausalverlauf als Problem objektiver Zurechnung, ZStW 89 (1977), 649 ff., 695; *ders.*, Vorsätzliche Vollendung ohne Vollendungsvorsatz, in: Leferenz-FS, 1983, 545 ff., 559.Vgl. *Lilie/Albrecht*, (Fn. 12), § 24 Rn 75 ff. 中止未遂の成立を肯定するのが，*F.-Ch. Schroeder*, Leipziger Kommentar Strafgesetzbuch, 10. Aufl., § 16 Rn 34.

[284] *Eser*, (Fn. 62), § 24 Rn 24; *Gropp*, (Fn. 26), § 9 Rn 62 ff.

その時点で故意がなくなるというのである。しかし，結果の発生に必要なことの全てをやり遂げているわけではないと思っている行為者も既遂の故意を有しており，しかも，結果の発生に至るまでこの既遂の故意を有していなければならないとうものではないので，これらの見解は失当である。結果の発生が非典型的因果関係の経路に基づくものでないとき，中止未遂の成立する余地はなく，故意の殺人既遂罪が成立する[285]。

　共同正犯の場合，共同正犯者全員が合意のうえ以後の行為を放棄すれば足りる[286]。しかし，その合意がないとき，中止の意思のある行為者は，他の共犯者の実行行為を，つまり，既遂を**阻止**しなければならない。複数の者が実行に関与しているとき，犯罪エネルギーが累積しており，この効果は単に関与から抜け出ることで消えることはない。危険性が継続していること，中止した者の犯罪エネルギーがなお効果を及ぼしているのである。行為者は共同の行為を開始したことで，「全体的負責」を負い，これから抜け出るためには全体として構成要件実現を阻止しなければならない[287]。金庫破り窃盗の共同正犯者の一人甲が犯行現場で実行行為を開始した直後に改心してそれ以上の行為を止めたため，他の共同正犯者乙が甲に行為の続行を強く迫ったが，甲は気持ちを変えることなくその場を去った，しかし，金庫破りの方法を甲しか知らず，乙にはそれがなかったために，乙もやむを得ずあきらめたという場合，甲には中止未遂が成立するが，乙は失効未遂ということになる[288]。

　単独正犯に共犯者の関与があるとき，例えば，中止の時点で，他の関与者（乙）がその関与行為を既に終えており，構成要件的結果の発生が専ら中止意思のある行為者（甲）が実行行為を中止するかどうかにかかっている場合，他の関与者（乙）の実行行為を阻止するというようなことは問題とならない。この場合，最後の者（甲）だけがその実行行為を放棄するのである。例えば，合鍵を製作する者（乙）がそのことで窃盗に関与するとき，正犯者（甲）が

---

[285] *Wessels/Beulke*, (Fn. 37), § 14 Rn 627; *Kühl*, (Fn. 2), § 16 Rn 80; *K. Lackner, K. Kühl*, Strafgesetzbuch. Kommentar, 26. Aufl., 2007, § 24 Rn 15; *Roxin*, (Fn. 12), § 30 Rn 116.
[286] *Krey/Esser*, (Fn. 95), § 46 Rn 1330; BGH NStZ 1989, 317 f.; BGHSt 42, 158; BGH NStZ 2009, 688.
[287] Vgl. *Triffterer*, (Fn. 23), 15. Kap Rn 56.
[288] Vgl. *Krey/Esser*, (Fn. 95), § 46 Rn 1331.

犯行現場で未終了未遂の中止をするとき，正犯者（甲）は，この合鍵を窃盗のために既に使用していても，自分を通して間接的にしか効果のない他人（乙）の分担行為（合鍵製作）の窃盗への直接効果は自動的に阻止されたことになる。この種の場合，正犯者には中止未遂の適用があるが，幇助犯には通常の窃盗未遂の幇助犯が成立する[289]。又，正犯者が実行行為を放棄した後，その教唆者が自ら実行行為をして結果を発生させた場合も，前者には未終了未遂の中止犯が成立する[290]。

b 終了未遂の中止

未遂が既に終了した場合，構成要件的結果の発生を任意に阻止したとき，終了未遂の中止犯が成立する。この場合，どのみち発生しなかったであろうといえる結果を回避するということはできないのであるから，この終了未遂は不能未遂でもなく，客観的に失敗した（失策未遂）のでもないことが前提となる[291]。

行為者には，さらなる行為の続行を必要とすることなく，既遂に至る，かすかにすぎないないとはいえない危険性のあることの意識が必要となる（**危険意識**）。それによって，終了未遂の中止の主観的要件として救助をする決意，すなわち，既遂を阻止することに向けられる**決意**，したがって，行為者は結果の発生を回避するための効果的な対抗活動をすることが可能となるのである。行為者は，認識と意欲をもって既遂の阻止に向けられた行為をしなければならない[292]。阻止の「目的」は必要でなく，通常の阻止故意，したがって，未必の阻止故意で足りるが[293]，構成要件的結果の発生をうっかり間違えて回避したとき，主観的要件は満たされないこととなる[294]。しかし，行為者が直

---

[289] Vgl. *Triffterer*, (Fn. 95), 15. Kap Rn 56.
[290] Vgl. *Triffterer*, (Fn. 95), 15. Kap Rn 56.
[291] *Triffterer*, 15. Kap Rn 59.
[292] *Ebert*, (Fn. 169), 137; *Kühl*, (Fn. 2), § 16 Rn 65; BGH NJW 1989, 2068; 1990, 3219.
[293] *R.D. Herzberg*, Zur objektiven Seite des Rücktritts durch Verhindern der Tatvollendung, JR 1989, 449 ff., 450; *Kühl*, (Fn. 2), § 16 Rn 65; *Wessels/Beulke*, (Fn. 37), § 14 Rn 644; *Rudolphi*, (Fn. 23), § 24 Rn 27. ドイツ連邦通常裁判所はより厳格に「救助目的」を要求している。BGHSt 31, 46 (49); 48, 147 (149 f.); *Krey/Esser*, (Fn. 95), § 45 Rn 1308.
[294] *Kühl*, (Fn. 2), § 16 Rn 64 ff.; *Rudolphi*, (Fn. 23), § 24 Rn 27a; *Eser*, (Fn. 62), § 24 Rn 59; *Ebert*, (Fn. 169), 137; BGH NJW 1986, 1001.

ちにではなく，少し時間がたってから，例えば，逃亡した後で救助の決意をした場合でもよい[295]。

行為者は自分の行為が少なくとも，結果の発生を阻止するのに適切であると考えねばならないのである[296]。行為者は「自分の確信に拠って」結果回避に必要なことをしなければならない[297]。中止行為によって犯行隠蔽といった他の目的にも役立たせようとする場合でも，阻止故意は認められる[298]。しかし，救急車を呼ぶといった救助行為が専ら犯跡隠蔽のためであるとき，阻止故意は認められない[299]。

行為者は，自らの手によって（自手性），結果の発生を阻止する必要はない。行為者が，自分の代わりにあるいは自分とともに結果を阻止する第三者（例えば，医師）の助けを借りてもよい[300]。しかし，先取りされた中止というものはない。例えば，致命傷を与える決闘のためにあらかじめ医師を呼んでおくといった場合である[301]。

問題となるのは，終了未遂の中止が成立するための行為とは客観的に見ていかなる性質のものでなければならないのかである。わが国の判例・通説は「真摯性」を要求している[302]。ドイツ語圏刑法学説には，行為者には構成要件的結果の発生を阻止するための「ぎりぎりの努力」をすることが要求される，つまり，結果を阻止することのできる複数の手段があるとき，行為者は最も確実な手段（**最適**ないし**最善救助行為**）を選択すべきであり，そうしないときは

---

[295] *Rudolphi*, (Fn. 23), § 24 Rn 27a; BGH NStZ 1981, 388; BGH StV 1983, 413.
[296] *Kühl*, (Fn. 2), § 16 Rn 66; BGH StV 1992, 63; BGH NJW 1990, 3219; BGH NStZ-RR 2000, 42, 43 zu § 24 I 2.
[297] *Kühl*, (Fn. 2), § 16 Rn 66; NStZ-RR 1997, 193.
[298] *Kühl*, (Fn. 2), § 16 Rn 66; BGH NJW 1989, 2068, 1990 3219.
[299] *Kühl*, (Fn. 2), § 16 Rn 66; *Krey/Esser*, (Fn. 95), § 45 Rn 1308; *Eser*, (Fn. 62), § 24 Rn 59; BGH NJW 1986, 1001; BGH NStZ 2008, 329 f.
[300] *Th. Fischer*, Strafgesetzbuch, 60. Aufl., 2013, § 24 Rn 31; *Krey/Esser*, (Fn. 95), § 45 Rn 1309; BGH NStZ 2008, 508.
[301] *J. Scheinfeld*, Gibt es einen antizipierten Rücktritt vom strafbaren Versuch, JuS 2006, 397 fff.; *Kühl*, (Fn. 2), § 16 Rn 64.
[302] 大判昭和13・4・19刑集17・336「真摯なる態度」，大阪高判昭和44・10・17判タ244・290「真摯な努力」，福岡高判昭和61・3・6判時1193・152頁「真摯な努力」。大塚（注89）261「真剣な努力」，川端（注72）480。

阻止行為とは認められるべきでないとする見解（**最適行為説**）が見られる[303]。

---

[303] *Herzberg*, (Fn. 54), 49 ff.; *ders.*, Problemfälle des Rücktritts durch Verhindern der Tatvollendung, NJW 1989, 862 ff., 865; *ders.*, Grundprobleme des Rücktritts vom Versuch und Überlegungen de lege ferenda, NJW 1991, 1633 ff., 1636 f. ヘルツベルクはその理由として，ドイツ刑法第24条第1項第1文の「その既遂を妨げた」と同第24条第1項第2文の「真摯に所為の完了を妨げるように努めた」の規定趣旨を指摘する。行為者は自分の視点から最善のことしなければならない。行為者は不十分な阻止行為に甘んじてはならないのであって，不能未遂の中止に関する第24条第1項第2文が要求しているように，既遂を阻止するための「真摯な」「努力」をしなければならない。かくして，第24条第1項全体の調和が図られる。それに加えて，最適の阻止努力が見られた場合にのみ行為者の称賛に値する改悛が認められる。例えば，致命傷を負わせた被害者に，自ら助けを呼ぶために，電話機を手渡すに過ぎない行為者は，十分な中止行為をしておらず，称賛に値しない。その後，ヘルツベルクは要件を緩和した。*Herzberg*, Der Rücktritt vom Versuch als sorgfältiges Bemühen, in: Kohlmann-FS, 2003, 37 ff. 「綿密な努力」。Vgl. *Zaczyk*, (Fn. 145), § 24 Rn 61（行為者の視点から「頼りになる」救助手段を利用することが必要）; *Otto*, (Fn. 145), § 19 Rn 48 f.

　最適救助措置が必要との観点から「阻止」行為を否定したドイツ連邦通常裁判所の裁判例として，BGH MDR (D) 1972, 751 [妻殺人未遂事件]〔甲は殺意を抱いて自分の妻乙を刃物で刺し，その部屋を去った。その際，甲は自分の母親丙に必要なことは何でもしてもらうように言った。丙の頼みに応えて，宿泊所の管理人は乙を病院に収容する手配をした。乙は助かったという事案〕（連邦通常裁判所は，甲が救助の因果経路を動かしたといえるが，それでは阻止行為としては十分でないと説示した。甲は部屋を去るときにようやく丙に頼んだのであって，そこにとどまらなかったし，じぶんのした依頼も特に強調することもなかった。甲は具体的な措置を挙げなかったし，急がせもしなかったし，応急救助もせず，その指図を与えたに過ぎなかった）。

　BGHSt 31, 46 [病院事件]〔甲はその妻乙を殺害の未必の故意をもって瀕死の頭部重傷を与えた。甲は乙の状態を認識し，よく考えてから，乙の生命を救うため，病院へ搬送することにした。しかし，すぐには嫌疑が向けられないようにと，甲は自家用車に乙を乗せ病院の通用口から95メートルのところまで走行し，そこで乙を下車させ，走り去った。甲は乙が誰かに発見され，救われることを望んでいた。その後まもなく乙は病院の正面入り口から約40メートルのところで，茂みの中に意識喪失状態で倒れているところを歩行者に発見された。乙は医師の治療により一命をとりとめたという事案。連邦通常裁判所は，行為者にはもっとよい阻止の方法があったことを理由として，終了未遂の中止の要件である「阻止」を否定した〕「行為者は自己の中止意思を，既遂に至るのを失敗させることを目的とし，自己の視点からそれに十分な行為によって示さなければならない。行為者は採られうる阻止の手段を利用しつくさねばならない。行為者は，避けることができるなら，偶然に任せてはならない」。なお，本事案は一般に最適救助行為説に立ったものと理解されているが，BGH NJW 2003, 339 [ガス栓事件] を担当した第二刑事部が本件を担当した第一刑事部へ質問したのに対し，第一刑事部は最適救助行為説を採用したとの理解は誤解であると回答している。A. *Engländer*, Die hinreichende Verhinderung der Tatvollendung - BGH, NJW 2003, 1058, JuS 2003, 641 ff., 644.

　BGH NStZ 1989, 525 [E-605事件]〔甲は殺意をもってその夫乙の口に毒物（E-605）を流し込んだ。毒薬の効き目が現れてきたとき，甲は乙にせっつかれて救急車を呼んだが，その際，乙の体調が良くなく，台所でよろよろ歩き回っていることを理由としたのであった。駆けつけた救急医のおかげで，乙は助かった。その際，甲は毒物については沈黙し，

本説によれば，殺人行為者が救急車を呼ぶだけでは足りず，それが到着するのを現場で待ち，到着したら直ちに具体的状況を説明しなければならない。

この問題については，行為者が単独で対処する場合と，他人をも煩わす場合に分けて検討する必要がある[304]。行為者が**単独の行為**で既遂を阻止する場合，先ず，行為者が構成要件的結果の回避のためにともかくも（共）**因果関係**を生じさせる因果連鎖を動かすことが必要である[305]。行為者が，より確実

乙がコーヒーを飲んだことと青色の薬を飲んだことだけを告げたという事案〕（連邦通常裁判所は次のように説示した。甲は，医師に電話をかけ，乙の状態を説明し，直ちに救助措置が準備されるようにしたので，当初は，客観的に且つ甲の視点からも，乙の救助に必要なことはした。しかし，医師が到着した後，甲は，有害な結果を阻止するためにもっと役立つことをすることが必要であり，甲には実際に可能であったのだが，その時点で救助意思を放棄した。甲は，乙の生命を救うためには，毒物投与について医師に告げねばならないと考えたのに，黙っていた）。本事案について，行為者への客観的帰属を肯定するのが，Jäger, (Fn. 47. Der Rücktritt), 97; H. J. Rudolphi, Rücktritt vom beendeten Versuch durch erfolgreiches, wenngleich nicht optimales Rettungsbemühen, NStZ 1989, 508 ff., 514; Zaczyk, (Fn. 145), § 24 Rn 57. 客観的帰属を否定するのが，Wessels/Beulke, (Fn. 37), § 14 Rn 644.
　このような学説・裁判例には次のような批判がなされてきた。刑法第24条第1項第1文の「その既遂を妨げた」という文言は同条第1項第2文の文言とは異なって付加的要件を定めていない。同条第1項第1文を同条第1項第2文と同じく理解する必要はない。結果を自己の行為によって阻止した者に，より確実な結果回避手段を利用しつくさなかったといって非難することはできない。ドイツ刑法第24条第1項第1文の「その既遂を妨げた」という文言は「始めよければ，全てよし」という大雑把とも言うべき原則を採用したといえる。この立法者の判断を法を適用する者が目的論的考慮から行為者の不利益に修正してはならない。とりわけ，最適阻止行為が要求されると，行為者にはそれほど改悛への刺激がないのであるから，被害者の救助が阻害されかねない。行為者は未遂犯として捕らえられたくないのが普通であるから，捕らえられる危険を冒してまで最適措置をとることはないであろうし，最適措置に至らない措置が行為者には無用だということになれば，結局，被害者保護が図れないことになろう。それに，構成要件的結果の発生を客観的帰属な形で阻止できたのなら，予防の理由からも，刑罰もどうしても必要だとはいえない。Kühl, (Fn. 2), § 16 Rn 70; Rudolphi, (Fn. 303), 512; Puppe, (Fn. 20), 489 f.; Zaczyk, (Fn. 145), Rn 61.
[304]　Vgl. Lackner/Kühl, (Fn. 285), § 24 Rn 19b; Roxin, (Fn. 12), § 30 Rn 243 ff. これに対して，リーリエ，アルブレヒト (Lilie/Albrecht, (Fn. 12), § 24 Rn 295) は，行為者が単独で既遂の阻止行為をするか他人を煩わすかを問わず，行為者には自分の視点から必要な，この点で信頼できる救助手段を採ることが要求される，これに対して，行為者が，より確実でより信頼できる，はるかに効果のある手段を採れると考えているにもかかわらず，結果が発生するか否かを偶然にゆだねているとき，行為者が結果の阻止に向けられた行為をしているとはいえないと論ずる。
[305]　行為者単独か他人の関与があるかをと問わず因果関係の存在をもって足りるとする学説は，一般に，「機会増加型I」と呼ばれる。本説に，Maurach/Gössel/Zipf, (Fn. 93), § 41 Rn 88. ドイツ連邦通常裁判所の裁判例として，BGH NJW 1985, 813 [放火事件]; BGH NJW 1986, 1001 [電話帳事件]; BGH NJW 2003, 1058 [ガス栓事件]〔甲は自殺の意図で

に既遂を阻止するために，より良い，より迅速な救助行為をすることができたにもかかわらず，そうしなかったとしても，そのことで行為者を非難することはできない（「終わりよければ，全てよし」）。しかし，最適阻止行為は要求されないものの，次に，結果の阻止は行為者に「その仕業として客観的に帰属されうる」ものでなければならない（**阻止結果の客観的帰属**）。偶然に結果を回避したということでは足りない。すなわち，行為者が，「危殆化された法益を救助する重要な機会を創設し，この機会が既遂に至らなかったという形で実現された」ということが必要である[306]。行為者が，必ずしも最適とは云えないが，救助に適した行為を行い，この行為により構成要件的結果の発生を阻止するということで足りる。例えば，行為者がその毒を盛られた被害者に嘔吐剤を与え，その命を守ったという場合，嘔吐剤を与える行為と死の結果阻止との間に因果関係があるばかりでなく，阻止結果の客観的帰属も可能である。嘔吐剤を与えるということが，医者を呼ぶといった最適救助行為ではないものの，救助の見込みを適切にも高めたのであり，そして実際にそれが実現したからである[307]。

集合住宅1階住まいのガス栓2箇所を開けた。ガスの致死効果を待っているとき，甲は他の住人もひょっとしてガス爆発が起きそれが原因で死ぬかもしれないと思い至った。甲は，当初，自殺をやり遂げるためにはこれもやむをえないと考えた。甲は，それから，消防と警察に電話通報し，自分の名前と住所を告げ，住人の救助を求めた。甲は，自殺の決意を維持していたので，ガス栓を閉めるようにとの要請に従わなかった。甲はしばらくして意識不明になった。間も無く到着した消防が住人を避難させ，ガス栓を閉め，甲を蘇生させることができたという事案〕（本事案では，不作為による殺人終了未遂が問題となっている。連邦通常裁判所は，結果回避に向けられた行為がうまくいき，既遂の阻止に因果関係があるとき，行為者により迅速な又は確実な手段があっても，それを問題とするべきでない。刑法第24条第1項第2文の定める「真摯な努力」は要件とはならない。結果の阻止に適した行為をすればそれで足りる。甲が阻止行為をしたといえるのは，その電話通報が住人の救助のために少なくとも共同因果関係にあったからである。中止未遂成立）; BGHSt 33, 301.
[306] 行為者単独か他人の関与があるかを問わず客観的帰属の存在をもって足りるとする学説は，一般に，「機会増加型Ⅱ」と呼ばれる。本説に，*Rudolphi*, (Fn. 303), 511; *ders.*, (Fn. 23), § 24 Rn 27c; *R. Bloy*, Zurechnungsstrukturen des Rücktritts vom beendeten Versuch und Mitwirkung Dritter an der Verhinderung der Tatvollendung, BGHSt 31, 46 und BGH NJW 1985, 813, JuS 1987, 528 ff., 532 ff.; *Wessels/Beulke*, (Fn. 37), § 14 Rn 644; *Eser*, (Fn. 62), § 24 Rn 66.
[307] *Rudolphi*, (Fn. 303), 512; *Bloy*, (Fn. 306), 533; *Kühl*, (Fn. 2), § 16 Rn 73; BGH StV 1981, 514〔自動車を運転していた甲は殺意をもって自分の前の恋人乙の自動車に向かっていったが，最後の瞬間に急制動をかけたので，激突せずにすみ，乙は無傷だったという事案〕（連邦通常裁判所は，行為者が新しい因果系列を起動させ，これが少なくとも結果の

このように，行為者が単独で結果阻止行為をして，実際に結果の発生を阻止した場合には，阻止結果の客観的帰属で足りる。この場合，行為者が被害者をより良く，より迅速に，より危険にさらすことなく結果を妨げることができたか否，信頼するに足る阻止行為をしたか否かは問題とならないからである。「不発生という結果が行為者を正当化する」と云える。しかし，「**教唆**」の形態をとる場合のように，**他人の行為をあてにする**ときには，行為者には結果発生を阻止するための最適とまではいえないものの，信頼するに足る阻止行為が要求されるべきである。他人の行為をあてにして結果の発生が阻止されるとき，行為者は他人が救助行為し，結果を阻止することに頼ることとなる。そうすると，行為者は，頼ってもいいと見られるような結果の発生を阻止するための**信頼するに足る行為**をしなければならない（いわゆる**必要説**）[308]。例えば，殺人犯が瀕死の重傷を負わせた被害者を救うべく，本来なら消防に通報し救急車を呼ぶべきところ，警察に通報する行為は，最適阻止行

不発生と共因果関係にあれば，阻止が認められるとしたうえで，自動車をよけるなどしてもっと確実に結果を阻止することが可能だったとしても，中止未遂は否定されないと論じた）。東京地判平成7・10・24判時1596・129〔被告人は将来の生活を悲観し，その養女を殺害しようとして出刃包丁でその左胸部を一回突き刺した後，放火し，さらに自殺を図り，しばらく意識を失っていた後，目を覚まし，養女を煙に巻かれないうちに助け出そうとして他人の敷地まで運んだが，意識を失って養女とともにその場に倒れ込んだという事案〕「甲（被告人）が乙（養女）を室外に引きずり出したのは，乙が『お父さん，助けて。』と言ったのを聞いて乙のことをかわいそうに思ったことによるものであるから，右行為はいわゆる憐憫の情に基づく任意かつ自発的なものであったと認められる。しかしながら，甲は，乙を被告人方から丙方敷地内まで運び出しているものの，それ以上の行為には及んでいないのであって，当時の時間的，場所的状況に照らすと，甲の右の程度の行為が結果発生を自ら防止したと同視するに足りる積極的な行為を行った場合であるとまでは言い難く，乙が一命をとりとめたのは，偶然通り掛かった通行人により病院に収容されて緊急手術を受けた結果によるものであったことを併せ考慮すると，本件が甲の中止行為によって現実に結果の発生が防止された事案であるとは認められない」。
[308] *Zaczyk,* (Fn. 145), § 24 Rn 61; *Engländer,* (Fn. 303), 645; *Otto,* (Fn. 145), § 19 Rn 48 f.; *Heinrich,* (Fn. 258), § 24 Rn 851; *H. Boß,* Der halbherzige Rücktritt, 2002, 156 ff.; *Ch. Jäger,* Zwei auf einen Streich, Jura 2009, 53 ff., 58（行為者自身が，少なくとも訓練された救助者が到着するまでの間，救助事象を支配しているとき，客観的帰属が可能であるが，救助事象を単に因果的に惹起したに過ぎない者には客観的帰属はできない）。ロクスィーンは，単独で結果の発生を阻止する場合と他人の協働を得て結果の発生を阻止する場合に分けて，前者の場合には客観的帰属をもって足りるが，後者の場合には，場合によって最適阻止行為が必要と論ずる。*Roxin,* (Fn. 12), § 30 Rn 243 ff. Vgl. *Lackner/Kühl,* (Fn. 285), § 24 Rn 19b.

為とはいえないものの，信頼するに足る行為といえよう[309]。信頼するに足りる行為は**被害者保護**の観点からも支持されよう。行為者に容易に中止未遂が認められるほど，行為者はいっそうかっとなって致命的行為をしやすくなるといえよう。それに，行為者が信頼に足る行為をすることが，自分を犯人として露見することを伴うものでもないし，又，行為者は匿名で最適阻止行為

---

[309] Zaczyk, (Fn. 145), §24 Rn 61. 中止行為の否定事例：大判昭和12・6・25刑集16・998「中止犯ハ犯人カ犯罪ノ実行ニ著手シタル後其ノ継続中任意ニ之ヲ中止シ若ハ結果発生ヲ防止スルニ由リ成立スルモノニシテ結果発生ニ付テノ防止ハ必スシモ犯人単独ニテ之ニ当ルノ要ナキコト勿論ナリト雖其ノ自ラ之ニ当ラサル場合ハ少クトモ犯人自身之力防止ニ当リタルト同視スルニ足ルヘキ程度ノ努力ヲ払フノ要アルモノトス……被告人ハ本件放火ノ実行ニ著手後逃走ノ際火勢ヲ認メ遽ニ恐怖心ヲ生シ判示磯山隆男ニ対シ放火シタルニ依リ宜敷頼ムト叫ヒナカラ走リ去リタリト云フニ在ルヲ以テ放火ノ結果発生ノ防止ニ付自ラ之ニ當リタルト同視スルニ足ルヘキ努力ヲ盡シタルモノト認ムルヲ得サル」。中止行為の肯定事例：大判大正15・12・14新聞2661・15〔被告人は，家屋を焼燬して火災保険金を騙取しようとして，蓄音機上の新聞紙に点火したが，新聞紙の燃燬に驚き，犯行を中止しようとしてバケツに水を汲んだが，病気により衰弱していたため，独力で消火することができなかったので，大声で隣人を呼び，その助力を得て消火し，家屋を焼燬するに至らなかったという事案〕，福岡高判昭61・3・6判時1193・152〔被告人は未必の殺意をもって甲の頚部を果物ナイフで1回突き刺し，失血死，窒息死の危険を生じさせたという事案〕「被告人が，本件犯行後，甲が死に至ることを防止すべく，消防署に架電して救急車の派遣を要請し，甲の頚部にタオルを当てて出血を多少でもくい止めようと試みるなどの真摯な努力を払い，これが消防署員や医師らによる早期かつ適切な措置とあいまって甲の死の結果を回避せしめたことは疑いないところであり，したがって，被告人の犯行後における前記所為は中止未遂にいう中止行為に当たる」。東京地判昭和37・3・17下刑集4・3＝4・224「本件のような犯罪の実行行為終了後におけるいわゆる実行中止による中止未遂の要件とされる結果発生の防止は，必ずしも犯人単独で，これに当る必要はないのであって，結果発生の防止について他人の助力を受けても，犯人自身が防止に当ったと同視するに足る程度の真摯な努力が払われたと認められる場合は，やはり，中止未遂の成立が認められるのである（大判昭和12年6月25日刑集16巻998頁）。ところで，本件においては，被告人は，判示のように，甲を殺害しようとして，一たん睡眠薬を飲ませたものの，間もなく大変な事をしたと悟り，そのまま放置すれば，甲が当然死に至るべきが，甲の苦悶の様相を見て，もはや独力では，いかんともし難いと観念した被告人は，警察官に自ら犯行を告げ，その助力を得て甲を病院に収容するほか甲の生命を助ける手段はないものと考え，付近の警察署派出所を探し回ったが，見当らなかったので，判示のように緊急電話をもって事態を警察官に通報連絡した結果，ただちに甲は病院に収容され，医療処置が講ぜられたことにより，甲の一命を取り止めたのである。甲は，当時既に睡眠薬中毒のため生死の境にあったのであって，もとより，かような場合における医療知識のない被告人に応急の救護処置を期待し得べくもなく，甲の生命を助けるため，被告人が右のような処置を採ったのは，被告人として精一杯の努力を尽したものというべきであり，その処置は，当時の差し迫った状況下において，被告人として採り得べき最も適切な善後処置であったといわなければならない」。

第三章　中　止　犯　213

をすることもできる[310]。

　他人が関与する場合として，先ず，**幇助**の形態をとる場合，被害者自身が救急車を呼ぶのに電話をかけようとしているとき，行為者が被害者に電話機を渡すとか[311]，第三者が被害者を病院へ搬送するため自分の自家用車に入れ

310　Vgl. *Roxin*, (Fn. 12), §30 Rn 247. なお，次の裁判例は中止行為につき「真摯性」という観点から過大な要求をしている。大阪高判昭和44・10・17判タ244・290〔被告人は，被害者の左腹部を刺身包丁で突き刺し，肝臓に達する深さ約12センチメートルの刺創を負わせたが，激痛に耐えかねた被害者が泣きながら，『病院へ連れて行ってくれ』と哀願したので，被告人が自分の運転する自動車で直ちに近くの病院に連れて行き，一命を取り止めたという事案〕「本件のように実行行為終了後重傷に呻吟する被害者をそのまま放置すれば致死の結果が発生する可能性はきわめて大きいのであるから，被告人の爾後の救助活動が中止未遂としての認定を受けるためには，死亡の結果発生を防止するため被告人が真摯な努力を傾注したと評価しうることを必要とするものと解すべきである。……被告人が被害者を病院へ担ぎ込み，医師の手術施行中病院に居た間に被告人，被害者の共通の友人数名や被害者の母親等に犯人は自分ではなく，被害者が誰か判らないが他の者に刺されていたと嘘言を弄していたこと及び病院に到着する直前に兇器を川に投げ捨てて犯跡を隠蔽しようとしたことは動かしえない事実であって，被告人が被害者を病院へ運び入れた際，その病院の医師に対し，犯人が自分であることを打明けいつどこでどのような兇器でどのように突刺したとか及び医師の手術，治療等に対し自己が経済的負担を約するとかの救助のための万全の行動を採ったものとはいいがたく，単に被害者を病院へ運ぶという一応の努力をしたに過ぎないものであって，この程度の行動では，未だ以て結果発生防止のため被告人が真摯な努力をしたものと認めるに足りないものといわなければならない」。

311　Vgl. BGH NJW 1986, 1001［電話帳事件］〔甲はその父親乙を殺人の未必の故意をもって台所包丁で突き刺した。重傷を負った乙は救急車を呼んでほしいといったとき，甲はちょっとの間電話帳をめくり，それから番号が見つからないと答え，乙に電話機を渡した。それから乙は緊急番号110にかけ，事情を説明し，医師の助けを求めた。乙は助かったという事案〕（連邦通常裁判所は二つの場合に分けて論じた。乙が重傷を負ったにもかかわらず自ら電話機をとることができたという場合には，阻止努力と結果の不発生の間に因果関係はなく，第24条第1項第2文の「真摯な努力」しか問題とならないが，架電が甲の助けがなければできなかったという場合には，甲がなお他の救助措置を採ることができたというときでも，中止未遂が成立する）。*Roxin*, (Fn. 12), §30 Rn 260 ff. ロクスィーンによれば，本事案について，「非代替的寄与」という観点から，乙が自ら電話帳，電話機を取ることができたか否かが要点である。大阪地判昭和59・6・21判タ537・256〔被告人は被害者の背後から殺意を抱いて果物ナイフで1回突き刺し，入院加療19日間を要する傷害を負わせたという事案〕「被告人が果物ナイフで被害者の背中を突き刺した後，被害者は自らナイフを抜き取り，被告人に対して救急車を呼ぶよう指示し，被告人は被害者から指示されたまま同人が出血しているのを見て大変なことをしたとの気持ちも伴って，直ちに1階に降りて公衆電話から119番に通じなかったため，110番して自らの犯罪を申告するとともに救急車の手配を要求したが，その時被害者も自力で同所へ降りてきていて被告人に対して救急車の手配を指示していること，被害者はその後救急車で運ばれ医師の手当てが功を奏したため結果の発生を防止することが出来たことが認められるが，その間の被告人の行動は，結局のところ，被害者の指示のもとで被害者自身が救急車の手配をするのを手助けしたものと大差なく，もとより結果の発生は医師の行為により防止されており，したがってこの程度の被告人の行為をもってしては，未だ被告人自身が防止にあたったと

た後，行為者が搬送の手伝いをするといった場合，行為者は，被害者や第三者が単独で着手した結果阻止行為に「幇助者」として支援したことになり，結果阻止はそもそも行為者の「仕業」ではなく，被害者や第三者の「仕業」であり，結果不発生の客観的帰属が否定される[312]。しかし，第三者や被害者が結果回避行為をする上で行為者の**非代替救助行為**があるときは別である。例えば，行為者だけが具体的状況下で搬送手段を有しているとき，救助者を被害者のところまで輸送するといった場合，信頼するに足る行為が認められる[313]。

行為者が，**「間接正犯」**のように，脅迫によって他人を自分の道具として結果阻止に利用する場合，行為者の行為支配が認められる。例えば，救助意思のない自動車運転者に拳銃を突きつけて，重傷者を病院へ搬送させるといった場合である[314]。行為者がいわば**「共同正犯」**のように他人と一緒になって結果の発生を阻止するとき，例えば，川に突き落とされた被害者を行為者とその救助活動の求めに応じた，たまたま通りかかった通行人が一緒になって川から引き上げるといった場合も，行為支配が認められる[315]。

「教唆」の形をとった場合，行為者が専門職（医師，消防等）の救助を呼び，必要とあらば，それが来るまで応急措置をするとか，到着した後は状況の説明をするのは最適阻止行為であるが，結果の確実な制御のできない非専門職

同視すべき程度の努力が払われたものと認めることができず，本件が中止未遂であるということはできない」。

[312] *Kühl*, (Fn. 2), § 16 Rn 74; *Bloy*, (Fn. 306), 535.
　大判昭和6・12・5刑集10・688〔解雇されたのを恨み，主人方に放火したが他の店員に発見されたという事案〕「他人ニ於テ犯罪ノ完成ニ要スル結果ノ発生防止ニ著手シタル上犯人ニ於テ之ニ協力シ因テ右結果ノ発生ヲ防止シ得タル場合ニ於テハ右結果ノ発生防止ハ犯人ノ自発ニ出テタルモノニ非スシテ他人ノ意発ニ基クモノノ外ナラサルニ依リ犯人ノ協力ハ最早障礙未遂成立ヲ阻却スルノ効力ナク中止犯ヲ以テ論スルコトヲ得ス」。
[313] BGH NStZ 1999, 128〔甲はその恋敵乙が甲の前の恋人丙といるところを捕まえ，乙の死を容認しながら，乙の頭を野球棒で激しく殴った。それから，甲は丙を無理やり自動車に乗せて家から走り去った。2分してから，甲は丙の願いに応えて戻り，丙に乙を病院へ連れて行くように言ったという事案〕（連邦通常裁判所は，当初，救助意思がなかったこと，犯行現場から立ち去ったことはどうでもよいことであり，行為者が実際になしたこと以上のことをできたかどうかも重要でないと説示した）。*C. Roxin*, Die Verhinderung der Vollendung als Rücktritt vom beendeten Versuch, in: Hirsch-FS, 1999, 327 ff., 342 f; *Kühl*, (Fn. 2), § 16 Rn 74.
[314] *Bloy*, (Fn. 306), 534.
[315] *Bloy*, (Fn. 306), 535.

に救助を依頼するのは信頼するに足る行為とは云えないし，ましてや，最適阻止行為とはいえない[316]。［妻殺人未遂事件］では，行為者が，必要なことは何でもしてしてほしい」と母親にいうだけでは，最適阻止行為はおろか，信頼するに足る阻止行為も認められない。

「教唆」に類似の類型として，行為者が，他人に結果阻止への介入を要求されているように感じさせるような，状況を設定するに過ぎない場合，例えば，［病院事件］のように，行為者が瀕死の重傷を負った被害者を病院の近くに遺棄したという場合，適切な救助の機会を創設し，声をかけられたと感ずる通行人が救助をするとき，行為者に客観的に帰属可能な結果阻止が認められても[317]，それだけでは信頼するに足る行為とはいえない。行為者は病院まで，単なる発見者を装ってでも，病院へ搬送できたからである[318]。被害者を病院の近くでなく，偶然に傍を通る救急車に被害者を拾ってもらうことを期待して，路上のどこかに遺棄する場合のように，行為者が第三者による結果回避の可能性を創設したに過ぎないとき，客観的帰属すら認められない[319]。［放火事件］のような場合も，行為者自身の消防への通報が信頼するに足る行為である[320]。

結果の発生を実際に回避したということが終了未遂の不可欠の前提となるのは，結果が発生してしまえば既遂なのであり，既遂成立後は「行為による悔悟」の問題となり，これはごく例外的に刑罰の減免が可能となる。結果回避の努力をしたにもかかわらず結果が発生すれば，**失策中止**（Misslungener

---

[316] *Roxin*, (Fn. 12), § 30 Rn 258 f. ロクスィーンによれば，BGH NStZ 1989, 525 ［E-605事件］について，「青い薬物」を飲んだという説明によって，救急医に即時且つ効果的治療をする十分な手がかりが与えられたか否かが要点であること，BGH MDR (D) 1972, 751［妻殺人未遂事件］については，甲は丙に，医師と救急車を呼ぶという具体的依頼をしなければならなかったのであり，救急隊が来，自分が必要とされなくなるまで，そこを去ってはならなかった。Vgl. BGH StV 1981, 396［甲は殺意を抱いてその妻乙に向けて発砲し，致命傷を負わせた。甲は直ちに警察に犯行の通報をし，救急車の派遣を要請した。乙は助かったという事案。中止未遂成立］。

[317] *Bloy*, (Fn. 306), 535; *Kühl*, (Fn. 2), § 16 Rn 76; *Rudolpi*, (Fn. 306), 514; *ders.*, (Fn. 23), § 24 Rn 27c. これに対して，BGHSt 31, 46（中止未遂の成立を否定）。*Roxin*, (Fn. 12), § 30 Rn 21 u. 252; *Krey/Esser*, (Fn. 95), § 45 Rn 1314.

[318] Vgl. *Roxin*, (Fn. 12), § 30 Rn 252.

[319] *Kühl*, (Fn. 2), § 16 Rn 76.

[320] Vgl. *Roxin*, (Fn. 12), § 30 Rn 252.

Rücktritt）は行為者がこれを負うことになる[321]。中止の失策は未終了未遂におけるよりは終了未遂において問題となることが多い。例えば，高性能の爆薬の入った小包爆弾を送りつけられた被害者がそれを開けて爆死してしまったが，行為者はその爆発を阻止すべく被害者宅に急行中だったが，自動車にはねられ意識不明の状態で病院に搬送され，結局，爆発を阻止できなかったという場合，行為者は殺人既遂罪に問擬される。同様に，被害者に毒物を渡し，その後，後悔の念から計画の放棄をする行為者に中止未遂が認められるか否かは，被害者に適宜治療を受けさせることに成功したか否かにかかる。しかし，被害者が行為者の努力にうまく逆らって，結局，死の結果が発生するとき，これを行為者に帰属することはできない。この結果の発生はもはや「行為者の仕業」とはいえないからである[322]。

五　誤想中止

（1）ドイツ語圏刑法

　結果の発生しない理由が行為者の中止行為にあるとはいえないとき，一般に誤想中止（Putativrücktritt）と呼ばれる。ドイツ刑法第24条第1項第2文，オーストリア刑法第16条第2項，スイス刑法第23条第3項は誤想中止を定めている。しかし，誤想中止が中止犯の一種として認知されるようになったのはそう古いことではない。オーストリア旧刑法第8条第1項は「犯罪の完遂が無力，他人による妨害の発生又は偶然によって生じなかった」場合にだけ可罰的未遂が認めていたので，学説・判例はその反対推論から，任意の，犯罪を妨げる行為は不処罰だと理解していた。未終了未遂では，行為者は以後の行為を断念しなければならない。終了未遂では，行為者は自己の行為によって結果を回避しなければならない。すなわち，中止未遂が成立するためには，行為者の中止行為と，行為者の未遂行為に起因する結果が不発生になったこととの間に因果関係の存在することが要求されたのである。したがって，

---

[321]　*Wessels/Beulke*, §14 (Fn. 37), §14 Rn 627, 645; *Kühl*, (Fn. 2), §16 Rn 81.
[322]　*Triffterer*, (Fn. 23), 15. Kap Rn 60; *Kühl*, (Fn. 2), §16 Rn 82.

客観的には，なお既遂を招来させる可能性があることが前提となっている。そうすると，未終了の，相対的不能未遂では，行為者が，その不能であることを知らずに，任意に実行行為を放棄すれば，中止未遂として不処罰とされるものの，**終了の，相対的不能未遂**では，結果は発生しえないし，回避されえないので，可罰的未遂犯が成立することとなる。**終了未遂**の場合も，第三者の介入とか偶然によって結果が発生しなかったとき，可罰的未遂が成立することとなる。行為者はもはや起こらなかった結果を阻止することはできないからである[323]。

しかし，危険な有能未遂にあっては常に中止の可能性が認められるのに対し，よりによって危険でない未遂には中止未遂が認められないとすることによって生ずる著しい不均衡に対する疑問から出立し，伝統的中止犯概念から離れたのが1913年のドイツ委員会草案である。その第31条第1項第2文は，「未遂が既遂にいたり得なかったとき，結果を回避する真摯な努力で十分である」と定めたのである。本草案は1919年のドイツ予備草案第25条第2項第2文に引き継がれた[324]。

オーストリアでは，第一次世界大戦後，ドイツとオーストリアの間に法典統一化への動きが見られ，1922年に共同刑法草案が作成された。その第24条第2項第2文は誤想中止犯を定めた。本条項は，1913年の委員会草案，1919年のドイツ予備草案よりも広く，未遂が既遂にいたり得なかった場合だけでなく，未遂が失策し，行為者がこれを知らなかった場合にも誤想中止犯を認めたのである。後者の場合にも，結果発生の可能性が欠如していたという事情が考慮されたのである。かくして，失策有能未遂が，不能未遂と同様に危険でないものと認識され，両者を等しく扱うことが公平の理由から必要とされたのであった[325]。

1922年草案の当該規定は1925年の一般ドイツ刑法典予備草案に引き継がれた。後者は1927年の一般ドイツ刑法典草案及びオーストリア刑法草案に引き継がれ，ドイツライヒ議会，オーストリア国民議会で審議されるところとな

---

[323] *Steininger*, (Fn. 97), 266 ff.
[324] *Steininger*, (Fn. 97), 267.
[325] *Steininger*, (Fn. 97), 267.

った。1927年草案第27条第3項は誤想中止犯を特定の未遂形態（不能未遂，失策未遂）から切り離し，「結果が中止者の関与がなくても生じなかった」とき，しかも行為者がそのことを何ら知らなかった全ての場合に適用可能としたのである。1930年草案もその第27条第3項に同じ規定を設けた。しかし，その後の政治状況はドイツ，オーストリア共同草案の立法化を許さなかったのである[326]。

　戦後，オーストリアでは1954年に刑法改正審議が再開された。カデチカ（*F. Kadecka*）が刑法草案作成の委員長を務めた。カデチカはドイツとの諸共同草案を取り上げ，誤想中止（第17条第2項）を定めた法案を審議の対象とした。これは1927年と1930年草案の文言にほぼ対応するものだった。これは1960年の委員会草案でも維持され，1975年の現行法となった[327]。

　ドイツの旧刑法第46条第2文は結果の発生を実際に妨げた行為者だけを不処罰とした。この規定はオーストリア旧刑法の中止概念に相応した。ライヒ裁判所は，未終了の不能未遂では中止の可能性を認めていたが，終了の不能未遂では，生じ得ない結果が妨げられるということはありえない，少なくとも行為者によっては妨げられることはありえないという理由から中止の可能性を否定していた。1943年に新たに起草されたドイツ刑法第49条 a 第4項は，所為が共犯者の関与がなくても生じないが，共犯者が任意に且つ真摯に行為を阻止する努力をする場合，共犯者を不処罰とすることを定めていた。この規定により，正犯者への類推適用の可能性が開かれ，実務もこれに従った。このようにして生じた慣習法を明文化したのが1975年の現行法第24条第1項第2文である[328]。

　スイス旧刑法第21条第2項は行為者が自発的に可罰的行為を終了させない場合（未終了未遂）を，同22条第2項は行為者が自発的に結果の不発生に寄与するか結果の発生を阻止する場合（行為による悔悟）を定めていたが，スイス旧刑法は誤想中止に関する規定をもたなかった。行為者の行為が実際には結果発生の回避に寄与しなかったとき，行為による悔悟の規定は適用されない

---

[326] *Steininger*, (Fn. 97), 268.
[327] *Steininger*, (Fn. 97), 268.
[328] *Steininger*, (Fn. 97), 268.

ことになる。そこで，結果が行為による悔悟とは異なった理由から生じないときでも，行為者の貢献が減少するわけではないので，行為者が自分の視点からは行為による悔悟と見られる行為をしたとき，行為による悔悟の規定が少なくとも類推適用されるべきとの批判が見られた[329]。2007年の現行刑法はその第23条第１項に未終了未遂と行為による悔悟をまとめて規定するとともに，第３項に誤想中止の規定を新設した。

日本刑法は誤想中止に関する規定はないが，公平と刑罰目的という観点から，誤想中止には中止未遂に関する規定が適用ないし準用されるべきである[330]。

(2) 終了不能未遂

中止犯は不能未遂でも可能である。絶対的不能未遂の場合には理論的には中止未遂が考えられるが，絶対的不能未遂はそもそも不処罰とされるべきであるから，中止犯の成立を論ずる必要がない。したがって，客体又は行為の相対的不能だけが残る。

未終了の不能未遂では，未終了未遂の中止犯の要件が適用され，実行行為の任意の最終的放棄があれば足りる。終了不能未遂では，発生し得ない結果を阻止するということは論理的にはありえないから，終了未遂の中止犯の要件を適用できないことになる。しかし，この結論は刑事政策的に望ましくない。終了不能未遂の行為者は，その行為が障害未遂の行為の危険性よりも小さいのにも関わらず，障害未遂の行為者よりも不利益に扱われることになるからである。結果は行為者とは関係なく生じなかったのであるが，しかし，行為者がこのことを知らず，自発的且つ真摯に結果回避の努力をするとき，中止未遂が認められるべきである。例えば，甲が乙に殺害の目的で，致死量に足ると思い違いをして実際には足りない量の毒物を渡し，後に結果の発生

---

[329] G. Stratenwerth, Schweizerisches Strafrecht AT I, 1982 § 12 Rn 77; A. Donatsch, B. Tag, Strafrecht I, 8. Aufl., 2006, § 12 1.422 b.
[330] Vgl. EBRV 1971, 86. なお，わが国の改正刑法草案（1974年５月29日法制審議会総会決定）第24条第２項は，「行為者が結果の発生を防止するに足りる努力をしたときは，結果の発生しなかったことが他の事情による場合であっても，前項と同じである」と規定して，中止犯の成立範囲を拡大した。

を回避するために自発的且つ真摯な努力をするとき，この努力は決してうまくいかない。というのは，結果はどの道生じないからである。しかし，中止犯の成立を認めるべきである。こういった行為者を，同様の努力をするが，致死量に足る毒物を渡した者と比較して，不利益な扱いをすることは不公平だからである[331]。

(3) 終了失策未遂

失策未遂というのは，当初は結果の発生が可能だったが，他人が結果の発生を妨げたときのように，外的偶然から結果が発生しなかったあらゆる場合を含む。例えば，行為者が時限爆弾を置いて，時限装置を設定するが，他人に爆発前に時限爆弾を発見され，信管がはずされた場合とか，行為者がその殺人の被害者を助けるべく医師を呼びに行っている最中に，その被害者が通行人によって発見され，病院へ連れて行かれたといったように[332]，行為者がそのことを知らずに，自発的且つ真摯に結果回避の努力をするときである[333]。その他，甲が乙殺害の意図で乙に毒入りワインを送付し（離隔犯），受

---

[331] Roxin, (Fn. 12), Rn 265; Kühl, (Fn. 2), § 16 Rn 83; Lilie/Albrecht, (Fn. 12), § 24 Rn 326a; Steininger, (Fn. 95), 20. Kap Rn 105; Fuchs, (Fn. 103), 31. Kap Rn 16. ライヒ裁判所は，〔母親が子どもを殺す意図で致死量に足らないことを知らずに毒を飲ませたが，すぐ医師を呼んだので，子どもは助かったという事案〕で，中止犯規定の適用を認めなかった。これに対して，ドイツ連邦通常裁判所は1975年の刑法改正前にすでに類似の事案において終了不能未遂の中止犯の成立を認めた。BGHSt 11, 324〔ルミナール事件〕; BGH NJW 1969, 1073; BGH StV 1982, 219; BGH NStZ-RR 2000, 41. わが国の肯定説は均衡論から根拠付けるのが一般である。前田（注82）176頁，曽根（注82）230頁，大谷（注75）395頁。なお，福田（注72）239頁（中止行為は結果防止のための真剣な努力に意味がある），佐久間（注107）329頁（結果の不発生によりその限度で違法性減少，犯罪意思の放棄による行為無価値の低下，行為者本人の真剣な防止努力による責任減少），山口（注88）283頁以下及び高橋（注91）401頁（中止行為を具体的危険結果の除去行為と捉え，未遂を成立させる具体的危険を除去すれば足りる）。否定説：植松（注82）332頁「行為者の意志に無関係な別の事由により結果が発生しないという事実があるならば，それは明白な外部的障害による未遂であって，もはや中止犯ではありえない」。

[332] Kühl, (Fn. 2), § 16 Rn 84.

[333] なお，大判昭和4・9・17刑集8・446〔麻縄についた火をもみ消そうとしたがうまくいかず，たまたまやってきた第三者によって消し止められたという事案〕「刑法第四十三条但書ノ自己ノ意思ニ因リテ之ヲ止メタリトシテ刑ノ減軽又ハ免除ヲ為サンニハ犯人自ラ犯罪ノ完成ヲ現実ニ妨害シタル事実ノ存スルコトヲ必要トスヘク原判示ノ如ク被告人自ラ点火シタル麻縄ノ揉消ヲ試ミタルモ消火ノ効ナク被告人以外ノ者ニ於テ犯罪ノ完成ヲ現実ニ妨害シタル場合ニ在リテハ同条但書ヲ適用スルヲ得サルヲ以テ原判決ニ所論ノ如

け取った乙はそれを地下室に保管していたところ，丙がそれに突き当たって倒してしまい割ったしまったが，甲はそれとは知らず，乙に当該ワインを飲まないように警告したとか[334]，行為者が被害者目がけて最後の1発を発射したが，軽傷を負わせたに過ぎなかったところ，被害者は叫び声を挙げ，驚愕のあまり崩れ落ちたため，行為者は致命傷を与えたと誤信して，急いで近くの医師の助けを求めに行っている間に，被害者は自宅に戻ったという場合も同様である[335]。

(4) 因果関係の断絶

行為者の行為とは無関係の他人の行為による因果連鎖が結果を招来したとき（因果関係の断絶），行為者の行為はいわば「予備因」に降格したのであり，それと現実に発生した結果との間に因果関係は存在しない。例えば，甲が乙に毒入り飲料水を渡し，乙はいつでもそれを飲める状態になったが，乙はそれを飲む前に丙に射殺されたという場合である。但し，乙が甲から渡された毒入り飲料水を実際に飲み，体に変調をきたし，病院へ行く途中で，丙に射殺されたという場合，甲の行為と乙の死の間には因果関係が存在するので，殺人既遂の成否が問題となる。これは結果の客観的帰属の問題となる[336]。

(5) 結果の客観的帰属の不存在

誤想中止は，結果が発生していないことが前提なのであるが，しかし，結果が発生していても，それが相当性連関や危険連関を否定され行為者に客観的に帰属できない場合には，中止犯規定の準用が認められるべきである[337]。

キ違法存セス」。未遂にとどまるかぎり，違法・責任減少を理由に中止犯規定の適用を肯定するのが，川端（注72）480頁。
334 *Steininger*, (Fn. 95), 20. Kap Rn 104.
335 *Krey/Esser*, (Fn. 95), § 45 Rn 1316; *Kühl*, (Fn. 2), § 16 Rn 83; *Lilie/Albrecht*, § 24 Rn 328.
336 *Steininger*, (Fn. 95), 20. Kap Rn 106.
337 中止犯は広義の未遂犯の一態様として規定されているから，既に結果が発生している場合には，中止犯の適用はないとするのが，大塚（注89）262頁，團藤（注80）365頁，堀内（注77）249頁。これに対して，結果の客観的帰属の不存在とは無関係に，真摯な中止行為が行われている以上，結果が発生していても刑の減軽の限度で中止犯規定の類推適用を認めるのが，川端（注72）481頁（違法性減少，つまり，主観的違法要素としての故

構成要件該当結果の客観的帰属が否定されるが，構成要件該当行為の帰属は可能なとき，それは既遂ではなく，未遂にとどまるのである[338]。例えば，行為者が殺害の意図で被害者の胸を包丁で刺し，被害者は倒れこんで意識喪失状態となり，行為者は後悔して被害者の一命を取り留めるべく救急車を呼び，被害者を病院へ搬送中，その運転者が赤信号を見落としたため貨物自動車と衝突したため，被害者はその事故が原因で死亡したという場合，この事故死は救急車の運転手に帰属されるのであるから，行為者には殺人未遂が問擬され，行為者に結果の発生を阻止する「自発的且つ真摯な努力」が見られるとき，中止犯規定の準用が認められるべきである[339]。甲から毒入りワインを送付された乙が甲の殺害計画に気づき，憂鬱になり，その直後自殺をしたが，乙が自殺したことを知らない甲は乙に飲まないように警告したという場合も同様である[340]。

(6) 任意性と真摯性

誤想中止について，ドイツ刑法第24条第1項は「中止者が任意に且つ真摯に」所為の既遂を妨げるように努めること，オーストリア刑法第16条第2項は行為者が「任意に且つ真摯に」実行行為を阻止し又は回避するよう努力すること，スイス刑法第23条第4項は行為者が「自発的に，所為が既遂に至るのを阻止する真摯な努力をする」ことを要求している。わが国の刑法には誤想中止に関する明文の規定がないので，当然，このような規定も存在しない。しかし，誤想中止についても上述したように理論的に中止未遂の成立が可能であるから，任意性に加えて，「真摯な努力」という付加的要件が要求されるべきである。

意の放棄による行為無価値の減少と，責任減少つまり，法敵対性の微弱化を理由とする）。その他，香川（注81）315頁，同（注7）122頁，牧野英一『日本刑法上巻』[重訂版] 1937年・316頁。

[338] *Steininger*, (Fn. 323), 269 f.; *Kienapfel/Höpfel*, (Fn. 37), Z 23 15b, 17; *Eser*, (Fn. 62), § 24 Rn 62; *Rudolphi*, (Fn. 23), § 24 Rn 28; *Wolter*, (Fn. 283), 654 Anm 22; *Krey/Esser*, (Fn. 95), § 45 Rn 1266, 1315; *Wessels/Beulke*, (Fn. 37), § 14 Rn 627. 参照，山中（注83）767頁以下。

[339] *Wessels/Beulke*, (Fn. 37), § 14 Rn 646; *Krey/Esser*, (Fn. 95), § 45 Rn 1317; *Kühl*, (Fn. 2), § 16 Rn 82, 84; *Roxin*, (Fn. 12), § 30 Rn 284.

[340] *Steininger*, (Fn. 95), 20. Kap Rn 107.

誤想中止には，先ず，中止計画，次いで，その実行が問題となる。中止**計画**の面では，先ず，真摯な努力の前提として，結果回避のための行為をする意思が必要である。結果の回避に向けられた「**主観的努力**」があることによって，特別予防の上で必要な合法性へ帰還する用意が認められる（積極的特別予防の観点からの処罰の必要性の減少）。行為者の既遂意思に行為者の回避意思が対置されるのである。さらに，当該中止計画は法秩序によって是認されるものでなければならない。法敵対的意思によって担われた行為が法的平和を攪乱したのであるから，その恢復が必要となる。そのためには，「真摯な努力」によって，規範違反の確認と規範妥当性意識の強化が認められねばならない（積極的一般予防の観点からの処罰の必要性の減少）。

しかし，いかなる努力でもかまわないというのではなく，明らかに不適切な中止計画は除外される。すなわち，法秩序によって是認される中止計画にだけ**真摯性**が認められる。問題はこの真摯な努力の客観化の程度である。誤想中止では，法益の効果的保護という観点からは，仮定的に，行為者が行為を行えば，その行為によって現実に結果の発生を取り除けたということを要求する必要はない。その客観化の程度は未遂の処罰根拠としての客観化された主観説（印象説）に従って判断されるべきである。これによって，未遂犯と中止犯の刑事政策的連関が守られるのである。すなわち，結果を回避するのに適した行為といえるか否かは，中止者の状況におかれた，行為者の中止計画を知っている第三者の印象によって判断される。かかる第三者の判断によれば，選択された中止計画によって結果が回避できることが否定できないとき，真摯な努力が認められる。行為者は真剣だが，誰もまともに受け取らないまったくばかげた中止行為は除外されるのである[341]。計画判断者は中止計画の全体の流れの重要な点を考慮に入れて判断しなければならない。中止者の特別の認識も考慮に入れられる。とりわけ，どの程度，中止者自身が行為をする義務があるのか，場合によって，第三者の助力を得てもよいのかが考慮に入れられねばならない。一定程度は自ら努力した後，確実な，一般的に普通の因果経過ないし第三者の行為を信頼することでもかまわない。中止

---

341 Vgl. *Moos*, (Fn. 97), 57; *Roxin*, (Fn. 12), §30 Rn 283; *Kühl*, (Fn. 2), §16 Rn 86.

者が中止のための客観的に最善の計画を選択しないとか，最善との印象を与える計画を選択しないとき，それでも，実際にもくろまれた努力が有能性の印象を与えさえすれば，それでも足りる[342]。

中止計画は実行に移されなければならない。問題となるのは，中止行為の進捗の程度である。特に問題となるのは，行為者が中止行為の最中に結果の発生しないことを認識したとか，それを第三者から知らされたとか，偶然以後の行為を阻止されたので，努力を止めたという場合である。中止者が自己の行為から生ずる結果を他人の助力なしに回避しようとするなら，中止計画の最後の段階に立ち至って必然的に結果発生を客観的に不可能にするまで行為を続けた場合とか，中止者が第三者の助力を利用するときは，行為者が事象を手放し，後は計画に織り込み済みの因果経路の協働だけが残る場合，真

---

[342] *Steininger*, (Fn. 97), 271 f.; *Moos*, (Fn. 97), 57. これに対して，ドイツの通説は行為者の視点から結果を阻止するための最善の手段を要求する。*Roxin*, (Fn. 12), § 30 Rn 275; *Kühl*, (Fn. 2), § 16 Rn 85. ドイツの裁判例も，行為者が結果回避の可能性があると誤信しているとき，BGHSt 31, 49 f.「行為者は，自分の知っている，客観的又は少なくとも自分の視点から十分な阻止可能性を利用し尽かさねばならない」こと，第三者の介入があるとき，BGHSt 33, 302「行為者は，力の及ぶ限り，そして，自分の確信から結果を回避するのに必要なことはすべてしなければならない」と説示する。これに対して，真摯性の要件として，行為者の主観的最善行為の他に，仮に，結果の発生がありうるとの行為者の考えが適切であったならば，行為者の行為によって結果が実際に妨げられたか，少なくとも事前の観点から適切であったと客観的いえなければならないとの学説が見られる。例えば，甲が砒素で乙を殺そうとしたが，取り違えてアスピリンの混入したコーヒーを乙に飲ませた。その直後に，甲は後悔して，救急医を呼んだ。鑑定の結果，仮に，乙が実際に砒素を飲んでいたなら，救急医といえども乙を救うことはできなかったことが分かったといった場合，行為者は主観的には救助の努力をしているが，しかし，救助行為をしても行為者の表象に基づけば客観的にはうまくいかなかっただろうし，こういった場合，医師を呼んでも，客観的に見て結果回避のための適切な行為とはいえないのであって，中止犯が認められるためには，客観的・仮定的回避因果関係が必要であるというのである。G. *Arzt*, Zur Erfolgsabwendung beim Rücktritt vom Versuch und bei der tätigen Reue, GA 1964, 1 ff.; *Bottke*, (Fn. 215), 532 ff. 本説に対しては，次のような批判がなされる。阻止努力の真摯性というのは有能終了未遂の現実の結果回避の代わりとなるものではないので，仮定的阻止因果関係いうようなことは問題となりえない。さらに，不能未遂において行為者の主観的誤表象だけが処罰を必要とする平和攪乱に影響を与えるとき，その当然の帰結として，行為者の主観的に最適の救助努力でもあれば，この平和攪乱が十分に除去されたと見ることができる。但し，刑法第24条第1項第2文は，有能の，客観的に失効した未遂をも併せ規定している。しかし，未終了未遂において，行為者が結果は発生しないだろうという主観的誤表象の下に中止するとき，行為者は処罰を免れるとすれば，終了未遂の場合，行為者とは関係なく結果が発生しないとき，主観的に最適の阻止を採ることで十分ではないとする理由は存在しない。*Roxin*, (Fn. 12), § 30 Rn 281.

摯な努力が認められる[343]。

　真摯な努力は，中止者が結果回避のために必要な努力をすることしか要求しないので，中止者の表象した因果経路が事後的にずれたことによって影響を受けることはない。しかし，中止者が，自己の救助措置が事前に効果のないことが分かるとか，努力の遂行を妨げられるとき，中止者は結果回避の新たな方法を採らねばならない。もとより，当該方法は「有能の印象をあたえる」ものでなければならない[344]。

六　予備の中止

　予備行為をした者が，その段階にとどまり任意に実行の着手に出ることを止めた場合に，中止犯の規定を準用しうるのか，準用しうるとすれば，減免される規準刑は何かが問題となる。

1　中止犯規定準用の可否

　予備罪は，実行の着手前の準備行為である。中止犯は実行行為に着手後，任意に止めた場合に成立する。予備行為は実行の着手ではないので，予備行為の未遂というのはありえず，中止犯の成立を論ずる余地はない。大判大正5・5・4刑録22・685は，殺人予備罪につき，「刑法第二百一条ノ予備罪ハ其ノ著手前自己ノ意思ニ依リ之ヲ止メタルトキハ之ヲ罰スヘキモノニアラスト雖モ一旦同情条ノ予備行為ニ著手シ其幾分ヲ為シタルトキハ其後ニ至リ仮令任意之ヲ中止シタルトスルモ同条ノ制裁ヲ免ルルコトヲ得サルモノトス」と論じて，中止犯規定の準用を否定した。本判決は殺人予備罪にのみ準用を認めないのか不明であったが，最判昭和29・1・20刑集8・1・41は，強盗予備罪につき，「予備罪には中止未遂の観念を容れる余地のないものである」と説示したので，判例は予備行為一般に中止犯規定の準用を認めないものといえる。

---

[343] *Steininger*, (Fn. 97), 273; *Roxin*, (Fn. 12), §30 Rn 267.
[344] *Steininger*, (Fn. 97), 273 f.

しかし，未遂についてのみ中止犯を認めるべきであるとすると，刑の不均衡が生ずることになる。すなわち，予備罪のうち，放火予備罪（第113条），殺人予備罪（第201条）について，中止未遂の規定の準用がないとすれば，情状により刑を免除できるだけであるが，行為者が予備の段階を超えて実行行為に出た上で中止したとき，中止犯規定が適用されて，刑の必要的免除も可能となって，刑の不均衡が生ずる。強盗予備罪（第237条），通貨偽造等準備罪（第153条），支払用カード電磁的記録不正作出準備罪（第163条の4）については，情状による刑の免除が存在しないから，中止犯規定の準用を認めないと刑の均衡がいっそう顕著になる。法益侵害をできるだけ防ぐという観点からは，実行の着手が為された後の段階よりも，むしろ，まだ既遂までには距離のある予備の段階で引き返させる方がより確実なのである。予備行為の中止について中止犯規定の準用が認められるべきである[345]。

2　刑の減免の規準

刑の減軽・免除を認めるにあたり，二つの問題がある。その一は，減免の規準は既遂の刑か予備の刑かという問題であり，その二は，減軽又は免除の両方が準用されるのか，免除だけ準用されるのかという問題である。学説は分かれている。規準刑を既遂の刑として，免除も減軽も認める見解[346]，規準刑を予備の刑として，減軽も免除も認める見解[347]もあるが，規準刑を既遂の刑として，免除だけの準用を認める見解が妥当である。基本的構成要件の修正形式としての予備罪の刑は，基本犯の刑を法定減軽したものであり，その

---

[345] この刑の不均衡論に対して，植松（注82）335頁は次のように批判する。「中止未遂では，刑の減軽または免除が行われなければならないが，予備を罰する規定のある犯罪にあっては，予備罪の罪責までを消去するものではない（……）。刑法が予備罪を設けている場合は，その犯罪がそれだけ厳重な処罰に値する重大な犯罪であることを示すものであるから，実行着手後に行為を中止しても，予備の罪責まで失われるものではない。したがって，予備罪処罰の規定の設けられている犯罪にあっては，中止未遂を理由として刑を免除することはできない」と。しかし，殺人予備罪，強盗予備罪，放火予備罪及び通貨偽造準備罪は構成要件の修正形式ないし刑罰拡張事由であり，予備は実行に吸収されるのであるから，この批判は失当である。参照，斉藤誠二『刑法講義各論I』[新訂版] 1979年・88頁以下，川端（注72）482頁。
[346] 大塚（注89）264頁。
[347] 小野清一郎『刑罰の本質・その他』1995年・296頁，浅田（注84）400頁。

うえに，中止犯として法律上の減軽を加えることは許されない（第68条）ので，結局，予備行為の中止については刑の免除だけが準用されるべきこととなる[348]。

7 結果的加重犯の中止

結果的加重犯においても未遂罪の成立はありうる（参照，第一章三E）。例えば，強盗致死傷罪の場合，被害者の死傷が暴行によって過失で招来されたが，物の奪取にいたっていないとき，強盗致死傷の未遂が成立する。この場合，強盗致死傷罪の中止犯も認められるかが問題となる。ドイツ刑法学説には，構成要件特有の危険が既に死傷の発生という形で実現したのであるから，結果的加重犯の保護目的から中止犯は認められない[349]とか，行為者は危険にさらす事象を既に手放したのであるから，行為者は不処罰に値しないとする見解[350]が見られる。しかし，この見解には疑問がある。結果的加重犯は故意犯たる基本犯を必要的構成要素としており，行為者はこの故意の行為を未遂の段階で中止できるのである。基本犯に中止未遂が成立するとき，結果的加重犯の未遂罪が成立することもない[351]。もっとも，強姦致死罪の場合，行為者の姦淫行為の前に暴行によって既に被害者が死亡したとき，基本犯の充足はありえないので，この未遂は失効未遂であって，中止犯が成立することはない。

348　斉藤（注345）90頁，平野龍一（注76。中止犯）419頁，香川（注81）170頁以下，西原春夫『刑法総論』1977年・273頁，大谷（注75）396頁以下。
349　*Roxin*, (Fn. 12), § 30 Rn 289 ff.; *Zaczyk*, (Fn. 145), § 24 Rn 81.
350　*Ch. Jäger*, Der Rücktritt vom erfolgsqualifizierten Versuch, NStZ 1998, 161 ff.
351　Vgl. *Steininger*, (Fn. 95), 20. Kap Rn 137 ff.; *Lilie/Albrecht*, (Fn. 12), § 24 Rn 461; *Eser*, (Fn. 62), § 24 Rn 26; *Krey/Esser*, (Fn. 95), § 52 Rn 1376; *Kühl*, (Fn. 2), § 17a Rn 56 ff.; BGHSt 42, 158〔被告人甲らは被害者に抵抗されたら使用するつもりで拳銃1丁を携行して侵入し，その際，やむをえないときには人に向けて発砲するつもりだが，そうでなければ，地面又は空中に向けて発砲するつもりだった。甲らは予期せずに出現した乙に驚かされたとき，甲が拳銃を乙に向けた。思いがけず弾丸が飛び出た。弾丸の当たった乙は死亡した。甲は愕然とした。甲は同行者仲間から激しく非難された。甲ら全員が直ちに実行行為を止め，財物を得ることなくその場を立ち去ったという事案。強盗致死の中止未遂成立〕。

八　中止犯の効果

　刑法第43条但し書きは，「その刑を減軽し，又は免除する」と規定しているので，中止未遂は刑の必要的減免事由である。中止された犯罪に他の犯罪が吸収される場合，例えば，殺人罪の中止では，現に傷害の事実が発生していても，殺人罪の中止未遂のほかに傷害罪が成立するわけではない。相互に手段・結果の関係に立つ行為を結びつけた結合犯の場合も，例えば，強盗罪においては，暴行・脅迫の後，強取行為を中止したとすれば，先行する暴行・脅迫が暴行罪・脅迫罪を構成することなく，強盗罪の中止犯だけが成立する。強盗の着手前に行った強盗予備罪も不問に付される。しかし，中止された犯罪と併合罪の関係に立つ他の犯罪や，観念的競合や牽連犯などの科刑上一罪の関係に立つ犯罪には，中止犯の効果は及ばない。例えば，住居侵入窃盗では，窃盗行為を中止しても，住居侵入罪は成立する。窃盗罪によって住居侵入罪を評価しつくせないからである[352]。

　また，中止するための行為が，他の犯罪を構成する場合には，その犯罪が成立する。例えば，ガス中毒死させる故意で部屋にガスを充満させた者が，中止のために窓ガラスを破壊する場合，殺人罪の中止未遂のほかに器物損壊罪が成立する。放火犯人が翻意して消火するべく他人の建物の一部に損壊を与える場合も，放火罪の中止未遂のほかに，建造物損壊罪が成立する[353]。これらの場合に中止行為そのものに緊急避難を認める余地は無い[354]。

---

[352]　大塚（注89）263頁，大谷（注75）397頁，川端（注72）484頁，山中（注83）777頁以下，佐久間（注107）329頁。
[353]　大塚（注89）263頁，山中（注83）778頁，佐久間（注107）329頁以下。これに対して，中止行為自体が他の犯罪を構成するとき，その行為について緊急避難又は期待可能性が考慮される余地を認めるのが，大谷（注75）397頁，川端（注72）484頁。
[354]　吉田敏雄『刑法理論の基礎』［第3版］2013年・307頁以下。

著者略歴
吉田敏雄（よしだ　としお）
　昭和44年3月　北海道大学法学部卒業
　昭和62年3月　法学博士（北海道大学）
　平成15年10月　新犯罪学会（ミュンヘン）において
　　　　　　　　「ベッカリーア賞（銀賞）」受賞
　平成19年2月　「菊田クリミノロジー賞」受賞
　現職　北海学園大学法学部・大学院法学研究科教授

主要著作
『ペータース誤判の研究』（昭和56年12月・北海道大学図書刊行会）。
『行刑の理論』（昭和62年1月・慶応通信）
『法的平和の恢復』（平成17年12月・成文堂）
『犯罪司法における修復的正義』（平成18年10月・成文堂）
『不真正不作為犯の体系と構造』（平成22年9月・成文堂）
『刑法理論の基礎［第3版］』（平成25年4月・成文堂）

刑法理論の基礎 III
未遂犯と中止犯
2014年5月20日　初版第1刷発行

著　者　吉　田　敏　雄
発行者　阿　部　耕　一
〒162-0041 東京都新宿区早稲田鶴巻町514
発行所　株式会社　成　文　堂
電話 03(3203)9201(代)　FAX 03(3203)9206
http://www.seibundoh.co.jp

製版・印刷・製本　藤原印刷　　　　　　　　　　検印省略
© 2014 T. Yoshida　Printed in Japan
☆乱丁・落丁本はおとりかえいたします☆
ISBN978-4-7923-5112-0　C3032

定価（本体2400円＋税）